朱德熙文集

第一卷

语 法 讲 义
语 法 答 问
定语和状语

商务印书馆
创于1897 The Commercial Press

图书在版编目(CIP)数据

朱德熙文集(一)/ 朱德熙著. —北京：商务印书馆，1999 (2025.5 重印)
ISBN 978-7-100-02476-1

I. ①朱… II. ①朱… III. ①语言学—文集 IV. ①H0-53

中国版本图书馆 CIP 数据核字(97) 第 08801 号

ZHŪDÉXĪ WÉNJÍ
朱 德 熙 文 集
第 一 卷
语 法 讲 义
语 法 答 问
定语和状语

商 务 印 书 馆 出 版
(北京王府井大街 36 号 邮政编码 100710)
商 务 印 书 馆 发 行
北京虎彩文化传播有限公司印刷
ISBN 978-7-100-02476-1

1999 年 9 月第 1 版 开本 850×1168 1/32
2025 年 5 月北京第 3 次印刷 印张 12⅜ 插页 1

定价：75.00 元

1939 年高中毕业。

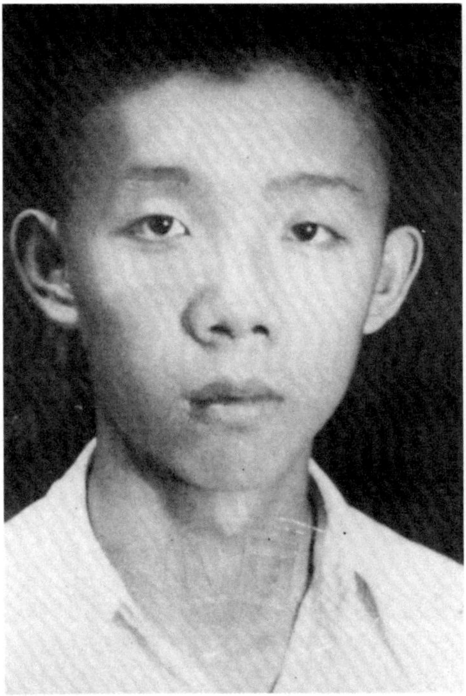

1944 年订婚前于昆明。

朱德熙先生(1986)。

1946年冬和夫人何孔敬及女儿在清华大学校门外。

编辑说明

朱德熙先生(1920—1992)是我国当代著名的语言学家,他在语法研究、古文字研究和语文教学等方面作出了突出的贡献,在国内外享有很高的声誉。他的逝世是我国语言学界的巨大损失。系统整理他的遗著,总结他的学术成就和治学经验,对我国语言学事业的发展具有重大的意义。为此我们编辑了这部文集。

文集共收入朱先生的专著四部,论文九十余篇,按内容分五卷。第一卷为三部语法专著,第二卷和第三卷为语法论文,第四卷为语文教学专著和论文,第五卷为古文字论文。所收文稿由编辑小组成员分工校读,主要是改正印刷上的错误,体例未尽统一。《作文指导》一书的第六章《标点》与收入本文集的《标点符号的用法》内容重复,且由于写作时间较早,已不完全适用于新的标点符号使用规则,收入本文集时删除了这一章;另外还调整了《作文指导》中的个别例句。第四卷中有几篇文章评改的原标题是《文章评改》或《作文评讲》等等,收入本文集时根据所评文章的不同新拟了标题,以便区分。除此之外,对内容未作任何其他改动。有的论著作者本人后来在内容上作过修改或标题有所改动,本文集一般以最后一次修改为准。

本文集本来决定请吕叔湘先生作序,吕先生也已欣然表示同意。近来吕先生身体欠安,未能如愿,但仍扶病为文集写出了跋语，在此我们谨表深切的谢意。

这部文集的出版，得到了商务印书馆和许多同志的支持和帮助。朱先生生前挚友汪曾祺先生为本书题写了书名，朱先生外孙女张简创作了封面素描画像，谨在此一并表示诚挚的谢意。

《朱德熙文集》编辑小组

1994年6月

语　法　讲　义

重印题记

有两件事要借这次重印的机会说一下：

第一，第七章把句首的处所词和时间词一律看成主语(7.2)，其实有的是状语，例如：屋里坐，明天见。这两类格式的区别可以从重音位置看出来。"屋里坐""明天见"的"屋里""明天"必须重读。如果处所词、时间词做主语，重音只能落在后边谓语部分。这一点是陆俭明同志告诉我的。

第二，这本书写得太简略，有些问题为什么那么处理，道理没有交代清楚。如果有的读者想在这方面知道得多一点，可以参看作者另外一本谈语法的小书《语法答问》(即将出版)。

1983年8月31日

序

这部书的底本是作者1961至1962年在北京大学讲授现代汉语语法(二)这门课程的讲义。从1961年初次在北大油印这份讲义到现在,已经过了整整二十年。这次修订出版,补写了第十一、第十四、第十六、第十八几章。其余部分也作了补充和修改。

书中某些论点以及提到的一些语言事实,曾经跟王还、陆俭明等同志讨论过,得益很多。此外,当年在班上听课的同学们提出的许多有意思的现象和问题,对作者的启发是很大的。谨在此一并向他们表示深切的感谢。

作　者

1981年10月2日

目　录

凡　例

一、本书举例除了作为独立的句子来讨论的以外，末尾一律不加句号。引文按原书标点。

二、例句前边加＊号表示没有这样的说法，加？号表示这种说法可疑。

三、汉字或音标左上角加ˈ号表示重读，前边加·号表示轻声。

四、除10.3讨论"的"和"地"的区别一节以外，本书不区分"的"和"地"，一律写"的"，引文则按原书的写法写。

第一章　语法单位

1.1　语素

1.1.1　在分析一种语言的语音结构时，我们找到的最小的单位是音位。在分析语法结构的时候，像音位这样的单位就不适用了。我们知道，语言是一种符号系统。任何符号都包含形式和意义两方面。音位是没有意义的语音形式，它不是符号，只是组成符号的材料。我们要进行语法分析，就不能只研究符号的组成材料，必须进一步研究符号本身。语法系统里的基本符号是语素。语素可以定义为：最小的有意义的语言成分。例如"我喜欢弹琵琶"里的"我""喜""欢""弹"都有意义，而且都不能分割成更小的有意义的单位了，可见都是语素。"琵琶"里的"琵"没有意义，"琶"也没有意义，"琵"和"琶"合在一起才有意义。可见"琵琶"也是最小的有意义的语言成分，即语素。汉语的语素绝大部分都是单音节的。像"琵琶、葡萄、蜈蚣、马达、沙发、啰唆、萨其马、乌鲁木齐"等多音节的语素是很少的。

1.1.2　有的语素能够单独成句，例如："好、来、看、我、书、葡萄"。有的语素不能单独成句，例如："日、民、衣、失、银、也、很、吗"。能单独成句的语素叫作自由语素，不能单独成句的语素叫作黏着语素。

1.1.3 有的语素跟别的语素结合的时候，位置是不固定的，有时在前，有时在后。例如“民”跟“农”结合的时候，“民”后置；跟“主”结合的时候，“民”前置。有的语素跟别的语素结合的时候，位置是固定的。例如“吗”只能后置，不能前置（没有“吗 X”的格式）；“最”只能前置，不能后置（没有“X 最”的格式）。位置固定的语素叫定位语素，位置不固定的语素叫不定位语素。

前置定位语素永远不在句子末尾出现，后置定位语素永远不在句子开头出现。前置定位语素后头不能有停顿，后置定位语素前头不能有停顿。

自由语素都是不定位语素，黏着语素有的是定位语素，有的是不定位语素。

1.1.4 汉语的语素绝大部分是单音节的。北京话的音节数大致不超过 1400 个，可是单音节语素的数目要大得多。因此一个音节往往代表好几个不同的语素。例如 xiān 这个音节代表“仙、先、籼、掀、锨、鲜、纤”等许多语素。

“仙、先、籼、掀、锨、鲜、纤”同音，写成拼音文字，同是一个形式，看不出是七个不同的语素。汉字写成七个不同的形式，刚好代表七个语素。从这方面看，汉字替我们做了分析语素的工作。

可是我们也不能太相信汉字，因为汉字和语素并不是一一对应的。有的时候，一个汉字代表几个不同的语素，例如：

（音）乐≠（快）乐

（开）会≠（不）会

盘（子）≠盘（货）

有的时候，同一个语素用不同的汉字来代表。例如：

吧＝罢

算＝祘

脉＝脈

此外，有的汉字本身没有意义，不代表任何语素，例如："葡、萄、馄、饨、蜈、蚣"。有的汉字本身虽有意义，但是在多音节单纯词(1.2.1)里，它们只代表没有意义的音节，不代表语素，例如"马达"里的"马"和"达"，"沙发"里的"沙"和"发"。

1.2　词

1.2.1　语素是最基本的语法单位。比语素高一级的单位是词。所有的词都可以看成是由语素组成的。由一个语素形成的词叫单纯词，由两个或更多的语素形成的词叫合成词。语素和词的关系可以从下面的例子里看出来。(放在{　}里的汉字表示语素，不加{　}号的汉字表示词。)

语素	词	
{人}	人	单纯词
{民}		
{履}		
{历}		
{我}	我	单纯词
{们}		
{葡萄}	葡萄	单纯词
{人}＋{民}	人民	合成词
{履}＋{历}	履历	合成词
{我}＋{们}	我们	合成词

所有的词都是由语素形成的，可是并非所有的语素都能单独

形成词。上边的表里列举了“人”“民”“履”“历”“我”“们”“葡萄”七个语素，其中只有“人”“我”“葡萄”三个语素本身可以形成单纯词，“民”“履”“历”“们”四个语素本身不能形成单纯词，只能跟别的语素结合起来形成合成词。我们把能够单独成词的语素称为成词语素，不能单独成词的语素称为不成词语素。

我们把词定义为：最小的能够独立活动的有意义的语言成分。所谓“能够独立活动”可以有种种不同的理解。

1.2.2　如果把“能够独立活动”理解为能够单独成句，那末我们可以把词定义为“最小的自由形式”（即最小的能够单独成句的语言形式）。根据能不能单独成句来确定汉语的词是有困难的。因为“最小的自由形式”固然都是词，可是词并不都是自由形式。绝大部分汉语虚词都是黏着形式，可是我们不能不承认虚词是词。另一方面，根据这个标准，由自由语素组成的合成词如“铁路”“白菜”“牛肉”“小看”“大学”都得看成词组（1.3.1），这也是不合理的。

1.2.3　有的语言成分的活动能力强，有的语言成分的活动能力弱。举例来说，“看”可以跟很多东西结合，例子是举不完的（看书、看戏、看天、我看、今天看、不看、能看、看吧……），“视”的情形就不是这样，能够跟“视”结合的语言成分极有限（远视、近视、重视、轻视、蔑视、电视、巡视、视力、视察、视线、视野）。有人根据这种区别来确定汉语的词和非词的界限，例如“买书”是两个词，不是一个词，因为“买”和“书”都能用许多别的成分来替换：

买书	买书
买票	看书
买菜	念书

买布	读书
买家具	借书
买衣服	写书

反过来说，"月亮"的"月"和"亮"不能像"买书"的"买"和"书"那样自由替换，因此这个格式里的"月"和"亮"都不是词，"月亮"才是词。

就汉语来说，单纯根据语言成分活动能力的强弱来确定词的界限也是有困难的，因为活动能力的强弱是相对的，我们没有办法规定自由替换达到什么程度才算取得了词的资格。此外，根据这种标准，"铁路""白菜""牛肉"之类的合成词也只能看成是词组，因为这些词都是由活动能力很强的自由语素组成的。

1.2.4　有人想用扩展的办法来确定汉语的词。一个语言格式 AB，如果能插进一个 C 去，扩展成 ACB，那就证明 A 和 B 是彼此独立的。例如"买书"可以插入"一本"，扩展成"买一本书"，"白纸"可以插入"的"，扩展成"白的纸"，由此确定"买书"和"白纸"是词组，不是合成词。反之，"老虎""电视""粗心""小看"不能扩展，可见都是词，不是词组。

扩展法的实质是根据语言成分结合的紧密程度来确定词和非词的界限。这种方法运用起来也存在一些复杂的问题。这里不能细说。

1.2.5　单独根据以上三项标准中的任何一项来确定汉语的词都有困难。但是这三个方面在确定汉语的词的时候，都是应该考虑到的因素。我们不打算在这个复杂的问题上继续讨论下去，因为这将越出本书的范围。下面举一些有分歧意见的具体格式来讨论。

1.2.6 “理发”的“理”是自由语素(理发不理?——理),“发”则是黏着语素。从结合能力看,“理”和“发”都不大能用别的成分替换。因此无论根据1.2.2或1.2.3的标准,似乎都该把“理发”看成词。但是“理发”可以扩展(理个发|理了好几次发|理不理发),而且“理”和“发”的次序有时还可以掉换(发理了没有)。根据这些,我们把“理发”看成词,把扩展以后的格式(理了个发、理不理发)看成词组。“洗澡、睡觉、散步、跳舞、上当、吃亏”等等跟“理发”的情形相同。

1.2.7 “看见”“说完”“记住”“染红”“放下”“穿上”的组成成分结合得很紧,有的语法书把它们看成合成词。但这一类格式都能有限度地扩展,即插入“得”或“不”(看得见,看不见),因此我们把它们作为词组看待。

1.2.8 “柜子里”“报纸上”“借的”“我的”可以扩展(柜子抽屉里|报纸和杂志上|借来的|我和老王的),应看成词组。换句话说,其中的“里”“上”“的”都是独立的词,尽管它们都不能单说。

1.2.9 “手表”“白菜”“铁路”“牛肉”“火车”的组成成分都是自由的(能单独成句)。其中“手表”“火车”不能扩展(*手的表,*火的车),肯定是词。“白的菜”“铁的路”“牛的肉”是可以说的,但是意义和“白菜”“铁路”“牛肉”不一样,不能看成是“白菜”“铁路”“牛肉”的扩展式,因此我们把“白菜”“铁路”等也看成词。“北京大学”“马克思主义”“中华人民共和国”的情形基本上相同。

1.2.10 以上讨论词和非词的界限,都是从结构上考虑的。那末我们能不能根据意义来辨认词呢?过去有些语法书就是从意义方面来给词下定义的。例如说“我们把能代表一个意义的语言成分叫作词”。问题是什么叫“一个意义”。“马”“水”“说”“葡萄”还可以说代表一个意义,可是“眼镜”“白菜”“手表”“三角形”“唯心主义”等是代表一个意义,还是代表几个意义的综合呢？这个问题可以引起无休止的辩论,很难得到公认的答案,可见单凭意义来确定词和非词的界限是行不通的。

1.3　词组

1.3.1　语素和语素组合成词(合成词),词和词组合为词组,本书有时也称为句法结构。最简单的词组是由两个词组成的。例如:“新/房子、看/电视、说/清楚、他/同意、菠菜/豆腐”。词组可以自己独立成句,例如:“他同意。”也可以是句子的一部分,例如“我知道他同意”这个句子里的“他同意”。根据词组内部组成成分之间的语法关系,我们可以把词组分成以下几种类型。

1.3.2　**偏正结构**　偏正结构的前一部分修饰或者限制后一部分。例如在“白马”里,“马”是主体,“白”是修饰、限制“马”的。光说“马”,指的是一个大类名,概括各种各样的马,加上“白”以后,范围缩小了,仅指白色的一类。偏正结构的前一部分叫修饰语,后一部分叫中心语。下边再举一些例子:

干净衣服	漂亮的房子
塑料口袋	公社的马
我们学校	我的老家
长江上游	刚买的书
两本书	上课的时候

以上举的例子里,有的修饰语后头有“的”字,有的没有。没有“的”字的格式有的可以插入“的”字。插入“的”字以后,意思基本上不

变。不论有没有“的”字，都是偏正结构。

具体分析起来，修饰语和中心语之间意义上的联系并不完全相同。比较：

(1) 新书|木头房子|游行的队伍

(2) 公社的马|我弟弟|书桌的抽屉

(3) 两本书|五十人|一瓶牛奶

(4) 仔细研究|很新鲜|赶快走

(1)修饰语表示中心语的某种属性(新书)或质料(木头房子)，(2)修饰语表示领属关系，(3)修饰语表示数量，(4)修饰语表示动作或行为的方式(赶快走|仔细研究)或是某种性质的程度(很新鲜)。

在上边列举的四类偏正结构里，第(4)类跟前三类很不一样。前三类的中心语是名词，(4)的中心语是动词或形容词。此外，语法功能也有很大的区别。比如说，前三类只能用“不是”来否定，不能用“不”否定。(4)不受这个限制。我们把前三类里的修饰语称为定语，把(4)的修饰语称为状语。

1.3.3 **述宾结构** 述宾结构的前一部分是述语，后一部分是宾语。述语往往表示动作或行为，宾语表示跟这种动作或行为有联系的事物。所谓联系，有种种不同的情形：

(1) 宾语表示动作或行为施加的对象(受事)，例如：洗衣服，切菜。

(2) 宾语所指的事物是动作或行为产生的，例如：写信，盖房子，挖坑，组织突击队。

(3) 宾语表示处所，例如：爬山，进城，去上海，回家。

(4) 宾语表示动作或行为的主动者(施事)，例如：晒太阳，住人，淋雨，来客人了。

述宾结构的述语后头往往可以加上“了”或“着”。例如：“盖了房子，进了城，开着窗户，住着人”。加上“了”或“着”以后，仍旧是述宾结构。

述宾结构中间也可以插入“的”，例如：“盖的房子、洗的衣服、写的信、住的人”。不过插入“的”以后就变成偏正结构了。

上文说述宾结构的述语表示动作或行为，这是就多数情况说的。事实上有的述语表示的不是动作、行为，而是一种状态或变化。例如：“有人、像谁、下雨、结冰”。

1.3.4　**述补结构**　“洗干净”和“洗衣服”不同，“洗衣服”是述宾结构，宾语“衣服”是动作“洗”的对象。在“洗干净”里，“干净”是“洗”这个动作导致的结果。同一种动作可以导致不同的结果。例如：“洗干净了、洗破了、洗白了、洗丢了”。不同的动作也可以导致相同的结果。例如：“洗干净、刷干净、扫干净、擦干净”。我们管这样的格式叫述补结构。述补结构的前一部分叫述语，后一部分叫补语。

述补结构中间往往可以插入“得”字或“不”字。例如：

洗干净～洗得干净～洗不干净
说清楚～说得清楚～说不清楚
做完　～做得完　～做不完
关上　～关得上　～关不上

插入“得”或“不”以后，仍旧是述补结构。这类格式表示可能，例如“洗得干净”是说能洗干净，“洗不干净”是说不能洗干净。

1.3.5　**主谓结构**　主谓结构由主语和谓语两部分组成。主

语是陈述的对象,即说话的人要说到的话题。谓语是对于主语的陈述,即说明主语怎么样或是什么。例如:

飞机起飞了　　今天星期天
衣服小了　　他是学生
大家都去　　文章写好了
我知道　　他不在家

同一层意思,可以选用不同的话题来表示:

我不同意开班会
班会我不同意开
开班会我不同意

我们说主语和谓语的关系是话题和陈述的关系,这是从说话的人对于一件事所采取的表达方式的角度说的。从主语所指和谓语所指语义上的联系来看,那末有的主语对谓语来说是主动者(施事),就是说,谓语说到的动作或行为是由主语所指的人或事物发出的。例如:

我骑自行车去
大家都笑了
飞机降落了
我给你打一针

有的主语对谓语来说是受动者(受事),就是说,主语所指的人或事物是受谓语提到的动作或行为支配的。例如:

自行车修好了
问题应该分析
小猪养得很肥
这篇文章写得不错

有的谓语不表示动作、行为,因此主语也就无所谓主动、受动。例如：

速度很快
水稻是高产作物
这篇文章没意思
屋里没人

不要把主语、宾语和施事、受事混为一谈。事实上主语不一定都是施事，宾语也不一定都是受事。

1.3.6 **联合结构** 几个地位平等的成分并列在一起叫联合结构。例如：

北京、上海、广州
油、盐、酱、醋
干净、利落
研究、讨论

联合结构的几项有时用虚词连接。例如：

北京、上海、广州和武汉
太阳跟月亮
又便宜又好

联合结构跟前边讲的四类结构有一点重要的区别。偏正、述宾、述补、主谓四类结构都是由两部分组成的。例如偏正结构包含修饰语和中心语两部分，述宾结构包含述语和宾语两部分，等等。当然，这几种结构内部可以很复杂，但是从整体上看，仍然是由两部分合成的。联合结构则不然，它包含的并列成分可以不止两项，例见上。

1.3.7 **连谓结构** 连谓结构是动词或动词性结构（述宾结构、述补结构等）连用的格式。例如：

打电话通知他 〔述宾＋述宾〕

闭着眼睛想　　〔述宾＋动词〕
跑出去开门　　〔述补＋述宾〕
挑着担子飞快地跑　　〔述宾＋偏正〕

单个的动词连用也能组成连谓结构。这时前一个动词后头往往带“了”或“着”。例如：

站着看
拿了去

连谓结构和上边讲的述宾结构、述补结构、联合结构等都不同,是另外一种句法结构。从组成成分之间意义上的联系看,常见的连谓结构有以下几种类型：

1. 两个动词结构表示先后发生的动作：

下了课开班会
等一会儿出去

2. 前一个动词性结构表示方式：

拍着手笑
挑着担子飞快地跑

3. 前一个动词性结构表示原因或假设：

有事不能来
不会做去问老师

4. 后一个动词性结构表示目的：

上街买菜
去车站接人

1.3.8　上边举的各种句法结构的例子都是比较简单的。实际上句法结构可以很长很复杂。因为结构的基本类型虽然很有限,可是每一种结构都可以包孕与它自身同类型或不同类型的结构。这些被包孕的结构本身又可以包孕与它自己同类型的或不同类型的结构。这样一层套一层,结构也就越来越复杂了。下边举一个例子来分析。

“我们班有许多外国留学生”本身是一个主谓结构。主语“我们班”是一个偏正结构,由定语“我们”和中心语“班”组成。谓语“有许多外国留学生”是一个述宾结构,由述语“有”和宾语“许多外国留学生”组成。这个宾语本身又是一个偏正结构,由定语“许多”和中心语“外国留学生”组成。中心语“外国留学生”又是一个偏正结构,由定语“外国”和中心语“留学生”组成。以上所说可以图示如下:

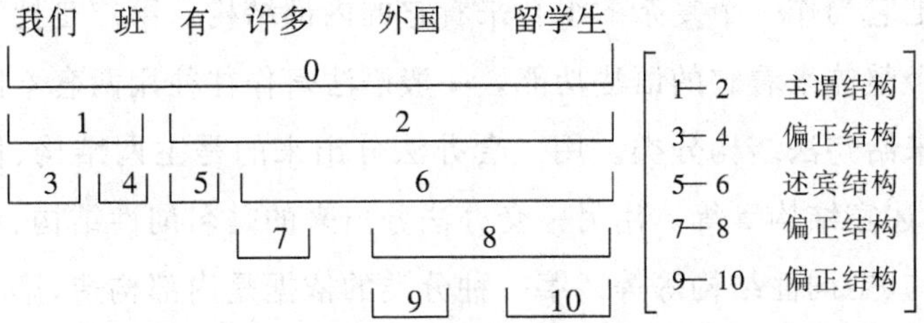

这个图式反映了我们分析“我们班有许多外国留学生”这个结构时的实际过程。我们不是一下子把0直接分成3、4、5、7、9、10等六个词,而是先把0分成1和2两部分,然后又把1分成3和4两部分,把2分成5和6两部分。6又可以分成7和8两部分。这样分析下去,一直分析到词为止。我们把1和2叫作0的直接成分,把3和4叫作1的直接成分。这种顺次找出一个语言格式的直接成分的手续叫作层次分析。层次分析不仅反映了我们在分析句法结构时把大片段逐次切分成小片段的过程,同时也反映了句法结构的层次构造。

大部分句法结构都是由两个直接成分组成的,因此层次分析一般总是采用二分的方法,不过也有一些句法结构不止两个直接成分，最常见的是联合结构。上文已经指出，联合结构的并列成分可以不止两项。

1.3.9 分析一个句法结构的时候，我们一方面要找出组成这个结构的直接成分，另外一方面还要确定两个直接成分之间的结构关系。例如在上边举的例子里，我们把0切分成1和2两段，同时还确定它们之间是主语和谓语的关系。我们把2切分成5和6两段，同时还确定它们之间是述语和宾语的关系。

1.3.10 任何句法结构都可以从两个不同的方面来观察。第一是把它当作一个复杂的组合来看它的内部结构。第二是把它当作一个整体来看它的语法功能。一般语法著作往往用两套不同的方法来给句法结构分类。用一套办法分出来的是主谓结构、偏正结构、述宾结构等等。用另一套办法分出来的是名词性结构、动词性结构、副词性结构等等。第一种分类的依据是内部构造，第二种分类的依据是语法功能。

内部构造相同的结构，功能一般相同；功能相同的结构，内部构造不一定相同。例如凡述宾结构都是动词性的。可是动词性的结构不一定是述宾结构，也可以是别的结构，如述补结构、连谓结构等。

1.4 句子

1.4.1 句子是前后都有停顿并且带着一定的句调表示相对完整的意义的语言形式。如果一个语言形式的前头或后头没有停顿，那就不是一个句子。比较：

(A) 我知道孩子们喜欢听故事。

(B) 孩子们喜欢听故事吧?

(C) 孩子们喜欢听故事。

(A)的“孩子们喜欢听故事”前头没有停顿,(B)的“孩子们喜欢听故事”后头没有停顿,都不是句子。(C)的“孩子们喜欢听故事”前后都有停顿,是句子。

句子是由词组成的,可以很长,也可以很短。最短的句子只有一个词。例如:

好。

这个句子是由“好”这个词形成的,“好”这个词又是由语素“好”形成的。在这类句子里,语素、词、句子重合在一起了。但它们仍分别代表三个不同的平面。这里有两点值得注意,第一,“好。”这个句子比“好”这个词多一些东西,这就是前后的停顿和语调。第二,词不一定比语素长,句子也不一定比词长。

1.4.2　词和词结合在一起组成词组。我们说词组的时候,不考虑它成句不成句。拿 1.4.1 举的例子来说,无论在(A)、(B)或(C)里,“孩子们喜欢听故事”都是一个词组,属于主谓结构的类型。如果这个词组是独立的,即它前后都有停顿,那末此时它是一个句子,如(C)。我们说(C)是一个由主谓结构形成的句子。

1.4.3　从结构上看,句子可以分成主谓句和非主谓句两类。主谓句是由主谓结构形成的句子,非主谓句是由主谓结构以外的结构或是单个的词形成的句子。下边是非主谓句的例子。

(1) 好!

(2) 是我。

(3) 飞机!

(4) 下雨了。

(5) 禁止吸烟。

(6) 热得我满头大汗。

这些句子都是自足的,就是说并不缺少什么成分,因此前头补不出主语来。

(7) (这件事)没有人不知道。

(8) (我)有点儿不舒服。

(9) (他)比我大三岁。

(10) (我)马上就来。

这些句子前头都能补出主语来,都不是真正的非主谓句。应该看成省略了主语的主谓句。

1.4.4 主谓句和非主谓句都是单句。几个单句可以组合成为复句。组成复句的单句改称分句。要注意的是:我们说复句是由单句组成的,这只是一种方便的说法。从理论上说,组成复句的单句(即分句)既然只是句子的一部分,那末它们本身就不能再算句子了。比较:

(A) 前一天下雪。第二天刮风。

(B) 前一天下雪,第二天刮风。

(A)是两个独立的单句,(B)是一个复句。从文字记录看,(A)和(B)只是在标点上有区别,但在实际说话的时候,二者的语音形式也不一样:(A)的"雪"读上声调,后边是一个长停顿;(B)的"雪"可以读上声调,也可以读半上调,音程拖长,后边的停顿较短。

1.4.5 虽然复句是比单句高一层的东西,可是有的时候单句内部可以包含复句的形式。例如:

你得藏在一个[你看得见他,可是他看不见你]的地方。

1.4.6 以上我们把句子分为单句和复句两大类,单句又可以分为主谓句和非主谓句两类。这都是从结构上着眼的。从句子的功能来看,我们又可以把它分成陈述句、疑问句、祈使句、称呼句和感叹句五类。

1. **陈述句**　陈述句是可以翻译成形式逻辑中的命题的句子,即可以判断是真是假的句子。例如“铁比水重”是真的,“水比铁重”是假的。

2. **疑问句**　疑问句的作用在于提问,它本身无所肯定,也无所否定,所以没有真假的问题。例如“铁重还是水重?”“铁比水重吗?”

3. **祈使句**　祈使句的作用是要求听话的人做某事。例如:“你打个电话给老王。”“走吧!”

4. **称呼句**　称呼句的作用是引起听话人的注意。例如:“老王!”“同志们!”

5. **感叹句**　感叹句的作用是表达情感,但同时也报道信息。例如:“好极了!”“中华人民共和国万岁!”

以上是从功能方面说的。从形式上说,这五类句子语调不同,其中疑问句和祈使句在结构上还有许多特点。但是形式和功能之间的关系是错综的,就是说,有交叉的情形。例如陈述句有时采用疑问句(反问)的形式。“谁知道呢?”从形式上看是疑问句,从作用上看是陈述句(等于说“我不知道”)。疑问句有时采用祈使句的形式。例如“你说为什么不行?”

第二章　词的构造

2.1　句法和词法

语法分为句法和词法两部分。句法研究的是句子的内部构造，以词作为基本单位；词法研究的是词的内部构造，以语素作为基本单位。可见句法和词法是属于两个不同平面上的东西：

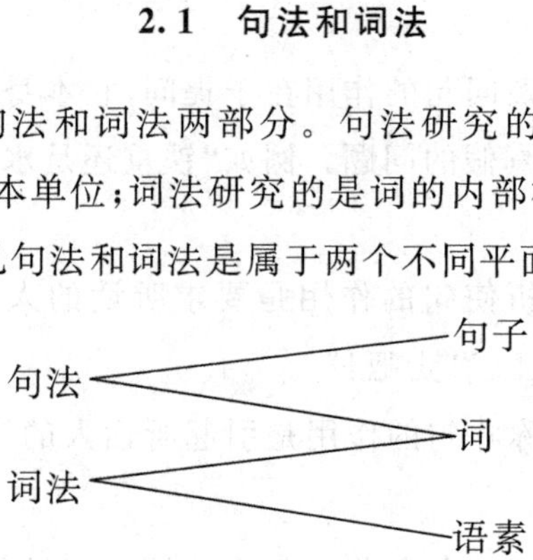

在这一章里，我们研究词的内部构造，即语素是怎样组合成为词的。单纯词由一个语素形成，没有构造问题，因此我们要讨论的实际上只是合成词的构造。

现代汉语合成词的构造方式有重叠、附加、复合三大类，以下分别讨论这三类构词方式。

2.2　重叠

2.2.1　重叠指的是像“妈妈、看看、个个、清清楚楚”一类词的构造方式。“妈妈”是由“妈”重叠而成的。我们说“妈”是“妈妈”的基式，“妈妈”是“妈”的重叠式。在研究重叠式的时候，应该注意以下几个方面：

1. 重叠式的结构类型和语音特征(重音、变调)；

2. 基式和重叠式的语法功能的异同；

3. 重叠式的语法意义。

2.2.2　重叠式名词主要是亲属称谓。例如:“爷爷、奶奶、爸爸、妈妈、伯伯、叔叔、舅舅、哥哥、弟弟、姐姐、妹妹”。这一类重叠式的第二个音节读轻声,第一个音节如果原来是上声,在重叠式里变为半上。例如:“奶奶、姥姥、姐姐”。这一类重叠式的基式大都是黏着语素。

亲属称谓以外的重叠式名词只有“娃娃、星星、宝宝”少数几个。“蝈蝈儿、蛐蛐儿、饽饽、猩猩”里的“蝈、蛐、饽、猩”从来不在别的场合出现,本身没有意义。可见“蝈蝈、蛐蛐、饽饽、猩猩”是音节的重叠,不是语素的重叠。

2.2.3　重叠式量词就是单音节量词的重叠式。例如:“个个、张张、本本、句句、棵棵”。这类重叠式包含“每”的意思,“个个”就是“每一个”,“张张”就是“每一张”。重叠式量词可以修饰名词(个个学生、张张纸),也可以离开名词,单独充任句子的主语(个个都有本事|张张都是好的),但是不能作宾语(“通知每一个人”不能说成“*通知人人”或“*通知个个”,“把每间屋子都打扫一遍”不能说成“*把间间都打扫一遍”)。

2.2.4　重叠式动词就是单音节或双音节动词的重叠式。单音节动词重叠以后,第二个音节读轻声。如果基式是上声字,第一个音节变阳平。例如:“想想、写写、管管”。变调规则跟“奶奶”“姐姐”等表示亲属称谓的名词不同。

双音节动词(AB)的重叠形式是ABAB,后两个音节读轻声。例如“休息休息、打扮打扮、活动活动”。

重叠式动词表示动作的时量短或动量小,看下文5.14。

2.2.5 重叠式状态形容词(5.16)包括以下几类:

(1) 基式是单音节形容词(A),重叠形式是“AA儿的”。不管基式原来是什么字调,重叠以后第二个音节一律读阴平。例如“小小儿的、好好儿的”。“AA儿的”里的“儿”和“的”都是附加在重叠式后边的后缀。(2.5.2,又2.5.6)

(2) 基式是双音节形容词,重叠式有:“AABB”和“A里AB”两种。无论是哪一种,重音都在第一个音节上;第二个音节读轻声。例如:大大方方、干干净净、胡里胡涂、古里古怪。

(3) 基式是“通红、碧绿、锃亮、冰凉”一类双音节状态形容词,重叠形式是ABAB,重音在第一个音节上。

(4) 基式是双音节拟声词,重叠式是“AABB”,重音在第一个音节上,例如:叮叮当当、劈劈啪啪、乒乒乓乓。

重叠式状态形容词的语法意义里都包含着一种量的观念在内。拿(3)来说,重叠式(通红通红)比基式(通红)的程度显得更深。(1)和(2)的情况要复杂一些,因为这两类重叠式所表示的程度的深浅跟它们在句子里的位置有关系。大致说来,在定语和谓语两种位置上表示轻微的程度,在状语和补语两种位置上则带着加重或强调的意味。比较:

定 语	谓 语	状 语	补 语
大大的眼睛,短短的头发	眼睛大大的,像个洋娃娃	大大的请一次客	写得大大的

高高的个子	个子高高的	高高的挂起来	挂得高高的
细细的眉毛	眉毛细细的	细细的看一遍	碾得细细的

定语和谓语位置上的单音节形容词重叠式还往往带着爱抚、亲热的意味。例如：

(1) 弯弯的眉毛大大的眼，红红的嘴唇赛樱桃。(民歌)

(2) 他是个小胖子，短短的腿，走起路来，蹒跚可笑。(朱自清)

(3) 又见凤姐儿站在那边，也不盛妆，哭的眼睛肿着，也不施脂粉，黄黄脸儿，比往常更觉可怜可爱。(《红楼梦》)

(4) 脸儿红红的，眼睛亮亮的。(袁静)

(5) 近处山角里一座……塔，粗粗的，矮矮的，正当着一个青青的小山峰，让两边的山紧紧抱着，静极，稳极。(朱自清)

最明显的是(2)(3)两个例子。"短腿""黄脸"都不是可爱的形象，可是用了重叠式，给人的印象就不一样。

"A里AB"一类重叠式带有嫌弃或不赞赏的色彩。此类重叠式的基式都是表示消极意义的形容词，如"胡涂""傻气""啰唆"等。

2.2.6　重叠式副词包括以下两类：

(1) 基式是单音节副词，重叠式是AA。例如：常常、稍稍、渐渐、恰恰、刚刚、白白。

(2) 基式是单音节形容词，重叠式是AA(儿)，第二个音节变阴平。例如：好好儿、细细儿、远远儿、悄悄儿、慢慢儿。值得注意的是这类格式只能做状语，是典型的副词。可是加上"的"以后，就变成了状态形容词(5.16)，既能做状语，也能做定语、谓语和补语。

2.3　附加

2.3.1　"站着"的"站"和"着"，性质很不相同。首先，"站着"

的意义主要由“站”承担，“着”只表示抽象的语法意义，即动作的持续。“着”除了能够跟“站”组合之外，还能跟许许多多别的动词组合，例如：“躺着、看着、拿着、拖着、哭着、放着”。不管什么动词，加上“着”之后，都表示持续的动作。其次，“着”是定位语素，它跟动词组合的时候，位置总是在动词后边。“桌子”的“子”、“我们”的“们”情形跟“着”类似，我们管这类语素叫词缀。与词缀相对应，“站着”的“站”、“桌子”的“桌”、“我们”的“我”叫词根。把词缀黏附在词根上的构词方式叫“附加”。

词缀都是定位语素，有前置的，例如“第一”“第二”的“第”；也有后置的，例如上边举的“着”“子”“们”之类。我们管前置的词缀叫前缀，管后置的词缀叫后缀。

2.3.2 根据上文所说，词缀都是定位语素，因此所有的不定位语素，我们都不把它看成是词缀。比较：

A	B	C	D
桌子	酸性	新式	自动
狮子	硬性	老式	自发
袖子	弹性	蛙式	自杀
刷子	可能性	手提式	自觉
孩子	积极性	喷气式	自私

从表面上看，这几组的构造是平行的。A 组的“子”是词缀，那末其他各组的“性、式、自”等等似乎也可以算词缀。可是“性、式、自”的性质跟“子”很不一样。“子”是定位语素。“性、式、自”等等是不定位语素。在上边举的例子里，“性、式”后置，“自”前置。但这只是偶然的现象。因为我们可以找到“性、式”前置的格式，如：“性质、

性状、性能；式样、式子”；也可以找到“自”后置的格式，例如：“私自、独自、擅自”。

其次，真正的词缀只能粘附在词根成分上头，它跟词根成分只有位置上的关系，没有意义上的关系。“性、式、自”的情形不是如此。例如在上举B、C、D各组里，前后两个成分之间存在着明显的修饰关系。因此都应该看成是复合词。

2.4　前缀

2.4.1　汉语的前缀只有以下几个：

(1) 初——附加在数词“一”至“十”的前边，表示旧历每个月的前十天。

(2) 第——附加在数词前头表示序数(4.6)。

(3) 老——(a)附加在单音节的姓前边表示对于熟悉的人的称呼，如：“老李、老王”。(b)放在数词“二”至“十”前边表示排行。(注意：只能说“老大”，没有“老一”的说法。)(c)出现在少数表示动物的名词里，如：“老虎、老鹰、老鼠”。

2.4.2　“初、第、老”都还残留着具体的词汇意义。“初一、初二”的“初”是从“起初、初次”的“初”来的，“第一、第二”的“第”跟“次第”的“第”也显然相关。跟“小王”对比，“老王”的“老”也还保存着形容词“老”原来的意义。

2.5　后缀

2.5.1　“子”是名词和量词的后缀，永远读轻声。例如：

名		词	量词
刀子	金子	狗腿子	档子
梯子	影子	小伙子	阵子
笛子	儿子	澡堂子	下子
茄子	胖子	哈喇子(口水)	伙子
蝎子	聋子	鞋拔子	股子
竹子	胡子	地窨子	会(上声)子

重读的"子"如"君子、仙子、原子、孔子、鸡子(儿)、五味子"等等都不是后缀。

2.5.2　"儿"不自成音节。作用如下:

(1) 名词和量词的后缀。例如:

名			词	量词
A	B	C	D	E
桃儿	刀儿	尖儿	画儿	口儿
棍儿	嘴儿	干儿	盖儿	根儿
盹儿	字儿	黄儿	(打)滚儿	朵儿
蝈蝈儿	心儿	零碎儿	吃儿	串儿

A、B、C、D 四组是名词,E 组是量词。在 A 组里,词根是不成词语素,在 B、C、D、E 四组里,词根是成词语素(1.2.1)。B 组词根成分独立时是名词,C 组是形容词,D 组是动词,E 组是量词。

(2) 动词的后缀,仅见于以下几个动词:"玩儿,嗤儿(骂,责备),火儿了,颠儿了(走了),葛儿(gěr)了(死了)"。

(3) 副词和状态形容词的后缀。例如:

副词:慢慢儿、远远儿、悄悄儿

状态形容词:小小儿的、高高儿的

大大方方儿的、暖暖和和儿的

红扑扑儿的、颤悠悠儿的
酸不唧儿的、蔫不唧儿的

(4) 今儿、明儿、后儿、昨儿。这个“儿”是“日”的变音。

(5) 这儿、那儿、哪儿。这个“儿”是“里”的变音。

2.5.3　后缀“头”包括：

(1) 名词后缀：石头、舌头、馒头、木头、枕头、骨头、芋头、楦头。

(2) 方位词(4.4)的后缀：前头、后头、里头、外头、上头、下头。

(3) 抽象名词(4.1.2)的后缀，词根是形容词：甜头、苦头。词根是动词：(有)看头儿、(没什么)吃头儿。

2.5.4　们　人称代词和指人的名词的后缀，表示复数。例如：我们、咱们、你们、他们、同志们、孩子们。

2.5.5　动词后缀“了”“着”“过”留到下文讨论动词时再讨论(5.15)。

2.5.6　后缀“的”包括：

(1) 副词后缀：渐渐的、微微的、暗暗的、非常的(高兴)、赶紧的(往屋里跑)、三天两头的。(14.2)

(2) 状态形容词后缀：好好儿的、慢慢儿的、扎扎实实的、胡里胡涂的、叮零当啷的、绿油油的、兴致勃勃的、挺聪明的。(关于状态形容词看 5.16)

2.5.7　汉语里还有一个和后缀“的”同音的助词“的”。助词“的”的作用是附加在名词、人称代词、形容词、动词以及各类词组之后组成名词性结构。例如：“铁的、公社的、他的、咱们的、新的、红的、买的、借的、开会的、看电影的、洗干净的、从南方带来的、站

在队伍前头喊口令的”。(5.19)

2.5.8 动词和形容词的后缀“得”。这个“得”只出现在表示状态的述补结构的述语后头。例如:看得多、长得漂亮、洗得很干净、冷得直哆嗦。(9.8.4)

2.6 复合

2.6.1 复合是把两个或两个以上的词根成分组成合成词的构词方式。用复合方式构成的合成词叫复合词。汉语复合词的组成成分之间的结构关系基本上是和句法结构关系一致的。句法结构关系有主谓、述宾、述补、偏正、联合等等,绝大部分复合词也是按照这几类结构关系组成的。下边举些例子来看:

主谓式

名词:冬至 霜降

动词:地震 心疼 耳鸣 嘴硬 例如

形容词:面熟 年轻 胆怯 理亏

述宾式

名词:主席 将军 防风

动词:列席 关心 动员 出版 告别

形容词:讨厌 满意 卫生 无聊

副词:到底 照旧

偏正式

名词:飞机 优点 蛋白 意外 纸张

动词:重视 热爱 回忆 空袭 中立

形容词:自私 冰凉 滚烫

副词:至少 未免

连词:不但

述补式

动词：革新　改良　证明　扩大　降低　推翻　削弱　扭转　记得

联合式

名词：音乐　道路　买卖　法律

动词：调查　安慰　重叠　可能

形容词：奇怪　透彻　光明　特殊

副词：根本　千万

介词：自从

连词：而且　并且　因为

2.6.2　由于复合词的结构和句法结构是平行的，所以有时不容易划清二者的界限。下面提出的几点对于区别复合词和句法结构是有用的。

(1) 复合词的组成成分可能是黏着语素(B)，也可能是自由语素(F)。拿双音节的复合词来说，可以有以下几种情况：

(a) BB：植物，吝啬，驱逐，浴室

(b) BF：石油，鲫鱼，寒冷，伟大

(c) FB：电视，党员，人民，大衣

(d) FF：铁路，白菜，小米，牛肉

一般地说，组成成分里有黏着语素的格式(a)(b)(c)都是复合词，不是句法结构。不过这是就不定位黏着语素说的，如果是定位黏着语素，整个格式也可能是句法结构，例如："去吧、也好、买的"。如果组成成分都是自由语素(d)，整个格式可能是句法结构(我去、买票、新书)，也可能是复合词(铁路、白菜、小米)。

(2) 后一个音节是轻声的格式是复合词，比较：

复合词	句法结构
买·卖	买卖(买和卖)

东·西	东西(东边和西边)
火·烧(一种烧饼)	火烧(用火烧)
打·手	打手

如果读轻声的音节是定位语素,整个格式也有可能是句法结构。例如"走吧"、"我的"。

(3) 不能扩展的是复合词,能扩展的是句法结构。比较:

复合词	句法结构
生姜	生肉→生的肉
大车(用马或骡子拉的车)	大车→大的车
金笔(自来水笔)	金表→金的表

(4) 句法结构的意义是它的组成部分的意义的综合,复合词的意义却不一定能从组成部分的意义看出来。例如"大方"不是"又大又方","龙头"(自来水龙头)不是"龙的头","马上"(副词)不是"马背上"。这种意义上的分析对于区分复合词和句法结构的界限是有用的。但是光凭意义来划界限是靠不住的,因为一方面有许多复合词的意义也是其组成成分意义的综合。例如"扩大、鸭蛋"。另一方面,有些熟语性的句法结构有特殊的词汇意义,光从组成成分的意义也是推断不出来的。例如"半瓶醋""有意思"(有趣)。

2.7 复杂的合成词

2.7.1 以上讨论的复合词大都是简单的,就是说,它们的直接成分大都是单个的语素。如果直接成分本身不止一个语素,合成词的结构就复杂起来了。在分析复杂的合成词的时候,要注意语素之间的层次构造和构词方式。例如:

(割/草)机

瓜(子/儿)

[(慢/慢)儿]的

在“割草机”里,“割草”和“机”是复合关系(偏正),“割”和“草”也是复合关系(述宾)。在“瓜子儿”里,“瓜”和“子儿”是复合关系(偏正),“儿”则是附加在“子”上的。在“慢慢儿的”里,“的”是附加在“慢慢儿”上的,“儿”又附加在“慢慢”上,“慢慢”则是语素“慢”的重叠式。“割草机”和“瓜子儿”都是复合词。“慢慢儿的”则是附加式的合成词,它的词根部分是一个重叠式。

2.7.2　最后说一说一种特殊的复合词,即通常所谓简称。例如:

土改——土地改革

抗战——抗日战争

执委会——执行委员会

北大——北京大学

指战员——指挥员和战斗员

中小学——中学和小学

喷气式——喷气式飞机

超音速——超音速飞机

清华——清华大学

“喷气式”“超音速”“清华”是截取全称的一部分作为简称,和“土改”“抗战”等不一样。前者可以叫作减缩式复合词,后者可以叫作紧缩式复合词。有时候这两种方法可以作用于同一个格式。例如:“北京大学附属中学”,先紧缩为“北大附中”,然后再减缩成“附中”(当然这个说法只有在北大范围内才能让人理解)。

2.7.3　紧缩和减缩都可能引起含混。拿紧缩式来说,“人大”既是“人民大学”的紧缩,又是“全国人民代表大会”的紧缩。“联大"在抗战时期指"西南联合大学",现在则指"联合国大会"。拿减缩式来说,"红楼梦"减缩为"红楼",就跟作为地名的"红楼"(北京沙滩红楼)发生混淆。这也正是"清华大学"可以采用减缩式,而"北京大学"只能采用紧缩式的原因。

2.8　并立式复合词

并立式复合词指的是下面这类格式:

说啊笑的	三三两两
三天两头	直来直去
跌跌撞撞	任劳任怨
跑跑跳跳	搁不下放不下
一板一眼	你一句我一句
无依无靠	一会出一会进

从表面上看,这类格式很像是联合结构,实际上性质完全不同。第一,联合结构的项数是没有限制的,换句话说,是可以扩展的,并立式复合词限于两项,不能扩展。第二,联合结构的语法功能跟它的组成部分的语法功能基本上一致,并立式复合词的语法功能跟它的组成部分的语法功能不一定一致。比如"你呀我的"虽然是由人称代词"你"和"我"构成的,可是它的语法功能跟"你""我"大不相同:"你""我"不能作谓语,也不能作状语,"你呀我的"既能作谓语,又能作状语。例如:

你别再你呀我的了。

他跟谁都是你呀我的说话。

第三,从意义上说,联合结构的每一项都是实指的,而且各有其独立的意义,整个联合结构的意义等于各项意义的总和。比如"我、你、他”就是“我和你和他”，“干净、整齐”就是“又干净又整齐”。并立式复合词的每一项的意义不是实指的，而是比况性的，整个结构的意义不是各项组成成分的意义的机械的总和。比如“你一句、我一句”只是说这个说一句，那个说一句，并非实指“你”和“我”一人说一句，“东张西望”只是说到处看，并不是实指向东看又向西看。

第三章 词类

3.1 划分词类的根据

3.1.1 通常说名词表示事物的名称，动词表示动作或行为，形容词表示事物的性质或状态。这样看起来，好像词类是根据词的意义划分出来的。实际上根据词的意义来划分词类是行不通的。因为表示同类概念的词，语法性质不一定相同。例如“战争”和“战斗”都表示行为，可是“战争”是名词，“战斗”是动词；“红”和“红色”都表示颜色，“红”是形容词，而“红色”是名词。

有的语言可以借助于词的形态变化来划分词类。例如英语：

A	B	C
horse（马）	high（高）	deny（否认）
hat（帽子）	big（大）	collect（收集）
tree（树）	old（老，旧）	remember（记得）

A 类词有数的变化（复数加词尾{-s}），B 类词有级的变化（比较级加词尾{-er}，最高级加词尾{-est}），C 类词有时的变化（过去时加词尾{-ed}）。根据这些形态上的变化，可以把这些词分为三类：A 是名词，B 是形容词，C 是动词。

汉语不像印欧语那样有丰富的形态。因此给汉语的词分类不能根据形态，只能根据词的语法功能。

3.1.2　一个词的语法功能指的是这个词在句法结构里所能占据的语法位置。举例来说，形容词的功能有：

a. 前加“很”。
b. 后加“的”。
c. 后加“了”。
d. 作谓语。
e. 作定语。
……

很明显，凭借形容词的语法功能，我们可以把它跟别的词类区别开来。举例来说，名词不具备 a，c，d 几项，动词不具备 a，e 等项，同时名词、动词的语法功能里也有一些是形容词所没有的。我们给汉语的词分类，根据的就是这些功能上的异同。

词类是反映词的语法功能的类。但是根据语法功能分出的类，在意义上也有一定的共同点。可见词的语法功能和意义之间有密切的联系。不过我们划分词类的时候，却只能根据功能，不能根据意义。

3.2　词类的共性和个性

词类是根据词的语法功能分出来的类。因此同类的词必须具有共同的语法功能，异类的词必须具有互相区别的语法功能。

说同类的词有共同性，并不是说同类的词语法功能全部相同；说异类的词必须有互相区别的个性，也不是说异类词之间就毫无共同点。因为同类的词有不同的个性，所以大类之下可以分出小类来，例如动词里的及物动词和不及物动词。因为异类的词之间也可以有某些共性，所以有时我们又把不同的词类归并为一个大类，例如动词和形容词都能作谓语，都能受副词修饰，可以合起来称为谓词。

3.3 兼类

兼类问题跟我们如何分析词义有关系。举例来说，“锁”有两个意思，有时指东西（锁和钥匙｜一把锁），有时指动作（锁门｜别锁）。因为这两种意义区别很明显，我们有理由把指东西的“锁”和指动作的“锁”看成两个不同的词。由于这两个“锁”在语法功能上也是对立的，我们有理由说指东西的“锁”是名词，指动作的“锁”是动词。这样处理，就没有兼类的问题。再举一个例子，“死”有时是失去生命的意思，有时是不活动、不灵活的意思。在前一种意义上可以带宾语（死了一口猪），在后一种意义上可以受副词“很”“太”修饰（办法太死），可以按形容词的方式重叠（把门关得死死的）。如果我们认为这两个“死”意义不同，是两个不同的词，那末我们可以说前者是动词，后者是形容词。这样处理也不发生兼类的问题。反之，如果认为“死”的两种意义之间有联系，不活动、不灵活是由失去生命的意义引申出来的，那就是不承认有两个“死”，这时我们就得说“死”兼属动词、形容词两类了。

当我们把 A、B 两类词分开的时候，可以允许有一部分词兼属 A、B 两类。但是兼类的词只能是少数，如果把 A 和 B 分为两类之后，大部分 A 类词同时兼属 B 类，或大部分 B 类词兼属 A 类，那只能说明我们当初把 A 和 B 划分为两类词本身没有多大意义。

3.4　实词和虚词

汉语的词可以分为实词和虚词两大类。从功能上看，实词能够充任主语、宾语或谓语，虚词不能充任这些成分。从意义上看，实词表示事物、动作、行为、变化、性质、状态、处所、时间等等，虚词有的只起语法作用，本身没有什么具体的意义，如“的、把、被、所、呢、吗”，有的表示某种逻辑概念，如“因为、而且、和、或”等等。除此以外，实词和虚词还有以下一些区别：

(1) 实词绝大部分是自由的(即能单独成句)，虚词绝大部分是黏着的(不能单独成句)。

(2) 绝大部分实词在句法结构里的位置是不固定的，可以前置，也可以后置。例如“有”，可以组成“我有”“都有”“屋里有”，也可以组成“有人”“有进步”“有吗”。绝大部分虚词在句法结构里的位置是固定的。例如“吗”“的”总是后置的(好吗、新的)，“也”“被”总是前置的(也去、被发现)。

(3) 实词是开放类，虚词是封闭类。所谓开放类，指的是难于在语法书里一一列举其成员的大类。所谓封闭类，是指可以穷尽地列举其成员的不很大的类。

3.5　体词和谓词

实词包括体词和谓词两大类。体词的主要语法功能是作主语、宾语，一般不作谓语；谓词的主要功能是作谓语，同时也能作主语和宾语。

3.6 词类表

实词	体词	1. 名　词　水　树　道德　战争
		2. 处所词　北京　图书馆　邮局
		3. 方位词　里　上　里头　东边
		4. 时间词　今天　现在　从前　星期一
		5. 区别词　男　女　金　银　新式　高级
		6. 数　词　一　二　十　百　千　万
		7. 量　词　个　只　块　条
		8. 代　词(体词性)　我　谁　这　那　什么
	谓词	代　词(谓词性)　这么　那么样　怎么
		9. 动　词　来　写　买　研究
		10. 形容词　红　大　干净　多
虚词		11. 副　词　很　也　已经　再
		12. 介　词　把　被　从　连
		13. 连　词　可是　如果　即使　和
		14. 助　词　的　所　得　似(shì)的
		15. 语气词　啊　吗　呢　吧
		16. 拟声词　啪　哗啦　叮叮当当　叽里咕噜
		17. 感叹词　哦　哎呀　嗐

第四章　体词

体词包括：名词、处所词、方位词、时间词、区别词、数词、量词以及一部分代词。以下先介绍前七类，代词将在第六章里讨论。

4.1　名词

4.1.1　名词的语法特点是：(1)可以受数量词修饰，例如：一支笔、三本书、几件事、一种风气；(2)不受副词修饰：* 很勇气（比较：很勇敢），* 早战争（比较：早打仗），* 不青年（比较：不年青）。

谓词有的时候也能受数量词修饰。例如：

三分懊悔，七分忌妒。

有两种快，一种是快而不好，一种是又快又好。

可是这些词还能受副词修饰（又懊悔，又忌妒｜非常快），不符合(2)，所以还是能够跟名词区别开。

4.1.2　名词可以按照它与量词的关系分为以下五类。

(1) 可数名词。这类名词的特点是有自己适用的个体量词(4.12(1))。例如：书（本）、灯（盏）、笔（枝）、马（匹）、商店（家）。

(2) 不可数名词。不可数名词没有适用的个体量词。例如：水、酒、土、面粉、肉、布。这类名词只能选择以下三类量词：(a)表示度量衡单位的量词（度量词，4.12(3)），例如：一尺布、一斤肉。(b)由名词转来的量词（临时量词，4.12(5)），例如：一桶水、一袋面粉。(c)

不定量词“点儿”和“些”(4.12(4)),例如:一点儿水、一些药。

(3) 集合名词。集合名词前头也不能加个体量词,例如:父母、子女、师生、亲友、衣物、军火。这类名词前头只能用表示群体的量词(集合量词,4.12(2))或不定量词,例如:一部分师生、一批军火、一些亲友。

由名词性词根加量词性词根组成的复合名词(纸张、枪支、人口、车辆、船只)以及带后加成分“们”的合成词(人们、孩子们、同学们)都是集合名词。

(4) 抽象名词。抽象名词是前头只能加“种、类、点儿、些”或“次、回、遍、顿、趟”等动量词(4.12(7))的名词。例如:(一种、这些)礼节、(一种)道德、(一种)风气、(这种)观念、(一场)祸、(一点儿)恩情、(请了一次)客、(吵了一回)嘴。

(5) 专有名词。专有名词在一般情况下不受数量词修饰,跟4.1.1所举的名词的语法性质不符。但是专有名词并不是绝对不受数量词修饰,例如:

> 东方红,太阳升,中国出了个毛泽东。(歌词)
> 有两个李逵,一个是真李逵,一个是假李逵。
> 中国要是有两条长江,情形就不同了。

除了这一点以外,专有名词跟一般名词的语法功能是相同的。

4.2 处所词

4.2.1 处所词是能做“在、到、往(wàng)”的宾语,并且能用“哪儿”提问、用“这儿”“那儿”指代的体词。

4.2.2 处所词包括:

(1) 地名。例如:中国、亚洲、重庆、长安街、黄庄。

单音节的地名是黏着的,所以后头总跟着一个名词性成分组成双音节的复合词。例如“平谷县、大兴县”可以省去“县”字说“平谷、大兴”,“定县、通县”的“县”就不能省。国名也是这样,“智利、坦桑尼亚、日本”可以单说,“英国、法国”非带“国”字不可。

(2) 可以看成是地方的机构。例如:学校、公园、邮局、图书馆、电影院。

以上两类词里的大部分应该看成是名词兼处所词。作为政治单位或机构,是名词;作为地方,是处所词。

(3) 合成方位词(4.4.1)。例如:上头,下边,里头,前边,背后,当中。

4.3 时间词

4.3.1　时间词是能做“在”“到”“等到”的宾语,并且能用“这个时候”“那个时候”指称的体词。例如:宋朝、一九三〇年、立春、今天、去年、星期一、上星期、现在、刚才、这会儿、过去、以前、从前。

时间词都表示时间,但是表示时间的词不一定是时间词。例如“已经、刚、忽然”是副词;“时间、时候、功夫”是一般名词;“一会儿、半天、两年”是数量词;都不是时间词。

4.3.2　“今天、星期一、三点钟”表示的是“时点”,即时间的位置、时间的早晚。“一会儿、半天、两个钟头、两个月、三年”表示的是“时量”,即时间的长短。

表示时点的词放在谓词(3.5)前头做主语,表示事情发生的时间。例如:明天去|晚上开会|上星期下了一场雪。表示时量的词

放在谓词前头做主语，表示在这段时间里发生了什么事或有什么情况，例如：一天上两节课|十年里只回了一次家。

表示时量的词放在动词后头做宾语，表示一件事情经历的时间有多长。例如：找了你半天|回来两个月了|休息了一会儿。

4.4 方位词

4.4.1 方位词可以分成单纯方位词和合成方位词两类。单纯方位词包括“上、下、前、后、里、外、内、中、左、右、东、西、南、北”。

单纯方位词加上“边(儿)、面(儿)、头(儿)”等后缀造成合成方位词，如下表：

	边(儿)	面(儿)	头(儿)
上	上边(儿)	上面(儿)	上头(儿)
下	下边(儿)	下面(儿)	下头(儿)
前	前边(儿)	前面(儿)	前头(儿)
后	后边(儿)	后面(儿)	后头(儿)
里	里边(儿)	里面(儿)	里头(儿)
外	外边(儿)	外面(儿)	外头(儿)
左	左边(儿)	左面(儿)	——
右	右边(儿)	右面(儿)	——
东	东边(儿)	东面(儿)	东头(儿)
南	南边(儿)	南面(儿)	南头(儿)
西	西边(儿)	西面(儿)	西头(儿)
北	北边(儿)	北面(儿)	北头(儿)

“内”和“中”不能加“边、面、头”。由“中”造成的合成方位词有：“中间儿、当中”。由“后”造成的合成方位词还有“背后”。此外，合成方位词还有一个“当间儿”。

4.4.2　单纯方位词都是黏着的，合成方位词大部分是自由的。在单纯方位词里，“里”和“上”的活动能力强，其他几个活动能力弱。只要意思上讲得通，我们可以任意在名词后头加上“里”和“上”，例如：书上、窗户上、桌子上、心里、屋里、树林里、孩子里。可是和“里、上”相对应的反义词“外”和“下”就不能自由地跟名词结合，例如我们不说：*书下、*椅子下、*屋子外、*树林外。名词性成分后头加“下”或“外”，有的是复合词，如：天下、乡下、阁下、郊外、例外、格外，有的是文言的说法，如：灯下、笔下、门外、世外。

4.4.3　方位词的基本用法是表示处所，但是“上、中、下”有时不表示实在的处所。

(1) “……上”表示在某方面，例如：政治上、历史上、表面上、理论上、语法上、实际上。

(2) “……下”表示条件，例如：在党的领导下|在同学们的帮助下|在广大群众的支持下。

(3) “以上”“以下”表示界限，例如：县以上|百分之六十以上|三十岁以下。

(4) “在……中”表示范围，例如：在知识分子中|在农村人口中。

(5) “在……中”当中插进谓词，表示一种情况正在持续，例如：在发展中|在前进中|在危急中。

4.5　数词

数词包括：

(1) 系数词：一、二、三、四、五、六、七、八、九、十、两、几、多少。

(2) 位数词:十、百、千、万、亿。系数词能够放在位数词之前组成复合的数词。例如:二十、三千、几亿。

“十”是系数词兼位数词,因为可以说:十万,又可以说:二十。

(3) 概数词:来、多、好几。概数词放在复合数词和量词之间表示概数。例如:二十来个、三百多本、二十好几个。系数词也能占据这个位置,例如:二十五个,可见概数词和系数词性质相近。“好几”能放在量词或位数词前头。例如:好几个、好几百。“多”和“来”不能占据这两种位置。(*来个,*多个,*来万,*多万)

(4) 好些、若干:这两个数词的特点是能够直接放在名词或量词前头(好些人、若干人、好些个人、若干吨钢)。“若干”还能和“万”“亿”组成复合数词(若干万元,若干亿)。

(5) 半:“半”能够放在量词之前(半个,半斤),还能放在数量词之后(一个半,三斤半),但不能跟位数词组合(*半千,*半亿)[①]。

4.6 基数和序数

数词有基数和序数的区别。基数表示数量多少,序数表示次序先后。例如“三”是基数,“第三”是序数。

4.7 系位构造

系位构造是由系数和位数两部分组成的复合数词,两部分之

① “半百”是文言。不能说“半亿”,但可以说“半个亿”,“半”还是放在量词“个”前边。

间是相乘的关系。例如：

二十＝2×10

五万＝5×10000

“十”和“多少”只能做位数词“万”和“亿”的系数。

4.8　系位组合

4.8.1　几个系位构造按照位数由大至小顺序排列造成的数词结构叫作系位组合。系位组合的几个系位构造之间是相加的关系。例如：

三千五百＝(3×1000)＋(5×100)

五万一千九百七十＝(5×10000)＋(1×1000)＋(9×100)＋(7×10)

4.8.2　系数词可以充任系位组合的末一项，代表个位数。例如：二十一，三百五十六。

“十一……十九”都是系位组合，其中的“十”是位数词，系数是没有出现的“一”。

4.8.3　两个不连续的系位构造（即中间有缺位）组合时，当中要补一个“零”。例如：“一千零八、五万零三百零三”。连续的系位构造的末一项的位数可以略去不说。例如：五百二（十），一万三千六（百）。

4.9　复杂的系位构造

如果系位构造的系数部分或位数部分不是一个单纯的数词，而是一个数词结构，这样的系位构造叫复杂的系位构造。复杂的系位构造有以下几类：

(1) 系数部分是一个简单的系位构造：二十万，五千万，一百亿。

(2) 系数部分是并列的数词：两三千、七八万（表示概数）。

(3) 系数部分是一个系位组合：二十五万，九千五百零三万。

(4) 位数部分是"万万"。例如："两万万"。

我们把"两万万"分析为"两/万万"，不分析为"两万/万"。因为如果采取第二种分析法，那么在"两万万二千万"里，前后两个系位构造的位数都是"万"，这显然是不合理的。由此可见"两万万"和"两千万、二百万、二十万"不是平行的格式，"万万"是一个位数，"千万、百万、十万"不是。

4.10 "二"和"两"

"二"和"两"都代表"2"，但是用法不一样。"二"在以下几种位置上出现：

(1) 数数时单说。

(2) 充任系数：二十、二千。

(3) 放在度量词前头组成数量词：二尺、二斤。

(4) 系位组合的末项：十二、一百零二、三百二。

(5) 放在"第"之后组成序数：第二。

"两"不能在(1)(4)(5)三种位置上出现。在(2)(3)两种位置上，"两""二"也有区别。"百、千、万、亿"前边用"两"用"二"都可以，"十"前边必须用"二"。"二"只能放在度量词之前，可以说"二斤、二两、二尺"，不能说："二个、二只、二条"。"两"可以放在所有的量词之前(度量衡量词"两"前只能用"二")。

4.11　概数词

4.11.1　概数词"多"和"来"充任系位组合的末一项,跟它紧邻的前一项必须是简单的系位构造。例如可以说"一百五十来个""十万多人","五十""十万"是简单的系位构造。但是不能说"* 五十二来个""* 二十万多人",因为前一个例子里的"二"不是系位构造,后一个例子里的"二十万"是一个复杂的系位构造。

4.11.2　由"多"和"来"组成的系位组合或是放在量词之前(一千多个,十来个),或是做位数词"万"和"亿"的系数(一千多万,十来亿)。由"多"组成的系位组合是自由的,由"来"组成的系位组合是黏着的。

4.12　量词

量词是能够放在数词后头的黏着词。量词可以分成以下七类。

(1) **个体量词**　个体名词都有自己特定的个体量词。例如"书"论"本","床"论"张","牛"论"头","马"论"匹"。名词和跟它相配的个体量词之间有的时候在意义上有某种联系,例如细长的东西论"枝"(一枝粉笔,一枝枪),有延展的平面的东西论"张"(一张床,一张纸),小而圆的东西论"颗"(一颗珠子,一颗丸药),有把儿的东西论"把"(一把刀,一把斧子)。但这只是少数情况。一般说来,什么名词用什么量词是约定俗成的,应该在词典里标注出来。

"个"是个体量词里用得最广泛的一个,几乎所有的个体名词——不管有没有自己的专用量词——都能论"个"。此外"个"还有以下一些特别的用法：

(a) 放在并列的数量词前边组成宾语，表示概数。例如：得等个两三天，买个二三百本。

(b) 放在形容词前边组成宾语，表示程度高。例如：玩个痛快，跑了个快。(8.9.1)

(c) 放在动词的否定形式前边组成宾语，表示不停。例如：说个没完，笑个不停。(8.9.1)

(2) **集合量词** 用于成组或成群的事物。例如：一双筷子、一胎小猫、一套家具、一群人、一批货、一系列问题。

可数名词(4.1.2)所代表的事物可以一个一个地数，也可以一组一组(或一群一群)地数，这类名词可以用个体量词，也可以用集合量词，但意思不一样，例如：一双筷子～一支筷子，一系列问题～一个问题，一部分人～一个人。集合名词前头不能用个体量词，只能用集合量词，例如：一对夫妇、一批纸张、一部分人口。

(3) **度量词** 度量词是表示度量衡单位的量词。例如：尺、寸、斤、两、斗、升、里、亩、公斤、浬(海里)。

十进位的度量词连用的时候，最后的量词可以略去，例如：三尺五(寸)、一丈二(尺)。

(4) **不定量词** 常用的不定量词只有"点儿"和"些"两个。这两个量词前头只能加数词"一"。"一些"表示的量要比"一点儿"多，前头加上"这么""那么"的时候，这个区别就更明显。比较："这么些人"和"这么点儿人"。"这些、那些、一些"后头还可以加量词"个"。例如：别管那些个|买了(一)些个没用的东西。

(5) **临时量词** 临时量词是借用名词当量词用。比较：

名　词	临时量词
一个碗	一碗饭
一个口袋	一口袋面
一个书架	一书架书

“一桌子土”“一脸汗”“一脚泥”的“桌子、脸、脚”也是临时量词，可是“一桌子土”跟“一碗饭”不一样，第一，“一桌子土”是“满桌子土”的意思，“一碗饭”不是“满碗饭”的意思；第二，“一碗饭”的“一”可以换成其他数词，“一桌子土”的“一”不能换；第三，“一桌子土”可以说“一桌子的土”，“一碗饭”当中不能插入“的”。因此“一屋子书”可以有两个意思，有时是对比“两屋子书”“三屋子书”说的，有时是“满屋子书”的意思。如果是前一个意思，当中不能插“的”，如果是后一个意思，当中可以插“的”。

(6) **准量词**　“两个县”可以说“两县”，“三个站”可以说“三站”，“一个世纪”可以说“一世纪”。“两个县”“三个站”“一个世纪”里的“县、站、世纪”显然是名词。“两县、三站、一世纪”里的“县、站、世纪”可以看成名词，也可以看成量词。我们认为看成量词比较合理，第一，“两县”“三站”“一世纪”后头还可以加上名词，如“两县人”“三站路”“一世纪时间”；第二，把这类词看成量词，符合汉语数词后头不加量词不能直接修饰名词的总规律，如果看成名词，就得承认这条规律有例外。根据这两条理由，我们认为这类词放在量词后头的时候是名词，直接放在数词后头的时候是量词，我们管它叫准量词。

(7) **动量词**　以上六类量词跟数词组合以后常常充任名词的修饰语，表示事物的数量，统称为名量词。动量词常常放在动词之

后充任准宾语,表示动作的次数。动量词包括以下三类:

(a) 专用的动量词:洗一下、去一趟、看一次、叫一声、睡一觉、念一遍。

(b) 借用名词:放一枪、切一刀、抽一鞭、洗一水、踢一脚、看一眼。

(c) 重复动词:看一看、想一想、歇一歇。

有的动量词跟名量词一样,可以修饰名词。例如:

进了一趟城
看了一次电影
念一遍生字

从意义上说,"一趟、一次、一遍"表示动作的次数,可是从结构上说,却是修饰后边的名词的(参看 8.6.4),因为可以说:

一趟城也没进
一次电影也没看
一遍生字也没念

"睡觉、放枪、打仗、吵架"里头的"觉、枪、仗、架"是名词,前边可以加上量词,例如:"睡一个觉,放一次枪"。但在"睡一觉、放一枪"里,"觉、枪"则是借用名词做动量词。

4.13 数量词

4.13.1 数词和量词组合成数量词。上文分别介绍了数词和量词,现在我们再来介绍数量词的语法性质。指示词"这、那、哪"和量词的组合,语法性质跟数量词基本上相同,所以放在一起讨论。

4.13.2 数量词的主要语法功能是修饰名词。由数量词充任的修饰语和中心语之间有同位关系,因此在一定的语言环境里修饰语可以代替整个偏正结构。例如:五张=五张纸,两间=两间屋子。

4.13.3　数量词修饰名词,一般不带"的",例如"两本书"不说"*两本的书"。只有在度量词、准量词以及表示时间的量词之后可以加"的",例如:"买了五斤(的)肉,一斤(的)花生油","三县的群众","一年(的)时间","一会儿(的)工夫"。

4.13.4　临时量词原来是名词,所以可以受形容词或名词的修饰,例如:"一大箱子书、一木头箱子书"。个体量词里有少数可以受单音节形容词修饰,但形容词只限于"大、小、长、方"等有限的几个,例如:"一大张纸、一小块石头、一长条肥皂、一方块冰"。"一大张纸"也可以说"一张大纸",但前一种说法描写的意味比较重。

4.13.5　数量词组成的偏正结构处于宾语的位置上时,如果数词是"一",可以略去不说,此时量词轻读,重音在后头的名词上。例如:"说·句话","写·个信","买了·本儿书"。

4.13.6　数量词是体词,但是同时又有谓词性,因此除了做主语、宾语和定语之外,也能做谓语。例如:

这个孩子五岁了。　　　　每人一个。

体温三十八度了。　　　　我就一本。

复杂的数词(系位构造、系位组合)也可以做谓语。例如:

他十五了。

他们一百(人),我们七十(人)。

4.14　区别词

4.14.1　区别词是只能在名词或助词"的"前边出现的黏着

词。例如“金”和“金子”不同，“金子”是名词，“金”不是名词，不受数量词修饰（* 一块金），也不能作主语和宾语，只能修饰名词（金镯子、金房子）或在“的”字前头出现（金的镯子、这只镯子是金的）。“慢性”和“慢”不同。“慢”是形容词，“慢性”不是形容词，它不受“很”修饰，也不能作谓语，只能修饰名词（慢性病、慢性气管炎）或在“的”字前头出现（慢性的难治）。我们把“金”和“慢性”这样的词称为区别词。

4.14.2 单音节区别词不多，常见的有：金、银、男、女、雌、雄、公、母、棉、夹（袄）、正、副、粉（的）、别（的）。

双音节区别词的数量比较大，例如：彩色、袖珍、野生、法定、国产、外来、大型、重型、微型、慢性、急性、良性、上等、初级、新式、西式、双边、任何、额外、公共。

4.14.3 “共同、自动、长期、局部”除了修饰名词和组成“的”字结构以外，还能作状语，例如：共同协商、自动进行、长期相处、局部解决。我们说这些词兼属区别词和副词两类。

“初级”是区别词，“高级”“低级”则是形容词，因为能受“很”修饰。“慢性”“良性”是区别词，“酸性”“弹性”则是名词，因为可以作主宾语（带酸性、有弹性）。

4.14.4 包含区别词的格式有的是词，有的是词组。以“男”“女”为例，“男人、女人、男孩儿、女孩儿、男车、女车、男宿舍、女宿舍”不能用“的”字扩展，是词。“男医生、女医生、男运动员、女运动员、女部长、女工程师”可以扩展，是词组。

4.14.5 从意义上看，区别词表示的是一种分类标准，因此区别词往往是成对或成组的。例如：

男:女	西式:中式
金:银	阴性:阳性
雌:雄	民用:军用
正:副	有限:无限
正:负	双边:多边
单:双	国营:私营
棉:夹:单	绝对:相对
彩色:黑白	直接:间接
慢性:急性	首要:次要
长期:短期	大型:中型:小型:微型

第五章　谓词

5.1　动词和形容词的区分

5.1.1　谓词包括动词和形容词两类。我们用来划分动词和形容词的标准有以下两项：

(1) 前边能不能加“很”，

(2) 后边能不能带宾语。

谓词对这两项标准的反应略如下表：

	加“很”	带宾语	例　词
1	+	+	想 怕 爱 喜欢 关心 害怕 赞成 同意 相信 怀疑 羡慕
2	−	+	唱 念 看 切 杀 买 说 有 讨论 发展 分析 具有
3	−	−	醒 瘫 歇 谢(花儿～了) 肿 锈 醉 咳嗽 游行 让步 地震 游泳 休息 病 化(冰～了) 死
4	+	−	大 红 远 好 胖 累 困 乏 酸(手～了) 饱 痒 结实 干净 发达 漂亮 疲倦

前三类是动词，最后一类是形容词。根据这样的划类标准，我们可以把形容词和动词分别定义为：

(1) 凡受“很”修饰而不能带宾语的谓词是形容词。

(2) 凡不受“很”修饰或能带宾语的谓词是动词。

要注意的是确定形容词的两项标准(受“很”修饰和不能带宾语)必须兼备；确定动词的两项标准(不受“很”修饰和能带宾语)只要符合其中一项就行。这就是说，凡是不受“很”修饰的谓词，不管它能带宾语(2类)还是不能带宾语(3类),都是动词;凡是能带宾语的动词,不管它受"很"修饰(1类)还是不受"很"修饰(2类),也都是动词。

在上页的表里,4类是形容词,1类、2类、3类都是动词。1类和2类动词能带宾语,是及物动词;3类不能带宾语,是不及物动词。

5.1.2　"委曲"可以受"很"修饰,又能带宾语(委曲你了),看起来好像属于上边表里的1类。但是1类动词带宾语的时候,可以同时受"很"修饰(例如:很想你|很怕生病)。"委曲"受"很"修饰的时候,后头不能带宾语;带宾语的时候,不受"很"修饰。我们说此类动词带宾语的时候是动词,不带宾语的时候是形容词。

"端正、宽大"本来是形容词,现在常常在后边加上宾语,使它转化成动词,例如:端正学习态度|宽大了一个特务分子。情形与"委曲"类似。

"死"有时是死亡的意思,在这个意义上不受"很"修饰,是不及物动词;有时是死板、不灵活的意思,在这个意义上可以受"很"修饰(规定得很死),是形容词。(3.3)

5.1.3　因为宾语有各种不同的类型,所以当我们把能不能带宾语作为划分动词和形容词(以及及物动词和不及物动词)的界限的时候,必须把宾语的范围适当地限制一下。如果我们不加任何限制,就是说从最宽泛的意义上去理解宾语,那末不但及物动词能带宾语,不及物动词和形容词也能带某些类型的宾语,其中最常见的有:

(1) 表示时量、动量或程度的宾语:休息了一会儿|醒了两回|

大了一点儿。

(2) 表示运动终点的处所宾语:飞昆明|来北京|去学校。

(3) 表示存在、出现或消失的存现宾语(8.5):新到了一批货|来了个客人|死了父亲。

我们把这几种类型的宾语称为准宾语,把一般宾语称为真宾语。我们上边给动词和形容词下的定义里所说的宾语都应理解为真宾语。

5.1.4 动词和形容词里都有一部分可以重叠。有的形容词除了可以按照形容词的方式重叠以外,还可以按照动词的方式重叠。例如:

高兴:高高兴兴 ~ 高兴高兴
舒服:舒舒服服 ~ 舒服舒服
漂亮:漂漂亮亮 ~ 漂亮漂亮
热闹:热热闹闹 ~ 热闹热闹

这些词兼属形容词和动词(不及物动词)两类。

5.1.5 形容词的重叠式既不受"很"修饰,也不能带宾语。按照上文的分类标准,似乎应该归入不及物动词一类。可是我们如果全面地考虑形容词重叠式的语法功能,就会看到,它们跟形容词的共同点要比跟动词的共同点多得多。至于它们不受"很"的修饰,那是因为形容词重叠以后本身就包含着量的意义,所以不能再用表示量的程度副词去修饰它。我们把形容词重叠式看成形容词里的一类,管它叫状态形容词。与状态形容词对应,形容词原来的形式可以叫作性质形容词。

5.2　动词的分类

动词是一个大类，语法功能并不完全一致，我们可以根据不同的标准把它分成许多小类。例如有的动词能加后缀“了”，有的不能（是、在、认为）；有的动词能加后缀“着”，有的不能（是、在、姓、同意）；有的动词能重叠，有的不能（是、姓、包括、成功）；有的能带双宾语（借、教、送、给），有的不能；有的动词能放在“～给你”的格式里（送给你，交给你），有的不能（* 走给你，* 唱给你）；等等。这种种细微的区别，我们将在有关的章节中提到，这里不能详说，以下介绍的是动词内部几个重要的大类。

5.3　及物动词和不及物动词

5.3.1　及物动词和不及物动词的区别在于所带的宾语不同。不及物动词只能带准宾语，及物动词除了准宾语之外，还能带真宾语。有的动词带真宾语的时候和不带真宾语的时候意义上有区别，比较：

他笑了——他笑你
他哭了——他哭他父亲
坐着舒服些——坐飞机去
睡一会儿——喜欢睡硬床
车来了——来碗肉丝面
他清醒过来了——清醒清醒头脑

我们说这些动词兼属不及物动词和及物动词两类。

5.3.2　及物动词都能带宾语，但是在句子里出现的时候不一定老带着宾语。只有一部分及物动词后头经常带宾语。例如“散了会儿步”的“散”、“结过婚”的“结”、“姓王”的“姓”以及“具有、含有、加以、企图、成为”等等。这类动词里有的也可以不带宾语,这有两种情形,一是在回答问题的时候,例如:

你到底结不结婚?——不结。

一是原来的宾语仍在句子里出现,不过已转化为其他成分,例如:

他理的发好

发也不理,澡也不洗

他是去年结的婚

5.4 体宾动词和谓宾动词

5.4.1 有的动词只能带体词性的宾语,不能带谓词性的宾语,例如:骑(马)、买(票)、捆(东西)、喝(一杯)、驾驶(汽车)、修理(电灯)。我们管这类动词叫体宾动词。有的动词能带谓词性的宾语,例如:能(去)、会(写)、觉得(好)、打算(参加)、主张(先调查)、希望(快回信)。我们管这类动词叫谓宾动词。有的谓宾动词也可以带体词性宾语。例如:

喜欢说话(谓词性宾语)~喜欢孩子(体词性宾语)

赞成马上出发(谓词性宾语)~赞成这个意见(体词性宾语)

要注意的是体宾动词绝对不能带谓词性宾语,因为体宾动词如果带了谓词性宾语,根据定义,它就不是体宾动词而是谓宾动词了。

5.4.2 谓宾动词有两类。第一类谓宾动词的宾语可以是单个的动词或形容词,也可以是主谓结构、述宾结构、述补结构、连谓结构或由副词充任修饰语的偏正结构等,例如:

同意/参加(宾语是动词)

同意/参加这次会(宾语是述宾结构)

同意/大家都去（宾语是主谓结构）

同意/坐火车去（宾语是连谓结构）

同意/立刻参加（宾语是由副词充任修饰语的偏正结构）

“觉得、希望、赞成、打算、以为、认为、感到、能、应该”等都是这样的动词，我们管这一类谓宾动词叫真谓宾动词。

第二类谓宾动词的宾语不能是主谓、述宾、连谓等结构，只能是某些双音节动词（名动词，看下文5.5）或偏正结构，而且这种偏正结构里的修饰语只能是体词或形容词，不能是副词。例如：

进行/调查（宾语是名动词）

进行/农村调查（宾语是偏正结构，修饰语是名词）

进行/周密的调查（宾语是偏正结构，修饰语是形容词）

* 进行/查（宾语是一般动词，不是名动词）

* 进行/调查农村（宾语是述宾结构）

* 进行/立刻调查（宾语是偏正结构，修饰语是副词）

除了“进行”以外，“有、作、加以、给以、受到、予以”等等也是这样的动词。我们管这一类动词叫准谓宾动词。

5.5　名动词

5.5.1　准谓宾动词能带名词宾语，也能带动词宾语；可是能带的动词宾语是有限制的。以准谓宾动词“有”为例，不能说：“*有看、*有写、*有去、*有反对、*有喜欢、*有同意”，可是能说：

有影响	有准备
有剥削	有计划
有研究	有演出
有分析	有工作
有保证	有调查

我们知道，名词可以直接修饰名词，修饰动词时，后头要加“的”字，可是上边举的“影响”等动词不受这个限制，可以受名词直接修饰。例如：

政治影响	思想准备
经济剥削	工业计划
历史研究	文艺演出
数学分析	电影工作
物质保证	农村调查

这些现象说明“影响”一类动词有名词的功能，我们管它叫名动词。

总括起来说，名动词的主要语法特征是：(1)可以充任准谓宾动词的宾语，(2)可以受名词直接修饰。

5.5.2 “锁”有两个意思，一指物件，一指动作；在前一种意义上是名词，在后一种意义上是动词。“锁”跟上文讨论的“影响”一类动词情况不同，处理的办法也就不同。“锁”的两种意义区别十分明显，我们说有两个不同的“锁”，一个是名词，另一个是动词。我们分得出两个不同的“锁”，却分不出两个不同的“影响”，我们说“影响”只有一个，是名动词。

5.5.3 “有人”的否定形式是“没有人”，可是“没有来”的肯定形式可不是“有来”，而是“来了”。比较：

A	A′	B	B′
有人	没有人	来了	没有来
有水	没有水	看了	没有看
有票	没有票	懂了	没有懂

“没有人”的“没有”文言说“无”；“没有来”的“没有”文言说“未”。两个格式的宾语不同，意思也不一样(5.15.4)。但是当名动词做

“有”的宾语时，A′和B′就变成了同形的格式。比较：

A	A′	B	B′
有影响	没有影响	影响了(工作)	没有影响(工作)
有发现	没有发现	发现了(问题)	没有发现(问题)
有分析	没有分析	分析了(形势)	没有分析(形势)

因此“没有调查就没有发言权”一句话是有歧义的。里头的“没有调查”可以理解为“无调查”，也可以理解为“未调查”。

5.6 助动词

5.6.1 助动词是真谓宾动词里的一类。包括：“能、能够、会、可以、可能、得(dé)、要、敢、想、应该、应当、该、愿意、情愿、乐意、肯、许、准、(不)配、值得”等等。助动词有以下一些特点：

(1) 只能带谓词宾语，不能带体词宾语；

(2) 不能重叠；

(3) 不能带后缀“了”“着”“过”；

(4) 可以放在“～不～”的格式里；

(5) 可以单说。

5.6.2 有的动词有几个不同的意义，在一个意义上是助动词，在其他意义上不是助动词。例如：

a. 很想他(思念、怀念)

b. 想办法(思索、动脑筋)

c. 我想他不会来了(推测、料想)

d. 他想去学习(愿望)

a和b的“想”能带体词宾语，c的“想”不能放在“～不～”格式里，都不是助动词，只有d里的“想”才是助动词。

以下分组介绍助动词。

5.7 能 能够 可以 会 可能 得(dé)

这一类助动词都表示可能，所谓可能指的是以下几种情况。

5.7.1 “能、能够、可以、会”表示主观能力做得到做不到。例如：

(1) 能(够)挑二百斤的担子上山。

(2) 骆驼可以好几天不吃东西。

(3) 又会吹笛子，又会拉手风琴。

“能”和“可以”意义近似，所以(1)(2)两句里的“能”和“可以”可以互换。要注意的是“能挑二百斤”的否定说法是“不能挑二百斤”，“可以好几天不吃东西”的否定说法不是“不可以好几天不吃东西”，因为“不可以”是不许可、不应该的意思。因此要把(2)换成否定句，只能用“不能”，不能用“不可以”。“会”跟“能”“可以”不同的地方是：“能”和“可以”往往是表示对于通常认为不容易做到的事有力量做到，“会”则多半用来说要经过学习或练习获得的技能。因此“能走路”和“会走路”意思不一样。“能走路”是说有脚劲，能走长路；“会走路”是说走路的技术好，善于走。

5.7.2 “会、能、可能”表示客观可能性。例如：

(4) 看样子会下雨。

(5) 可能找着了。

(6) 干这种事的人还能是好人？

“会”和“可能”都表示可能性，所以例(4)的“会”也可以换成“可能”。二者的区别在于：“可能”可以是估计某事将要发生(晚上可能下雨)，也可以是估计某事已经发生(可能已经下雨了)；“会”只能用于前一种情形，不能用于后一种情形（不能说：*会已经下雨了）。因此例(5)的“可能”不能换成“会”。例(6)的“能”是“可能”的意思，“能”的这种用法多见于口语。

5.7.3 “能、能够、得、可以”表示环境或情理上许可。例如：

教室里不能抽烟。
会骑自行车的人都能参加。
谁都可以提意见。
每天晚上算账算到十一二点，才得休息。
每天晚上不到十一二点，不得休息。

“不得”后头常常跟一个否定形式的宾语。例如：不得不说话|不得不告诉你。

注意下边例句里的“得”是一般动词，不是助动词：

得了二等奖（及物动词）。
饭得了（不及物动词）。

5.8 敢 肯 愿意 情愿 乐意 想 要

5.8.1 “敢”表示有胆量这么办，宾语往往是肯定形式（敢负责任）。否定形式只出现在双重否定句（不敢不说）或反问句（你敢不告诉我）里。

5.8.2 “肯”和“愿意”“乐意”都表示意愿。例如：

只要肯下工夫就能学会。
我愿意一个人去。
我不乐意一个人去。

“肯”和“愿意”“乐意”有区别。“愿意不愿意”“乐意不乐意”只表示想不想那么做，喜欢不喜欢那么做；“肯不肯”有时是同意不同意，答应不答应的意思。例如:他说什么也不肯。

5.8.3 “情愿”和“愿意”不一样,是“宁可”“宁肯”的意思,例如:我情愿走路(也不坐车)。

“想”表示愿望,例如:我不想溜冰,我想游泳。

5.8.4 助动词“要”有以下两种意思:

1. 愿望:我要喝水。

2. 事实上需要如此或情理上应该如此:过河要有船。

(1)可以用“不要”来否定(我不要喝水)。(2)不能用“不要”否定。

“不要”用在祈使句里,表示阻止或劝戒:

吃饭的时候不要说话。

你不要喝水!(比较:我不要喝水)

这种“不要”也可以说“别”。

5.9 应 应该 应当 该

这几个词都表示情理上或事实上的需要。例如:

有事应该跟大家一块儿商量。

不早了,咱们该走了。

“该”有时表示一种估计或推测。这种地方不能用“应该”。例如:

吹了风,又该感冒了。

到那时候,你就该懊悔了。

5.10 许 准

“许”和“准”都表示允许、许可。例如:

考试的时候许不许看书?

不准攀折花木。

5.11　值得　配

这两个词都表示估价。“值得看”是说有看的价值。“不配看”是说没有看的资格。

5.12　别　甭

5.12.1　“别”和“甭”都用在祈使句里表示劝阻或禁止。“别”是“不要”的合音，“甭”是“不用”的合音。不过这是从来源上说的，实际上“甭”和“不用”是有区别的。“甭”有时是“不必”“无须”的意思，这个时候也可以说“不用”，例如：

这种小事甭请示。

他已经知道了，你就甭给他写信了。

“甭”有时用在祈使句里表示禁止，这个时候就不能换成“不用”，例如：

好好听着，甭说话！

你甭听他瞎说。

可是这样用的“甭”可以换成“别”。

此外，“不用”可以带体词宾语，所以可以说：“不用你操心”，“甭”是助动词，不能带体词宾语，所以只能说“你甭操心”，不能说“甭你操心”。

5.12.2　“别”和“甭”都表示劝阻或禁止，但是口气不同。“别”表示说话的人主观上不愿意对方做某事，“甭”表示客观上没有理由或无须乎做某事。对于说话的人不企望发生的事，只能用“别”，不能用“甭”，例如：

你别摔着！ * 你甭摔着！
你可别生病 * 你可甭生病
你别把钱弄丢了 * 你甭把钱弄丢了

5.13 好

5.13.1 “好”是形容词，但在下面的句子里是助动词：

打扫干净好过年。
山坡太陡，只好蹲下来往下出溜。
人家老远跑来找，咱们不好不去。

这类“好”字只用于肯定和否定，没有“好不好”的说法。“你好不好出来一下”是吴语的说法。在北方话里，“好不好”后头跟动词宾语是容易不容易的意思。例如：

日语好不好学？好学。

这个“好”也是助动词。

5.13.2 此外，“难、容易、好意思”等几个形容词也有助动词的用法：

日语容易学，阿拉伯语难学。
你好意思不唱一个？你不好意思不唱吧！

“难”和“容易”前头常常加上程度副词“很”，注意“难”和“很难”的语法功能有差别：“难”的宾语总是单个的动词（特别是单音节的），如果宾语不止一个词，就只能用“很难”。例如：很难把他驳倒|很难令人相信。

5.14 动词重叠式

关于动词重叠式的构造和语音形式，我们在 2.2.4 里已经介绍过了，这里主要讨论动词重叠式的语法功能和意义。

5.14.1　概括地说，动词重叠式表示动作的量。所谓动作的量可以从动作延续的时间长短来看，也可以从动作反复次数的多少来看。前者叫作时量，后者叫作动量。例如“一会儿”“一天”表示时量，“一次”“一遍”表示动量。“一下儿”则既表示时量（等一下＝等一会儿），又表示动量（敲一下，敲两下）。动词重叠式也是兼表时量和动量的。先举表时量的例子：

他退休以后，平常看看书，下下棋，和老朋友聊聊天，倒也不寂寞。

“看看书”“下下棋”都表示时量短，等于说“看会儿书”，“下会儿棋”。这一点从动词重叠式和动词基本形式的对比当中可以看得更清楚：

年纪大了，重活干不了，只能洗洗衣服，铡铡草，喂喂牲口。

白天到山腰去拾柴，晚上又是洗衣裳，又是铡草，喂牲口，整天操劳。

前一句强调动作的时间不长，用重叠式；后一句说成天洗衣服、铡草、喂牲口，就不能用重叠式了。再比较下边两句：

下午两点去听报告。

晚上想去看看电视。

前一句的“听”不能换成“听听”，因为“听听”是说“听一会儿”。电视可以只看一会儿，报告就一般情形说，不会只听一会儿。

那不过说说罢了，你就当真！

也不过是帮帮忙，算得了什么呢？

“罢了”“不过”都是把事情往小里说，跟动词重叠式表短时量正相适应，这两句里的重叠式都不能换成动词基本形式。

5.14.2　因为重叠式动词表示短时量，所以用在祈使句里，可以使口气显得缓和些。比较：

你教我！

你教教我！

前一句用动词基本形式，显得直率、生硬；后一句用重叠式，口气就不一样。

5.14.3 动词重叠式除了表示时量短之外，有时表示动量小。例如：

他伸伸舌头说，“真危险”。

我该去理理发了。

这件事你得去找找李老师。

这些重叠式都不表示时量，“伸伸舌头”“理理发”不是说伸了一会儿舌头，理会儿发，而是说伸了一伸舌头，理一次发。这种重叠式常常表示尝试。例如：

这顶帽子太小了，你戴戴看。

到美术馆去，十一路比三路快，不信你坐坐试试。

5.14.4 有些动词我们心理上觉得是不能持续的，因此在通常情况下，只论动量，不论时量，例如“上车”不能说“上了会儿车”，“买书”不能说“买了会儿书”，“穿衣服”不能说“穿了会儿衣服”。这类动词也有重叠式，不过重叠式表示的不是时量而是动量。例如：

电车不好上，我上上试试。

这本书现在买不着了，不信你去买买看。

5.14.5 动词重叠式前边可以加上“多”“常常”等修饰语，这个时候，重叠式仍旧表示时量短或动量小。例如：

你太累了，今天得多睡睡。

鞋小了点儿，可是多穿穿就会大的。

常常练练，就能学会。

“多睡睡”等于说“多睡一会儿”，“常常练练”等于说“常常练一下”。

5.14.6　动词重叠式的否定形式只出现于以下两种场合，一是“不……不……”的前一个“不”字后头。例如：

不调查调查不容易弄清楚。

一是反问句里。例如：

你怎么不问问？

5.15　动词后缀

5.15.1　“看了一遍”表示已经看完了，和“看一遍”的意思不一样，可见动词后缀“了”的作用在于表示动作的完成。值得注意的是汉语的“了”和印欧语动词的过去时词尾作用不同。印欧语动词过去时表示说话以前发生的事，汉语的“了”只表示动作处于完成状态，跟动作发生的时间无关，既可以用于过去发生的事，也可以用于将要发生的或设想中发生的事。例如：

(1) 他下了课就上图书馆去了
(2) 下了课再去
(3) 关了灯就什么也看不见了

(1)的“下了课”说的是过去的事，(2)的“下了课”说的是尚未发生的事，(3)的“关了灯”是假设发生了的事。

“了”除了加在单个动词后头之外，还可以加在述补结构的后头。例如：

把草拔干净了再上肥
天不亮就套好了大车

5.15.2　带后缀“了”的动词后边加上时量宾语(8.6.2)，时量

宾语表示的意思因动词而异。如果动词所指的动作(行为、变化)带持续性,那末时量宾语表示动作持续的时间。例如:

等了一年
坐了一会儿
睡了两个钟头
病了一个月

如果动词所指的动作无持续性,那末时量宾语表示动作完成以后经历的时间。例如:

房子塌了大半年了
死了三年了
他回来了好几个月了
自行车丢了一星期了

5.15.3 形容词加“了”,后边跟着由数量词或是“很多、好多、不少”充任的宾语,表示已经实现了的事。例如:

短了一寸。
稍微大了一点。
比先前瘦了好多。

这些句子里的“了”往往可以省去不说。要注意的是:不带“了”字,可以指未实现的事,也可以指已实现的事;带了“了”字,只能指已经实现的事,因此下边句子里的形容词后头不能加“了”字:

短一寸就合适了
稍微大一点好

5.15.4 和“～了”相对应的否定形式是“没(有)～”。例如:

看了一遍——没(有)看
套好了车——没(有)套好

“没”和“没有”加在体词性成分前边,表示不存在或不具有,相当于文言里的“无”。例如：

　　没有共产党就没有新中国（歌词）
　　他没孩子

加在谓词性成分前边表示动作没有完成或是事情没有发生，相当于文言里的“未”。例如：

　　饭没煮熟
　　隧道还没有打通
　　没下雨

“没有孩子”的肯定形式是“有孩子”，“没去”的肯定形式不是“有去”，而是“去了”。通常认为体词性成分前边的“没”和“没有”是动词，谓词性成分前边的“没”和“没有”是副词。其实这两种位置上的“没”和“没有”的语法功能在许多方面都是平行的。比较：

A(肯定)	B(否定)	C(否定)	D(问句)	E(回答问题)
有孩子	没孩子	没有孩子	有孩子没有	有～没有
去了	没去	没有去	去了没有	去了～没有

只有 A 项不平行[①]，可是有的方言里（例如粤语和闽南语）“没有＋动词”的肯定形式正好是“有＋动词”。从这些方面考虑，把谓词性成分前头的“没”和“没有”看成动词是合理的。

5.15.5　北京话里有一个和动词后缀“了”同音的语气词“了”。动词后缀“了”只在句中出现，不在句尾出现；语气词“了”只在句尾出现，不在句中出现。下边句子里的“了”都是语气词：

　　他来过了。
　　太小了。

① E 项的肯定形式也不平行，但这跟 A 项是一回事。

下雨了。

我找着那个地方了。

以下各句都有两个“了”,前一个是动词后缀,后一个是语气词:

看了两遍了。

火车已经过了黄河了。

昨天就退了烧了。

关于这两个“了”的区别看 16.2。

5.15.6 动词后缀“着”加在动词后头表示动作或变化的持续(已经开始,尚未结束)。例如:

他正上着大学呢。

外头下着大雪。

“着”加在“站、坐、躺、蹲、端、捧、举”等表示姿态的动词后头,表示一种静止的状态。例如:

台上坐着主席团。

旁边站着两个孩子。

手里端着一盆水。

有的动词本身表示动作,但加“着”以后表示动作结束以后遗留下来的状态。例如:

门开着呢。

墙上挂着一幅画。

房顶上盖着一层厚厚的雪。

形容词加“着”,后头总跟着数量词充任的准宾语。例如:

我比他大着十岁。

慢着点写!

后缀“了”常常跟语气词“了”一起出现,后缀“着”常常跟语气词“呢”一起出现:

北京已经下了雪了。

北京正下着雪呢。

5.15.7　“过”表示曾经发生某事或曾经经历某事，跟后缀“了”不同。比较：

你动了手术没有？

你动过手术没有？

和“～过”相对应的否定形式是“没(有)～过”。例如：

去过～没(有)去过

见过～没(有)见过

看见过～没(有)看见过

形容词加“过”的例子：

北京从来没有这么冷过。

这个人从来没有闲过。

5.15.8　要注意后缀“过”和动词“过”的区别。比较：

爬·过山没有？

爬过山就到了。

前一句里的“过”是动词后缀。这句话的意思是问有没有爬山这种经历。后一句里的“过”是动词做补语，这个“爬过”是越过的意思。前一句的“过”本身是后缀，后头不能再加后缀“了”，后一句的“爬过”是述补结构，后头还能加后缀“了”。

5.16　性质形容词和状态形容词

5.16.1　形容词可以分为性质形容词和状态形容词两类。性质形容词包括单音节形容词(大、红、快、好)和一般的双音节形容词(大方、干净、规矩、伟大)。状态形容词包括：

(1) 单音节形容词重叠式:小小儿的。

(2) 双音节形容词重叠式:干干净净(的)。

(3) "煞白、冰凉、通红、喷香、粉碎、稀烂、精光"等。注意:这一类形容词跟一般的双音节形容词不同,一般双音节形容词的重叠式是 AABB,这一类形容词的重叠式是 ABAB。(2.2.5(3))

(4) 带后缀的形容词,包括 ABB 式:"黑乎乎、绿油油、慢腾腾、硬梆梆",A 里 BC 式:"脏里呱唧",A 不 BC 式:"灰不溜秋、白不雌列"。双音节形容词带后缀的只有"可怜巴巴、老实巴焦"等少数例子。

(5) "f+形容词+的"形式的合成词(f 代表"很、挺"一类程度副词):挺好的、很小的、怪可怜的。

5.16.2 从语法意义上看,性质形容词单纯表示属性,状态形容词带有明显的描写性。从语法功能上看,这两类形容词也有很大的区别。性质形容词作修饰语远不如状态形容词自由,无论定语或状语都是如此。先看定语。

性质形容词做定语修饰名词有带"的"和不带"的"两种格式,例如"新书"和"新的书","大孩子"和"大的孩子","干净衣服"和"干净的衣服"。在不带"的"的格式里,形容词和名词的配合受到限制,比如可以说"白纸""白头发",但是不说或不大说"白手""白家具"。下面是同类的例子。

贵东西	? 贵手绢儿
薄纸	? 薄灰尘
脏衣服	? 脏糖
窄心眼儿	? 窄布
凉水	? 凉脸

厚书	？厚雪
香花儿	？香饭
小自行车	？小报复
短袖子	？短沉默
绿绸子	？绿庄稼
蓝墨水	？蓝天空
聪明孩子	？聪明动物
老实人	？老实学问

为什么“贵手绢儿”一类格式不说或不常说，并不是因为“贵”和“手绢儿”意义上不能配合。我们只要把这些格式里的性质形容词换成跟它对应的状态形容词，就能造成合法的格式，例如：

？白手	雪白的手
？贵手绢儿	挺贵的手绢儿
？薄灰尘	薄薄的灰尘
？脏糖	脏里呱唧的糖
？窄布	很窄的布
？凉脸	冰凉的脸
？厚雪	老厚的雪
？香饭	香喷喷的饭
？小报复	小小的报复
？短沉默	短短的沉默
？绿庄稼	绿油油的庄稼
？蓝天空	蓝蓝的天空
？聪明动物	挺聪明的动物
？老实学问	老老实实的学问

总之，性质形容词直接（不带“的”）修饰名词的格式是受限制的，而状态形容词则可以自由地修饰名词。

5.16.3　我们再来看状语的情况。无论是单音节或双音节性质形容词作状语都受到限制。例如可以说“轻放”，不能说“* 轻搁”；可以说“慢走”，不能说“* 慢游”；可以说“重打”，不能说“* 重揍”。状态形容词作状语就不受什么限制。比较：

* 轻搁	轻轻地搁
* 慢游	慢慢地游
* 重揍	重重地揍
* 紧拿	紧紧地拿着
* 乖玩儿	乖乖地玩儿
* 酽沏	酽酽的沏一杯茶
* 热喝下去	热呼呼地喝下去
* 好写一篇	好好地写一篇

以上举的是单音节形容词的例子。在书面语里，双音节形容词加上副词后缀“的”（书面上往往写作“地”）可以做状语，例如：

他恭敬的垂手站在伯夷的床前。（鲁迅）

“你等急了吧？”他和气地跟我说。（报纸）

在口语里，这种地方总是用状态形容词：“恭恭敬敬的站在那儿”，“挺和气的跟我说”。

在谓语和补语两种位置上，性质形容词和状态形容词也是对立的，这留到下文再说。（7.7，又 9.8.4）

5.17 名形词

“毒”可以受“很”修饰，又能做“有”的宾语，可是这两种语法位置上的“毒”意思不一样，我们说一个是形容词，一个是名词。（参看 5.5 关于名动词的讨论）“机械、理想、规矩、道德、模范”情形类似，都可以看成两个不同的词，一个是形容词，一个是名词。下边的例子情况不同：

很危险	有（很大）危险
很困难	有（不少）困难
很矛盾	有（很多）矛盾

我们说不出"很危险"的"危险"和"有危险"的"危险"在词汇意义上有什么区别。我们把这些词看成是形容词里的一个小类，称为名形词。名形词和名动词都是兼有名词性质的谓词。

5.18 "多"和"少"

5.18.1 "多"和"少"都表示数量。这两个词能做谓语（人多|书少）、状语（多想想|少出去）和补语（说得多|做得少），不能做定语（没有"*多人""*少书"的说法）[①]。

"多"和"少"和一般形容词一样，可以受"很"和"不"修饰。可是一般形容词加上"很"和"不"之后，只能做谓语，不能直接（就是说不加"的"字）做定语，也不能充任体宾动词的宾语，"很多""不少"兼有这几方面的语法功能，例如：

(a) 做谓语：人很多|书不少
(b) 直接做定语：很多人|不少书
(c) 充任体宾动词的宾语：看过很多|买了不少

(c)项说明"很多"和"不少"带有体词性，从它们能指代名词一点看，可以说跟数量词的功能相当，比较：

两本书:买了两本（书）= { 很多书:买了很多（书）
不少书:买了不少（书） }

① "多"和"少"是形容词兼及物动词。作为及物动词，可以带宾语，如说"多了一个人，少了两本书"。

要注意的是“不多”“很少”不带体词性，与“很多”“不少”不同[①]。

5.18.2 “好些”“好多”“许多”与“很多”“不少”相同，但不具备(a)项功能。

5.19 谓词的体词化

5.19.1 在现代汉语里，谓词性成分转化为体词性成分的主要手段是在谓词性成分后边加上助词“的”造成“的”字结构。例如：

凉：凉的
便宜：便宜的
买：买的
游泳：游泳的
看电影：看电影的
到上海去：到上海去的
闭着眼睛说瞎话：闭着眼睛说瞎话的

从上边举的例子可以看到，“的”字不仅改变了谓词性成分的语法功能（从谓词转化为体词），同时也改变了它的意义。例如“游泳”原来指一种动作，加上“的”以后，“游泳的”转为指做这种动作的人了。因为“的”有这种转化意义的作用，所以不仅可以加在谓词性成分上，也可以加在体词性成分上。例如：

木头：木头的
我：我的
我弟弟：我弟弟的
两块钱：两块钱的

“木头”是名词，加上“的”之后，“木头的”还是名词，可是二者在语

① “很少”可以直接做定语（很少人知道），这一点与“很多”“不少”相同。

义上是对立的（“木头”和“木头的”意思完全不同），可见这个“的”并不是多余的。

5.19.2　“小的”是“的”字结构，其中的“的”是助词。“小小的”是状态形容词，其中的“的”是状态形容词的后缀。“渐渐的”是副词，其中的“的”是副词的后缀。这三个“的”语音形式相同，其实是完全不同的东西。

5.19.3　古汉语里跟助词“的”相当的语法成分有两个，一个是“者”，一个是“所”。“者”字加在动词或形容词后头造成体词性成分，“所”字加在及物动词前头造成体词性成分。在现代汉语里，由动词性成分组成的“的”字结构可以指动作的施事，也可以指动作的受事。因此有的时候有歧义。例如“吃的”可以指吃的东西，也可以指吃东西的人。在古汉语里，“者”字结构大都指施事（食者），“所”字结构大都指受事（所食）。从这一点看，可以说“者”和“所”的功能合起来正好相当于“的”的功能。

“者”和“所”都还保留在现代汉语里。不过“者”已经蜕化成一个名词后缀，不能自由造句。“所”字的主要用法也限于组成“的”字结构。例如：

我们所反对的只是这一点～这正是我们所反对的东西

他所说的与事实不符～他所说的理由不能成立

这些句子里的“所”都可以去掉，“他们所反对的”和“他们反对的”，“他所说的”和“他说的”意思没有什么区别。不过这并不说明这种格式里的“所”是可有可无的。举例来说，“今天所演的”里的“所”就不能随便去掉。因为“今天演的”有歧义，可以指演出的节目，也可以指演节目的人，“今天所演的”所指是明确的，只能指节目。

5.19.4 上文为了把古汉语里的“所”和“者”作比较，说“者”字加在动词或形容词后头造成体词性成分，“所”字加在及物动词前头造成体词性成分。其实我们也可以说，“所”的作用是加在谓语前头使整个主谓结构体词化。在现代汉语里，我们也可以采取这种看法，把“我们所反对的”里头的“我们所反对”看成主谓结构“我们反对”的体词化形式。不过在现代汉语里，这个形式是黏着的，必须在后头加上“的”转化为“的”字结构以后才能成为自由形式。

5.19.5 在现代汉语里，主谓结构可以通过三种不同的方式体词化。一是在整个主谓结构后头加上助词“的”造成“的”字结构，例如“我们反对的”。二是在谓语前边加“所”字之后再组成“的”字结构，这就是上文讨论的“我们所反对的”一类格式。三是在主语后头加“的”字，例如“我们的反对(是有理由的)”。前两种形式上文已经讨论过了。第三种形式的意义与前两种不同，构造也不一样。从一个角度看，是以谓词为中心语的偏正结构；从另一个角度看，则是主谓结构转化成的体词性成分。

第六章 代词

6.1 代词的性质和分类

6.1.1 代词是实词里的一类。就语法功能说，有的代词是体词性的（我，你，他，什么），有的是谓词性的（这么样，怎么样）。我们把它归为一类，是因为代词跟一般的体词和谓词不同，都有替代作用。例如“二年级同学实习去了”，我们可以用代词“他们”来代替名词性结构“二年级同学”，说“他们实习去了”。“教室里不准抽烟，这是学校的规定”，代词“这”替代主谓结构“教室里不准抽烟”。

6.1.2 代词可以分为人称代词、指示代词、疑问代词三类，如下表：

<table>
<tr><td></td><td></td><td>疑问代词</td><td></td></tr>
<tr><td></td><td></td><td>什么</td><td rowspan="3">体词性</td></tr>
<tr><td>人称代词</td><td>我　咱　你(您)　他
我们　咱们　你们　他们
人家　别人
大家　大伙儿</td><td>谁</td></tr>
<tr><td rowspan="2">指示代词</td><td>(A_1)这　那
这儿(里)　那儿(里)
这会儿　那会儿</td><td>(B_1)哪
哪儿(里)
多会儿</td></tr>
<tr><td>(A_2)这么　那么
这样　那样
这么样　那么样</td><td>(B_2)怎么
怎么样</td><td>谓词性</td></tr>
</table>

疑问代词“谁”跟人称代词“我、你、他”等相配，疑问代词 B_1 和 B_2 分别跟指示代词 A_1 和 A_2 相配。

6.1.3 代词本身的语法功能和它所替代的词的语法功能不一定一致。例如“什么”本身是体词性的（语法功能基本上和名词相同），但是能用“什么”替代的词却不限于体词。例如：

你在看什么？　　看溜冰。
水稻怕什么？　　怕旱。

同样，指示代词“这”和“那”本身也是体词性的，可是能替代谓词性成分。例如：

教室里不准抽烟，这是学校的规定。

“这么、那么、这么样、那么样、怎么、怎么样”是另一种情形，这些词本身是谓词性的，所替代的词也是谓词性的。

根据代词本身的语法功能，我们可以把它分成体词性代词和谓词性代词两大类。体词性代词包括人称代词、一部分指示代词（A_1）和疑问代词“谁、什么、哪、哪儿、多会儿”。谓词性代词包括“这么、那么、这样、那样、这么样、那么样、怎么、怎么样”。

6.2 人称代词

人称代词是体词性代词，语法功能和名词相似，例如能做主语、宾语、定语，不能做谓语、状语，不受副词修饰等等。人称代词和名词的区别是名词前边可以有修饰语，人称代词前边一般不能有修饰语。

以下分组讨论人称代词。

6.3　我 你 他 我们 你们 他们

6.3.1　“我”是说话的人自称，“你”是说话的人称听话的人，“他”是说话的人称第三者。“我、你、他”的复数形式是：我们、你们、他们。

汉语的人称代词没有性的区别。“他”指女性的时候写做“她”，指事物的时候写做“它”，这只是文字上的区别，说话的时候都是 tā。

6.3.2　在口语里，主语位置上的“他”一定指人，只有在动词或介词之后做宾语的时候，才有可能指事物。例如：

这灯泡坏了，扔了他吧。

这灯泡坏了，把他扔了吧。

“他扔了没有”的“他”一定指人，不可能指灯泡。以上说的是口语里的情形，书面语里没有这个限制。例如：

这种理论并没有流行很久，到十九世纪末，它已经消失殆尽了。（报纸）

口语里“他们”不论在什么位置上都指人，不指物，因此下边一句说到的灯泡虽然不止一个，也还是用“他（它）”：

这些灯泡都坏了，把它扔了吧。

6.3.3　“我、你、他、我们、你们、他们”在宾语位置上一般都读轻声，例如：

请·你·们把这本书带给·他。

6.3.4　在北京话里，“你”和“他”都有敬称式。“你”的敬称式是“您 nín”，“他”的敬称式是“怹 tān”。“您”常用，“怹”少用。

"您"和"您"都没有复数形式。"您们"只见于书面,在口语里有时用"您几位"。

6.4 咱们

在北京话里,"咱们"和"我们"不一样。"咱们"包括听话的人在内,"我们"不包括听话的人在内。我们管前者叫包括式,管后者叫排除式。例如:

你们是山西人,我们是东北人,咱们都是北方人。

下边一句的"咱们"用得不对:

* 老大娘,喝茶咱们自己倒。

倒茶的不包括老大娘在内,只能用"我们",不能用"咱们"。

由于方言的影响,"我们"也能用作包括式,但是"咱们"不能用作排除式。

6.5 自己

6.5.1 口语里常用的形式是 zìgěr(书面上写做"自个儿")。"自己"单用(前头没有人称代词)有时是泛指的,例如:

改造自己总比禁止别人来得难。(鲁迅)

自己做错了,要有勇气承认。

有时是特指的,此时"自己"前头往往可以补出"你、我、他"等人称代词。例如:

我越想越觉得(我)自己做得不对。

还没有开口,(他)自己倒先笑了起来。

6.5.2 如果句子的主语是一个人称代词,宾语(包括动词的

宾语和介词的宾语)复指主语的时候要用“自己”,不能重复这个人称代词[1]。例如:

发展工业咱们得靠自己。

我跟老王下,你跟自己下吧!(指下棋)

他把自己弄糊涂了。

主语是指人的或拟人的名词,宾语复指这个名词的时候,也要用“自己”。例如:

小张暗暗埋怨自己。

舌头管不住自己,说个没完。

6.5.3　“自己”常常放在“我、你、他、我们、咱们、你们、他们”以及指人的名词后头组成同位性偏正结构(10.5)。例如:

这个人从来不考虑他自己。

他把别人的事也看成他自己的事。

要注意的是有时“自己”跟它前头的人称代词在结构上不发生直接关系。比较:

我自己明白。

我自己修理。

前一句是同位结构“我自己”做主语,后一句的主语是“我”,谓语是主谓结构“自己修理”,“我”和“自己”没有直接的结构关系。最能证明这一点的是后一句的“我”和“自己”之间可以插入副词“也、不、老”,助动词“能、会”等等。前一句的“我”和“自己”之间不能插入这些成分,要插的话,只能在“自己”后头。

---

① “他是他,你是你”“你瞧你”一类句子是例外。“他认识他”里的两个“他”所指不同,不是例外。

6.5.4 在正式说话的时候(例如会议上发言),有时用“自己”来代替“我”,例如:

同志们的发言对自己有很大的启发。

6.6 别人 人家

6.6.1 “别人”“人家”有时是跟上下文提到的某人对待着说的,指那个人以外的某个人或某些人。例如:

她不很爱说话,别人(人家)问了才回答。

别人(人家)越夸,他说得越起劲儿。

你一个人说了,人家(别人)没意见呀?

6.6.2 “人家”和“别人”的区别有以下两点:

1. “人家”后边可以带名词性同位语,“别人”不能。例如:

人家小王年纪也不大呀!

说干活,咱们可比不上人家年轻的。

2. “别人”有时是泛指“其他的人”的意思,此时不能换用“人家”。例如:

除了他,别人不知道。

家里没别人,就是我妈。

6.7 大家 大伙儿

“大家”是统括众人的总称。例如“大家的事大家办”,“大家”前面可以加上“我们、你们、他们、咱们”等同位语,例如:“我们大家、你们大家”。“大伙儿”是口语里的词,意思和用法跟“大家”基本相同。

6.8　指示代词

6.8.1　指示代词除了替代作用之外，还有指称作用，近指用“这”，远指用“那”。和“这”“那”相配的疑问代词是“哪”。

6.8.2　“这”“那”可以单用，也可以和量词或是数量词连起来用，如：“这个、那个、这一个、那两个”。此外，由“这”“那”造成的词还有：

1. 时间：这会儿　那会儿　〔多会儿〕
2. 处所：这儿　那儿　〔哪儿〕
   这里　那里　〔哪里〕
3. 方式：这么（办）　那么（办）　〔怎么（办）〕
   这样（办）　那样（办）　〔怎样（办）〕
   这么样　那么样　〔怎么样〕
4. 程度：这么（大）　那么（大）　〔多（大），多么（大）〕
   这样（大）　那样（大）

6.9　这　那

6.9.1　“这”“那”各有两个形式：

这：zhè～zhèi

那：nà～nèi

从来源说，zhèi 是“这一”的合音，nèi 是“那一”的合音。

6.9.2　“这”“那”经常做主语，不大做宾语。做主语的时候，可以指人，也可以指事物。例如：

这是我们班长。

这是仪器厂，那是图书馆。

做主语时，zhè 和 zhèi，nà 和 nèi 两种形式都可以用。“这”“那”单独做宾语，指事物不指人，例如：

你瞧这！
别说那。

此时只能用 zhè，nà，不能用 zhèi，nèi。

6.9.3 “那”做主语，有时表示“要是那样的话”的意思，此时读 nà，不读 nèi。例如：

那可不行。
那咱们就别去了。

6.9.4 “这”“那”经常和量词或数量词组合，例如：“这个、那个，这两本、那三本”。这类格式可以单独用，也可以做名词的修饰语。

6.9.5 “这、那”“这个（份）、那个（份）”修饰谓词，强调程度高，后头往往带语气词“啊”，例如：

一家子那哭啊，看了真叫人心酸。
那个冷啊，就别提了。
你瞧他这份高兴。

6.10 这会儿 那会儿 这儿 那儿

6.10.1 “这会儿、那会儿”是时间词，“这儿、那儿”是处所词，因为它们都有替代作用，所以又都是代词。

6.10.2 “这会儿”指说话的时候，也可以指叙事中提到的过去某个时候。不能指未来。“那会儿”可以指过去，也可以指未来，不能指现在。例如：

他多半天不说话，这会儿才开腔。（"这会儿"指叙事中说到的过去 某个时候）
那会儿跟现在可不一样。（"那会儿"指过去）
到那会儿你就明白了。（"那会儿"指未来）

6.10.3 "这儿"也说"这里"，"那儿"也说"那里"。"(在)这儿""(在)那儿"放在动词前边，有的时候表示动作或行为的持续，不实指处所(13.6.4)。例如：

我们这儿开会呢。
他在那儿扫地呢。

6.11 这么 那么 这样 那样 这么样 那么样

6.11.1 这几个词的语音形式如下：

这么	zè·me	(zhè·me)
那么	nà·me	
这样	zhèiyàng	(zhèyàng)
那样	nàyàng	
这么样	zè·meyang	(zhè·meyang)
那么样	nà·meyang	

括弧里的读法较少见。"这样、那样、这么样、那么样"后边可以加后缀"儿"。

6.11.2 这几个词都是谓词性代词，可以做谓语，也可以做主语、宾语和修饰语。以下分(1)谓语、补语，(2)主语、宾语，(3)修饰语三项来说。

(1) 做谓语的例子(这时前头常常有副词)：

那就这么吧。 下回别这么了。
那就这样吧。 下回别这样了。

那就这么样吧。　　　　下回别这么样了。

“这么、那么”后边可以加“着”，例如：

那就这么着吧。

这个事儿得这么着，别那么着。

“这么、那么”不能做补语，“这样、那样”“这么样、那么样”可以做补语，例如：

哪儿就冷得这(么)样了！

(2) 做主语的例子：

这么比较好。

这样比较好。

这么样比较好。

“这样、那样、这么样、那么样”可以做宾语，“这么、那么”不能做宾语。例如“冻成这样”“冻成这么样”，不能说“*冻成这么”。

(3) “这样、那样、这么样、那么样”加上“的”之后可以修饰名词，例如：

他不是那样的人。

我们从来没有碰到这么样的天气。

“这么、那么”修饰名词，中间必须有数量词，例如：

他就说了这么一句话。

他老有那么一股子劲儿。

这些词修饰动词表示方式，例如：

这么写比那么写好。

你这么说话不合适。

修饰形容词时表示程度，例如：

长了这么大没过过一天好日子。

没那么远。

“这么、那么”修饰数量词，表示数量少，例如：

就这么五十本书，分配不过来。

去那么几天，用不着带多少东西。

可是放在“半天”“些”前头，表示数量多，例如：

等了那么半天，还不来。

屋子里那么些人，我挤不进去。

6.12 疑问代词

疑问代词在句子里重读还是轻读，往往会影响句子的意思，比较：

(a) 他叫什么绊了一交？

(b) 他叫什么绊了一交。

(a) 是疑问句，“什么”重读，(b)是陈述句，意思是被一样东西绊了一交，“什么”轻读。

以下把疑问代词分成(1)谁、什么，(2)哪、哪儿、哪里，(3)怎么、怎么样三组讨论，然后再介绍疑问代词的非疑问用法。

6.13 谁 什么

6.13.1 “谁”问人，“什么”问事物。“谁”有 shéi，shuí 两读，通常说话说 shéi，shuí 是比较文的读法。

6.13.2 “谁”和“什么”可以做主语、宾语、定语。“谁”做定语的时候，如果偏正结构单独成句，“谁”后头要加“的”，例如：“谁的帽子？谁的笔？”如果偏正结构是句子的一部分，往往可以不用“的”(10.4.1)，例如：

他是骑谁自行车去的？

你把谁眼镜打破了？

6.13.3 “什么”直接修饰名词是问事物的性质或种类，“什么”加上“的”再修饰名词是问领属关系。比较：

这是什么味儿？（酸味儿还是苦味儿？）

这是什么的味儿？（是药本身的味儿，还是包装纸的味儿？）

“什么”单用，指事物不指人，做定语的时候，没有这个限制，可以修饰指物的名词，也可以修饰指人的名词。例如可以说“什么书、什么东西、什么事”，也可以说“什么人”。

6.13.4 “谁”和“什么人”意思不一样。用“谁”的时候，是问这个人是哪个，是张三还是李四；用“什么人”的时候，是问的性质或类别，等于说“什么样的人”。因此“他是谁？”和“他是什么人？”意思不同。

6.13.5 “为什么”、“做（干）什么”常常做连谓结构的前项，用来问原因或目的，例如：

你为什么不去？

你做（干）什么大惊小怪的？

“做（干）什么”也可以后置。例如：

他出去做（干）什么？

你大惊小怪的做（干）什么？

“为什么”还可以放在主语前边，例如：

为什么你不去？

6.13.6 “干嘛”等于说“干什么”。用在连谓结构里，可以前置，也可以后置，例如：

你干嘛说这些？

你说这些干嘛？

6.13.7　“什么”放在联合结构前边表示列举。例如：

什么纸啊、笔啊、墨水啊，样样都有。

“什么的”放在联合结构后头表示“等等”，例如：

买了点纸啊、笔啊、墨水啊什么的。

无论前置后置，“什么”都读轻声。

6.14　哪　哪儿

6.14.1　“哪”有 nǎ、něi、nǎi 几种读音。“哪”后头跟量词或数量词表示选择，例如：

这几本书里哪本最好？
你哪几天有空？

6.14.2　“哪儿、哪里”问地方，用在反问句里强调对一件事的否定，例如：

我哪儿知道？（我不知道）
哪里睡得着觉？（睡不着）

这样用的“哪儿、哪里”也可以说“哪”，例如：

这么大的地方，哪能一天就走遍？

6.15　怎么　怎么样

6.15.1　“怎么样”书面上有时写成“怎样”，实际读音是 zěn·meyang。

6.15.2　“怎么、怎么样”是谓词性代词，可以做谓语，“怎么样”还可以做补语。例如：

你怎么啦？——我没怎么。

跟三年级赛球的事儿怎么样了。

发言准备得怎么样了。

“怎么、怎么样”也可以做主语和宾语，例如：

怎么好？（去好还是不去好？）

你现在觉得怎么样？

6.15.3 “怎么”和“这么、那么”一样，后头可以加“着”，例如：

怎么着都行。

怎么着？我就是不同意嘛！

6.15.4 “怎么”做状语，有时是问方式，例如：

你怎么回答？

我不知道这个字怎么写。

咱们怎么把工作做好？

有时是问原因，例如：

怎么多了两本？

你怎么不唱？

我怎么连一句也听不懂？

在问原因的句子里，“怎么”可以放在主语之后，也可以放在主语之前，例如“你怎么不说话？”也可以说“怎么你不说话？”在问方式的句子里，“怎么”不能放在主语前边。例如“你怎么回答？”不能说“怎么你回答？”

问方式的时候，重音在“怎(么)”上，问原因的时候，重音在“怎么”后头的实词上。比较：

这一句你ˈ怎么唱？（问方式）

你怎么不ˈ唱？（问原因）

再比较下边两句：

(A) 你现在|怎么想了?(过去是那么想的,现在怎么想?)

(B) 你现在怎么|想了?(过去不想,现在为什么又想了?)

(A)问方式,(B)问原因。这两句话除了重音不同之外,结构也不一样,在(A)里,"怎么"修饰"想",语气词"了"是加在"怎么想"上头的;在(B)里,"怎么"修饰"想了","了"是加在动词"想"上头的。此外,(B)的"怎么"可以挪到主语前边,(A)的"怎么"不能这样挪动。这一点上面已经说到过了。

"怎么样"做状语,总是问方式的,例如:

怎么样才能把工作做好?

怎么样想个办法赶快通知他们?

"怎么"充任复句的前一个分句(后一个分句往往是问句形式),表示出乎意料,例如:

怎么,你今天就走?

怎么,老王又病了?

6.16　疑问代词的非疑问用法

6.16.1　疑问代词有的时候不表示疑问,这有两种情形:第一是表示周遍性,即表示在所涉及的范围之内没有例外。这一类句式里常常有"也、都"之类副词,有时还用"无论、不管"等连词跟"也、都"呼应。这样用的疑问代词必须重读。例如:

咱们这个地方什么都有。

谁也不知道他上哪儿去了。

不管做什么工作都行。

无论怎么跑也赶不上他。

肯定句里"都"比"也"占优势,否定句里"也"比"都"占优势。

有的时候，同一个疑问代词前后配合着用，所指相同，也表示周遍性。例如：

谁愿意去谁去。

哪儿困难上哪儿去。

你爱唱什么唱什么。

怎么想就怎么说。

"谁……谁"有时也说"谁……他"。例如：

谁没看过这个电影，我就把票让给他。

谁要是不相信这个道理，不管他走到哪儿，都要碰钉子。

后一句的"他"不能换成"谁"。

有的时候两个"谁"字前后照应，指不同的人，例如：

他们俩谁也不认识谁。

他说朝鲜话，我说中国话，谁也不懂谁的话，可是谁也能体会谁的意思。

这类句式否定的居多。

6.16.2 第二是用疑问代词来指称不知道或者说不出来的人、事物、处所、时间等。例如：

我记得谁跟我说过来着。

一进屋就嚷饿得慌，要先吃点什么。

哪天我去找你。

看上去很面熟，似乎在哪儿见过似的。

这一类用法的疑问代词只能轻读。

第七章　主谓结构

7.1　主语和谓语

7.1.1　主语和谓语的关系可以从结构、语义和表达三个不同的方面来观察。从结构上看，在正常情况下，主语一定在谓语之前(例外见18.2)，两者之间的联系，跟其他各种句法结构比较起来，要算是最松的。这主要表现在以下两点上：第一，主语和谓语之间往往可以有停顿，而且主语后头可以加上“啊、呢、吧、嘿”等语气词跟谓语隔开。例如：

这件事啊，得好好商量一下。
价钱嘿，也不算贵。
我吧，从小就爱看小说。

第二，只要不引起误解，主语往往可以略去不说。例如：

(我)昨天晚上到的。
(这孩子)连他妈妈也不认识了。
(这几本书)一共五块钱。

跟印欧语系的语言比较起来，汉语这个特点是很突出的。

7.1.2　从语义上看，主语和谓语的关系是很复杂的。拿动词组成的谓语来说，主语所指的事物跟动词所表示的动作之间的关系是各种各样的。有的主语指的事物是动作的发出者，即所谓施事；有的是受动作影响的事物，即所谓受事；有的是施事、受事以外的另一方，可以称为“与事”；有的是动作凭借的工具；有的主语表示动作发生的时间或处所。例如：

花猫逮住了一只耗子　（施事）
衣服已经缝好了　（受事）
这个学生我教过他数学　（与事）
这支笔只能写小楷　（工具）
明天他们上广州　（时间）
墙上挂着一幅画　（处所）

注意不要把主语跟动作的施事混为一谈。“我们开会”，“我们”是主语；“车修好了”，“车”是主语。前一句的主语“我们”是施事，后一句的主语“车”是受事。“我们”和“车”之为主语，与它们是施事或受事无关。“下午开会”的“下午”是主语，“屋里开会”的“屋里”是主语。“下午”和“屋里”不是施事，也不是受事，但都是主语。

7.1.3　从表达上说，说话的人有选择主语的自由。同样的意思，可以选择施事作主语，也可以选择受事或与事作主语。比较：

(1a) 我们昨天开了一个会　（施事主语）
(1b) 昨天我们开了一个会　（时间主语）
(2a) 他把电视机弄坏了　（施事主语）
(2b) 电视机让他弄坏了　（受事主语）
(3a) 我用这支笔写小楷　（施事主语）
(3b) 这支笔我用来写小楷　（工具主语）
(4a) 我给小王写了一封信　（施事主语）
(4b) 小王我也给他写了一封信　（与事主语）

这四组句子里相对应的(a)和(b)基本意思相同，只是所选的主语不一样。说话的人选来作主语的是他最感兴趣的话题，谓语则是对于选定了的话题的陈述。通常说主语是话题，就是从表达的角度说的，至于说主语是施事、受事或与事，那是从语义的角度说的，二者也不能混同。

7.1.4　说话的人选来作为话题的往往是他已经知道的事物。因此汉语有一种很强的倾向，即让主语表示已知的确定的事物，而让宾语去表示不确定的事物。比如说"买书去"，"书"放在宾语的位置上，是不确定的；"书买来了"，"书"放在主语位置上，指的是已知的确定的书。再如：

哪儿有铁锹？～铁锹在哪儿？
我喜欢吃糖～这种糖我不吃
来了一位客人～那位客人来了

我们只说"那位客人来了"，不说"一位客人来了"，但是可以说"有一位客人来了"。在句首加上"有"，"一位客人"就由主语转为"有"的宾语，这就不会再跟主语表示确定的事物的要求发生抵触了。从形式上看，"有一位客人来了"是无主语的句子，可是从语义上看，它事实上的主语（逻辑主语）是"一位客人"。

7.1.5　强调事物的周遍性的时候（即全都如此，没有例外），也往往把它放在主语的位置上。例如：

(a) 一切办法都试过了
(b) 谁都知道
(c) 什么地方都去过
(d) 样样都会
(e) 本本都经过严格的检查

上边举的例子里，有的主语在意义上是受事，可是也只能放在主语位置上，不能放在宾语的位置上，因为它们都是周遍性的。(a)"一切办法都试过了"不能说"都试过了一切办法"。(b)和(c)是用疑问代词表示周遍性(6.16.1)，"什么地方都去过"如果说成"都去过什么地方”，意思就完全变了。(d)和(e)的主语是量词重叠式。量词重叠式表示一组事物中的每一个，也是周遍性的，所以经常在主语位置上出现（做主语或主语内部的修饰语），不在句尾出现。(2.2.3)

7.2 时间主语和处所主语

7.2.1 由时间词和处所词作主语的主谓结构有两大类，比较：

A	B
今天是中秋	今天下午开会
八号是星期三	晚上会下雨
北京是首都	教室里在上课
兰州在黄河边上	墙上挂着地图

在A类里，谓语陈述主语所指的时间或处所本身。这类格式跟名词或代词作主语的主谓结构没有多大区别。在B类里，谓语表示某种事件或状态，主语指明事件或状态发生的时间或处所。

7.2.2 有的语法著作把B类格式解释为偏正结构，把前边的时间词和处所词看成状语。我们把B类格式解释为主谓结构，把其中的时间词和处所词看成主语，是基于以下的理由：

第一，时间词和处所词都是体词，体词一般只能作主宾语，不能作状语。

第二，主谓结构往往可以转换成反复问句(15.1.1)的形式。例如“你去”可以转换为“你去不去”，“他抽烟”可以转换为“他抽不抽烟”，“他们在上课”可以转换为“他们是不是在上课”。偏正结构不能转换为反复问句形式。例如“马上去”不能转换为“马上去不去”，“立刻打电报”不能转换为“立刻打不打电报”。B类格式可以转换为反复问句:“今天下午开不开会”“晚上会不会下雨”“教室里是不是在上课”,与主谓结构相同。

第三,主谓结构加上“的”字作定语,主语和动词谓语之间可以插入“所”字,例如:

他写的书～他所写的书

我们培育的种子～我们所培育的种子

偏正结构加上“的”字作定语,状语和中心语之间不能插入“所”字,例如:

已经盖好的房子～*已经所盖好的房子

刚刚寄来的信～*刚刚所寄来的信

B类格式在这一点上也同于主谓结构(去年所盖的房子|刚才所说的话),不同于偏正结构。

第四,主语和谓语之间可以插入“虽然、如果、要是、即使”等连词,例如:

你不去～你虽然不去……～你如果不去……

状语和中心语之间不能插入此类成分:

马上出发～*马上虽然出发～*马上要是出发

B类格式同于主谓结构(今天虽然没下雨|今天如果不下雨),不同于偏正结构。

7.3 受事主语、与事主语和工具主语

7.3.1　主语指受事、与事或工具的主谓结构有以下两个特点:

第一,主语往往是有定的或周遍性的

第二,谓语往往是复杂的,就是说不只是一个单独的动词。下边举些例子来看：

(1) 那幢房子早就拆掉了 (受事主语)
(2) 所有的办法都试过了 (受事主语)
(3) 这位同学我没跟他说过话 (与事主语)
(4) 每人都给一本 (与事主语)
(5) 你的钥匙开不了我的锁 (工具主语)
(6) 这支笔不能写小字 (工具主语)

这些例子里的谓语都是复杂的。(2)(4)的主语是周遍性的,其余各句的主语都是有定的。

7.3.2 要是我们再仔细观察一下,就会发现主语指与事或工具的时候,谓语里常常用代词“他”或“他们”复指这个主语。例如：

(7) 这个人我跟他通过信 (比较:我跟这个人通过信)
(8) 小王我一共给了他五十块钱 (比较:我一共给了小王五十块钱)
(9) 这位教授我曾经帮他整理过稿子 (比较:我曾经帮这位教授整理过稿子)
(10) 这帮孩子你对他们可不坏 (比较:你对这帮孩子可不坏)
(11) 这把刀我用它切肉 (比较:我用这把刀切肉)
(12) 这间屋子你可以拿它堆东西 (比较:你可以拿这间屋子堆东西)

这里有两件事值得注意。第一,主语只能是名词,不能是人称代词。因此下边的施事主语句不能转换为与事主语句和工具主语句：

(13) 我跟他通过信～*他我跟他通过信
(14) 我一共给了他五十块钱～*他我一共给了他五十块钱
(15) 我曾经帮他整理过稿子～*他我曾经帮他整理过稿子
(16) 你对他可不坏～*他你对他可不坏

第二，在(7)—(12)等例子里，主语(S)或指与事，或指工具；谓语都是主谓结构(7.9)，这些主谓结构本身的主语(S′)都指施事。如果S指与事，S′必须出现；如果S指工具，则S′可以省略。这是因为与事往往指人，省略了S′，可能产生歧义；工具多半指物，省略了S′，一般不至于引起歧义。比较：

(7) 这个人我跟他通过信

(7′) 这个人跟他通过信

(11) 这把刀我用它切肉

(11′) 这把刀用它切肉

(7)"这个人"一定指与事。省去S′，(7′)"这个人"多半指施事，只有在特定的语言环境里，才可能指与事。(11′)里的"这把刀"一定指工具，没有歧义。

7.4 谓词性主语

7.4.1　汉语和印欧语在语法上的显著区别之一是汉语的动词和形容词可以直接充任主宾语而无须乎改变形式。有的语法著作认为主语和宾语位置上的谓词已经转化为名词。这种说法是有困难的，因为：

第一，主宾语位置上的动词和形容词仍旧可以受副词修饰，而且还可以在前头加上体词造成主谓结构。例如：

(1) 去是对的

(2) 不去是对的

(3) 他不去是对的

(2)(3)等格式的存在说明(1)里的"去"仍旧是动词，并没有转为名词。

第二，事实上绝大部分的动词和形容词都能作主宾语。如果说主宾语位置上的动词和形容词都转化为名词，那就等于说汉语的动词和形容词几乎都能转成名词。果真如此，当初把名词、动词、形容词分为三类，就变成没有意义的事了。

7.4.2 由谓词性成分充任的主语有两种类型，比较：

A	B
干净最重要	干干净净的舒服
教书不容易	大一点儿好看
游泳是最好的运动	天天练才学得会
他母亲病了是真的	先别告诉他比较好

我们知道，名词表示事物，动词表示动作、行为、变化，形容词表示性质或状态。在A类格式里，充任主语的谓词性成分本身虽然仍旧表示动作、行为、性质等等，可是跟谓语联系起来看，这些动作、行为、性质、状态等等已经事物化了，即变成了可以指称的对象。跟A类格式不同，B类格式里的主语没有事物化。充任此类主语的谓词性成分不是指称的对象，而是对于动作、行为、性质、状态的陈述。这种区别反映在A类格式的主语可以用“什么”指代，而B类格式里的主语只能用“怎么样”指代。

我们把A类格式里的主语称为指称性主语，把B类格式里的主语称为陈述性主语。指称性主语和陈述性主语的界限有时不容易划分，但是这两种主语的区别是很重要的，不能混为一谈。

7.5 谓语的类型

谓词和谓词性结构经常做谓语，体词和体词性结构在一定条件下也能做谓语。以下分别介绍各种类型的谓语。

7.6 体词性谓语

7.6.1 名词、时间词做谓语，前头都能加上轻读的“是”转化为动词性谓语。否定的时候用“不是”。例如：

你(是)傻子	你不是傻子
今天(是)中秋	今天不是中秋
明天(是)星期三	明天不是星期三
今天(是)初一	今天不是初一

时间词谓语前边可以有副词“刚、才、又、都、已经”等等，后头可以有语气词“了”。例如：

今天刚星期三
今天都星期三了
今天已经星期三了

7.6.2 名词性偏正结构做谓语有两类。一类是由名词或是性质形容词不带“的”字直接做定语的格式。例如：

我广东人
他厚脸皮
这个人急性子
这孩子大眼睛
这双鞋塑料底儿
这件大衣皮领子

这类谓语前边也可以加上“是”变成动词性谓语，否定的时候也用“不是”。另一类是由状态形容词做定语的偏正结构，例如：

这个人挺高的个子
这孩子圆圆的脸，大大的眼睛

这类谓语前头一般不能加“是”。

要注意的是由性质形容词加“的”做定语的偏正结构不能做谓语。例如不能说：

* 这个人高的个子

* 这孩子圆的脸，大的眼睛

从上边举的例子可以看出来，名词性偏正结构做谓语，中心语所指事物必须是主语所指的人或事物不可分离的一部分。所以我们只能说“这个人黄头发”“这个人好记性”“这间屋子洋灰地”，不能说“*这个人黄裤子”，“*这个人新书包”“*这间屋子新沙发”。

7.6.3　数量词和数量名结构是体词性成分，同时又有谓词性(4.13.6)，可以自由地做谓语，例如：

他二十岁

每人两本

你们几个人？

这间屋子三扇门

这类谓语前头可以有副词，后头可以带语气词“了”。例如：

每人刚好两本

你们一共几个人？

这间屋子就三扇门

他已经二十岁了

7.7　形容词谓语

7.7.1　性质形容词单独作谓语含有比较或对照的意思，因此往往是两件事对比着说的，例如：

价钱便宜，质量也好。

小萝卜，皮红肚里白。

人小心不小。

北方干燥，南方潮湿。

只有在语言环境能显示出比较或对照的意义时，这一类格式才能单独出现。例如：

哪本好？——这本好。

里头暖和还是外头暖和？——外头暖和。

7.7.2　由状态形容词充任谓语的句子没有比较和对照的意思，因此可以单独出现：

今儿怪冷的。（比较：今儿冷，昨儿暖和。）

价钱挺便宜。（比较：价钱便宜，东西也不错。）

屋里黑魆魆的。（比较：屋里黑，外头亮。）

7.7.3　这两类谓语还有另一方面的区别。性质形容词作谓语表示事物恒久的属性，是静态的；状态形容词作谓语表示暂时的变化，是动态的。因此在叙述事件的过程时，就只能用状态形容词作谓语。下边句子里的状态形容词都不能换成性质形容词：

马胆小、艾和尚几个脸色死白，都抽回枪，出溜到坡底下，就想跑。（《新儿女英雄传》）

小梅在公所里等着。公所里静悄悄的，只听见满院子里孩子们在唱。（同上）

一见男人的脸色黑沉沉的，好像老阴天，便背着脸悄悄咕哝说："谁惹你啦！"（同上）

他心里空空洞洞的，什么也不怕。（《张天翼选集》）

7.8　由动词"是"组成的谓语

7.8.1　"是"后边的宾语可以是体词性成分，也可以是谓词性成分。先举体词性宾语的例子：

(1) 他是外科医生

(2) 语言是工具
(3) 昨天是星期天
(4) 我关心的是现在
(5) 这杯水是干净的
(6) 这件毛衣是他自己织的

(1)(2)的宾语是名词,(3)(4)的宾语是时间词,(5)(6)的宾语是"的"字结构。这类格式里的"是"字读轻声,主语跟宾语在语义上是成员与类的关系。例如"他是外科大夫",外科大夫是一个类,"他"是这个类里的一员。有的时候,主语和宾语是同一关系,例如:

《红楼梦》的作者是曹雪芹

如果主语是处所词,则表示存在,例如:

门外是条河
东边是一块玉米地

有的时候主语和宾语之间不是简单的同一或类属的关系,例如:

我是中文系,他是历史系
我是炸酱面
他是两个男孩儿

这类句子的意思往往要根据具体的语言环境确定。

7.8.2 宾语是谓词性成分,往往表示对比,"是"字也读轻声。例如:

他是去接人,不是去送人
我是不知道(不是故意的)

如果主语和宾语同形,则表示让步,有"虽然"或"尽管"的意思。例如:

好是好,就是不太结实

"是"字重读表示确实如此,例如:

他|是去接人

我|是不知道

7.9　主谓结构作谓语

主谓结构本身也可以充任谓语，例如："北京城里树木很多"的谓语"树木很多"本身也是一个主谓结构。主谓结构作谓语有各种不同的类型，下边分别介绍。为了叙述的方便，我们把整个主谓结构的主语（上边举的例子里的"北京城里"）记作 S，把谓语部分的主语（上例里的"树木"）记作 S′。

7.9.1　S 和 S′之间有时有领属关系或整体与部分的关系。例如：

这个人心眼儿好

我们班一半是南方人

由于领属性定语之后不一定永远带"的"（10.4.1），所以这一类格式有时可以有两种分析法。例如"我胳臂疼"可以分析为主谓结构做谓语的格式（我/胳臂疼），也可以分析为偏正结构做主语的格式（我胳臂/疼）。如果 S 后头有停顿或者有语气词（我呀，胳臂疼），或是 S′前头有副词（我也胳臂疼，我老胳臂疼），那当然只能分析为主谓结构做谓语了。

7.9.2　S 或 S′是时间词或处所词。例如：

下午我们开会～我们下午开会

南方这些天正下雨～这些天南方正下雨

"下午我们开会"的主语是"下午"，"我们开会"是谓语；"我们下午开会"的主语是"我们"，"下午开会"是谓语。主语的词类不一样，意思也有区别。

7.9.3 S或S′是后边动词的受事。例如：

(1) 再大的困难我们也不怕 (S受事)
(2) 这几种农活儿我们全都学会了 (S受事)
(3) 他北京话说得很好 (S′受事)
(4) 我今天的报还没看呢 (S′受事)

我们不能把这一类结构里的S或S′解释为提前的宾语。因为如果S和S′真是提前的宾语的话，那应该能够挪回到宾语的位置上去，事实上能挪动的只是其中的一部分，有的根本不能挪动(例1，例3)，有的挪动以后，意思完全不同(例2)。

7.9.4 S是与事或工具，例如：

这位同学我跟他打过篮球 (S与事)
小王我已经告诉他了 (S与事)
这副眼镜我看书用 (S工具)
这间屋子我们堆东西 (S工具)

这类格式里往往用代词“他”复指S(7.3.2)。

7.9.5 有的时候S与S′意义上的关系十分间接。例如：

这件衣服你还没钉扣子呢
这件事你可以写一本小说
这个播音员我不爱听她说话的声音

7.9.6 S或S′也可以是谓词性成分。例如：

他说话很快 (S′“说话”是谓词性成分)
他们做调查工作很有经验 (S′“做调查工作”是谓词性成分)
做调查工作他们很有经验 (S“做调查工作”是谓词性成分)

要注意这类格式和主谓结构做主语的格式之间的区别。比较：

(1) 他说话很快

(2) 他去很合适

(1)是主谓结构作谓语的格式,(2)是主谓结构做主语的格式;(1)的"他"后头可以有停顿,可以加上语气词"啊、呢、嘿、吧",(2)如果有停顿,要放在"他去"后头,语气词"啊、呢、嘿、吧"也要放在"他去"后头。可见(1)的主语是"他",(2)的主语是"他去"。

7.9.7　上文曾经提到,表示事物周遍性的词语只能放在主语位置上(7.1.5),此时全句往往采用主谓结构做谓语的格式,例如:

什么活儿我们都干　(S是周遍性的)
一切办法我们都试过了　(S是周遍性的)
我们什么活儿都干　(S′是周遍性的)
他哪儿都去过　(S′是周遍性的)

7.10　由"的"字结构组成的判断句

7.10.1　我们在7.8里讨论的"主语+是+宾语"的格式独立的时候形成判断句。本节讨论由"的"字结构充任主语或宾语的判断句,这主要包括以下三种形式:

(A) 主语是"的"字结构 { 他说的是上海话。 / 早上喝的是牛奶。 }

(B) 宾语是"的"字结构 { 这杯水是凉的。 / 这本书是新买的。 }

(C) 主语和宾语都是"的"字结构 { 我看的是郭兰英演的。 / 他买的是人家挑剩的。 }

这三种类型的句子里的"是"字都可以省略,例如:

(A′) { 他说的上海话。 / 早上喝的牛奶。 }

(B′) 这杯水凉的。
这本书新买的。

(C′) 我看的郭兰英演的。
他买的人家挑剩的。

(A′)、(B′)、(C′)分别是(A)、(B)、(C)三种句式的紧缩形式。其中(A′)跟“的”字结构作定语的偏正结构同形，因此是有歧义的。

7.10.2 下边两组句子都用“是”字打头：

(D) 是我第一个发现的。
是你把他请来的。
是小王先跳下水去的。
是我把电视弄坏的。

(E) 是我开的灯。
是瓦特发明的蒸汽机。
是昨天发的电报。
是用开水和的面。

(D)组可以把“是”字连同后边的代词或名词挪到句尾转化为(A)类句式：

(A) 第一个发现的是我。
把他请来的是你。
先跳下水去的是小王。
把电视弄坏的是我。

(E)组可以把句尾的名词或代词挪至句首转化为(B)类句式：

(B) 灯是我开的。
蒸汽机是瓦特发明的。
电报是昨天发的。
面是用开水和的。

跟(A)(B)(C)一样，(D)(E)两组句子里的“是”也可以省略：

(D′) 我第一个发现的。
你把他请来的。
小王先跳下水去的。
我把电视弄坏的。

(E′) 我开的灯。
瓦特发明的蒸汽机。
昨天发的电报。
用开水和的面。

7.10.3 在上边讨论的句式里，(A′)和(E′)都跟“的”字结构作定语的偏正结构同形，因此这两组句式往往有歧义。例如：

(1) 我写的诗不好。

(2) 我写的诗。(＝我写的是诗。)

(3) 我写的诗。(＝是我写的诗。)

(1)里的“我写的诗”是一个名词性的偏正结构，(2)和(3)都是判断句，(2)是(A′)类句式，(3)是(E′)类句式。

第八章　述宾结构

8.1　述语和宾语

8.1.1　在正常的情况下，主语一定在谓语前头，宾语一定在述语后头。主语和谓语之间的关系松弛，中间可以有停顿（7.1.1）；述语和宾语意义上和结构上的联系都很紧密，当中没有停顿。

主语是对谓语说的，宾语是对述语说的，主语和宾语没有直接的联系。从表面上看，"张老师教地理"里的动词"教"一头牵着主语，另一头牵着宾语，好像二者同在一个平面上。其实主语"张老师"是和谓语"教地理"发生联系的，宾语"地理"则是和述语"教"发生联系的。宾语前头必须有述语，可是不一定有主语，例如"教地理的张老师来了"。

8.1.2　述语和宾语之间意义上的联系是各种各样的。例如：

（1）宾语是动作的受事：擦玻璃|吃苹果

（2）宾语是动作的施事：来客人（了）|住人

（3）宾语是动作凭借的工具：洗冷水|抽烟斗

（4）宾语是动作产生的结果：盖房子|写信

（5）宾语是运动的终点：上广州|进医院

（6）宾语表示动作延续的时间：住三天|等一会儿

有的动词充任述语时表示使动意义，例如"晒太阳"是让太阳晒，"跑马"是使马跑。

8.1.3　及物动词作述语,能带真宾语,也能带准宾语;不及物动词和形容词作述语,只能带准宾语,不能带真宾语。有些形容词能带真宾语(巩固国防、严格手续),应看成兼属形容词和及物动词两类。(5.1.2)

除了及物动词以外,许多黏合式述补结构(即不带"得"字的述补结构,如:写完、打碎、拿出、送回,看 9.2)也能带真宾语。

8.2　主宾语和施受关系

8.2.1　主语不一定是施事,宾语也不一定是受事,不能把主语和宾语的区分理解为施事和受事的对立。"玻璃擦了"是主谓结构,不能因为"玻璃"是受事,就说它是宾语提前;"来客人了"是述宾结构,不能因为"客人"是施事,就说它是主语挪后。如果凭施受关系确定主宾语,就得说"这间屋子住三个人"是主语挪后宾语提前的格式。这种说法显然是不合理的。

主语、谓语是句法概念,施事、受事、与事等等是语义概念,这两方面虽然有联系,但不是一回事,不能混同。

8.2.2　我们应该研究的是不同的句法结构里的主宾语和施事受事之间的关系。下边几种情形值得注意:

(1)"大鱼吃小鱼"和"小鱼吃大鱼"意思不一样。就大多数情况来说,主语和宾语同时出现,主语往往指施事,宾语往往指受事。可是在下边的例子里,充任主语和宾语的词交换位置以后,施受关系不发生变化:

行人走便道～便道走行人
人住北屋～北屋住人

十个人吃一锅饭～一锅饭吃十个人

你淋着雨没有～雨淋着你没有

雨布盖着汽车～汽车盖着雨布

(2)“我写了”和“我写信了”在施受关系上不对立，这是一般的情形，在下边举的例子里，动词带不带宾语，意思完全不同：

孩子丢了～孩子丢了一只手套

他死了～他死了父亲

北京队打败了～北京队打败了上海队

(3)“不吃糖”和“糖不吃了”在施受关系上也不对立，可是“不吃鸡”和“鸡不吃了”情形就不一样，因为“鸡不吃了”有歧义，“鸡”可以是受事，也可以是施事(鸡不吃米了)。在后一种意义上跟“不吃鸡”是对立的。

8.3 黏合式述宾结构和组合式述宾结构

8.3.1 述宾结构可以分成黏合式和组合式两类。黏合式述宾结构的述语是单独的动词(不带补语和后缀)，宾语是单独的名词(不带定语)。凡不符合以上条件的述宾结构都是组合式述宾结构。例如：

黏合式	组合式
吃饭	吃完饭
买票	买了票
说话	说着话
上课	上点课
打人	打他
提问题	提个问题

8.3.2 黏合式述宾结构往往可以直接(不带“的”字)作定语，

组合式述宾结构必须加上“的”字体词化以后才能作定语。比较：

造船技术～造大船的技术
上课教员～上过课的教员
挂号同志～挂了号的同志
救济难民问题～救济他们的问题
看电视时候～看完电视的时候
招收研究生办法～招收这批研究生的办法

“吃饭”是黏合式述宾结构，述语“吃”和宾语“饭”都是独立的词。“吃亏”的“亏”是黏着语素，不是词，所以“吃亏”是述宾式复合动词(2.6.1)，不是述宾结构。可是述宾式复合动词跟其他类型的复合词不一样，往往可以扩展。例如：

吃亏（FB）	吃点亏
招生（FB）	招一次生
制图（BF）	制一张图
失火（BF）	失了几次火
阅卷（BB）	阅过卷没有
起草（BB）	起个草

扩展以前是复合词，扩展以后就成了组合式述宾结构。

在由复合词扩展成的组合式述宾结构里，述语和宾语往往不能彼此分离，例如只能说“失了一次火”，不能说“失了一次”；可以说“起了草”“起了个草”，可是不能说“一个草”。

8.3.3　有些述宾式复合动词，一方面可以扩展成组合式述宾结构，另一方面，作为动词，还能带宾语，例如：起草文件、留神汽车。

8.4　处所宾语和时间宾语

8.4.1　广义的处所宾语指所有由处所词和处所词组充任的

宾语。狭义的处所宾语专指表示趋向或位置的动词性成分(详下)后头所带的由处所词或处所词组充任的宾语。比较:

(1) 我惦记着家里

(2) 我坐在家里

(1)和(2)的动词后头都带着处所宾语"家里",可是这两句的结构有很大的区别。(2)的"家里"指"我"所在的位置,(1)的"家里"不指"我"所在的位置。"我惦记着家里"跟"我惦记着孩子"是同类的句式,"家里"跟"孩子"都是"惦记"的对象。由此可见,(1)和(2)里的处所宾语性质不同,不能混为一谈。这就是我们要区别广义的处所宾语和狭义的处所宾语的原因。

8.4.2 能够带狭义处所宾语的动词为数有限,除了"来、去、进、出、上、下、回"等趋向动词以外,还有表示运动的"上(上北京)、飞(飞北京)"和表示位置的"在"和"到"。有很多动词本身不能带处所宾语,只有跟趋向动词或是"在""到"等组合成述补结构以后才能带处所宾语。例如:

走进教室	射到靶子上
搬回学校	留在家里
扛到火车上	飘在水面上
拿到展览会上	站在山顶上

补语位置上的"在"和"到"有一个弱化形式·de(8.5.2)。口语里说·de 比说"在""到"更普通。可是在更土的北京话里,连这个·de 也消失了,很多动词可以直接带狭义处所宾语。例如:拿展览会上展览一下|搁桌上|坐椅子上|把它挂墙上|把它泡水里。

8.4.3 跟处所宾语一样,时间宾语也有广义和狭义的区分。狭义的时间宾语指表示位置的动词"在""到"以及由"在""到"作补语的述补结构后头所带的时间词或时间词组。

8.5　存现宾语

8.5.1　存现宾语表示存在、出现或消失的事物。此类宾语出现在以下两种句式里：

A	B
黑板上写着字	对面来了一个人
墙上贴着标语	商店里到了一批货
门上挂着帘子	屋里飞进来一只蜜蜂
台上坐着主席团	石头缝里长出来一棵草
楼上住着客人	村子里死了一个人
床上躺着一个孩子	他们家跑了一只猫

这两类句式的主语都是处所词或处所词组，宾语都是无定的。这是共同的。区别在于：(1)从意念上说，A 组表示存在，B 组表示出现或消失。(2)A 组的动词都是表示状态的。其中有的动词本身就表示状态(坐着、住着、躺着)；有的动词表示动作，不过动作结束以后遗留下来一种状态(写着、贴着、挂着)。B 组动词都是表示出现或消失的。(3)A 组动词带后缀“着”，B 组动词带后缀“了”或带补语。不过 A 组的宾语如果带数量词的话，动词也可以带“了”，例如：黑板上写了两个字|墙上贴了一幅标语|楼上住了一位客人。

8.5.2　A 组句式跟“屋里开着会”“外头下着雨”“身上发着烧”一类句子形式上相同，实际上不一样。A 组句式的主语和宾语可以互换位置，使原来的存现宾语转为主语，原来的处所主语转为处所宾语。这样换位的时候，动词后缀“着”也得相应地转换成“在”或是它的弱化形式·de，例如：

黑板上写着字 ～ 字写在(·de)黑板上

墙上贴着标语 ～ 标语贴在(·de)墙上

池子里养着鱼 ～ 鱼养在(·de)池子里

楼上住着客人 ～ 客人住在(·de)楼上

床上躺着一个孩子 ～ 孩子躺在(·de)床上

“屋里开着会”“外头下着雨”“身上发着烧”不能转换为“* 会开在屋里”“* 雨下在外头”“* 烧发在身上”，因为这类句子里的宾语不是存现宾语。从意念上说，A 组句式表示事物的位置，“屋里开着会”“外头下着雨”等等表示动作的持续（会正在开，雨正在下）。这两类句式表面上看起来一样，实际上结构不同。

8.6 准宾语

准宾语包括动量宾语、时量宾语和数量宾语三类。

8.6.1 动量宾语指由动量词(4.12(7))充任的表示动作次数的宾语。例如：

(a) 看一次 念一遍 走一趟

(b) 踢一脚 切一刀 洗一水

(c) 看一看 想一想 玩一玩儿

(d) 放一枪 睡一觉 打一仗

(a)类宾语是专用的动量词，(b)类是借用名词做动量词，(c)类是重复动词用做动量词，(d)类也是借用名词做动量词，但和(b)类不同：“放一枪”的“放”和“枪”之间本来存在着述宾关系，而(b)类“踢一脚”的“踢”和“脚”之间不存在这种关系。

这几类格式里的动词都可以带后缀“了”。(c)类“看了一看”的“一”可以略去，说成“看了看”。

8.6.2　时量宾语指由表示时量的数量词或数量名结构充任的宾语。时量宾语表示动作延续的时间。例如：

等一会儿　劳动一年　走了一天

住一个月　休息半个钟头

8.6.3　数量宾语指跟在形容词述语后边由度量词(a)、不定量词(b)以及"很多、不少、多少"(c)等充任的宾语。例如：

(a) 长了三尺　　好一百倍

(b) 轻一点儿　　好一些

(c) 长了很多　　小了不少

"长了三尺"和"买了三尺"不一样。"买了三尺"的述语"买"是动词,"三尺"后头可以加上名词,譬如说"买了三尺布"。"长了三尺"的述语"长"是形容词,"三尺"后头不能再跟名词。我们说"买了三尺"里的"三尺"是真宾语,"长了三尺"里的"三尺"是准宾语。

8.6.4　如果述语是及物动词,动量宾语和时量宾语后头还可以有名词出现。这有两种情形：

A	B
进一次城	等一下老王
看一回电影	看一看表
逛两趟上海	管一管孩子
住半个月旅馆	试了试温度

A组里的数量词可以跟名词一起移到动词前头去,例如：

一次城也没进　　两趟上海一逛,光旅费花了两百块钱

一回电影也没看　　半个月旅馆一住,胃口就没有了

"一次城也没进"跟"一碗饭也没吃""一本书也没看"在结构上是平行的,"一次"应该看成是"城"的定语。作为实体,"城"是论"座"的,"一座城"说明"城"的数量。"一次城"不是说明"城"的数量,而

是说明“进城”的次数的，可是“一次”在结构上还是“城”的定语。下边一句话有歧义：

整整运了一个月的粮食。

把“一个月”看成名量词，是说运了够吃整整一个月的粮食；把“一个月”看成动量词，是说运粮食运了整整一个月。可是不管在哪一种意义上，“一个月”都是“粮食”的定语①。

B组里的数量词不是后头名词的定语，这一类格式应该看成双宾语结构（详下）。

8.7 双宾语

8.7.1 双宾语指一个述语后边接连出现两个宾语。这两个宾语可以都是真宾语，也可以是一个真宾语，一个准宾语。以下先讨论前一种情况。

由两个真宾语组成的双宾语格式主要有以下几种类型：

1. 表示给予：

(1) 送他一份礼
(2) 还小李十块钱
(3) 卖我一所房子
(4) 赔他一本新的
(5) 给你两个人
(6) 喂孩子牛奶
(7) 问你一个问题
(8) 放你三天假

① 这句话还有一种可能的分析法，即把“一个月”看成是“运了”的宾语。此时是用“运了一个月”来说明粮食的多少。这跟上文两种分析所代表的意思又不一样。

我们管双宾语里离动词近的那个宾语叫近宾语，离动词远的那一个叫远宾语。在表示给予意义的双宾语构造里，近宾语指接受者，远宾语指所给的事物。接受者多半是人，因此近宾语往往是指人的名词或代词。值得注意的是远宾语如果指人，就只能用指人的名词，不能用人称代词。例如“我们把小李给你”可以说：

我们给你小李

可是“我们把你给小李”却不能说：

我们给小李你

这一类双宾语格式里的动词，有的后头可以加“给”，如上引例(1)—(4)，有的不能加，如例(5)—(8)。

2. 表示取得：

买了他一所房子
偷了我一张邮票
娶他家一个闺女
收了你两百块钱

因为这一类格式里的近宾语和远宾语之间在意义上有领属关系，所以往往可以在近宾语后边加上“的”字使它转换为定语去修饰原来的远宾语。例如：

买了他的一所房子
偷了我的一张邮票
娶他家的一个闺女
收了你的两百块钱

因为领属性定语后头不一定都带“的”字。如果中心语前头有指示代词“这”“那”，不用“的”的说法更占优势。因此如果把上引各例里的数词换成“这”或“那”：

买了他那所房子

偷了我那张邮票

娶了他家这个闺女

收了你这两百块钱

原来的双宾语就转化为单宾语了。

“借、租、换”等动词既可以表示给予，又可以表示取得，因此下边的句子有歧义：

张三借李四一本书

张三租李四一间房

前一句可以理解为张三借给李四一本书，也可以理解为李四借给张三一本书。后一句可以理解为张三租给李四一间房，也可以理解为李四租给张三一间房。

3. 表示等同：近宾语和远宾语的所指在某一方面有同一性。例如：

叫他老大哥

骂他傻瓜

当他好人

8.7.2　现在来讨论包含准宾语的双宾语构造。如果真宾语是指人的（不管是名词还是代词），往往是真宾语在前，准宾语在后。例如：

等小王一会儿～等他一会儿

吃了他爸爸一辈子～吃了他一辈子

骂了小王一顿～骂了他一顿

踢了孩子一脚～踢了他一脚

喊了小王一声～喊了他一声

拍了小王一下～拍了他一下

怕他老婆三分～怕他三分

警告小王两次了～警告他两次了

大小王两岁～大他两岁

考小王一考～考他一考

也有两可的情形，例如：

喊小王一声～喊一声小王

等小王一下～等一下小王

考小王一考～考一考小王

不过如果真宾语是人称代词，那末仍然是前置占优势。

8.7.3　指物的真宾语往往后置：

下一会儿围棋

聊了一会儿闲天

抹一抹桌子

换一换衣服

捋一捋胡子

这里只举时量词"一会儿"和重复动词作动量词的例子，是因为其他的时量词和动量词在名词前头出现时，往往跟名词凝聚成偏正结构(4.12(7)，又 8.6.4)。因此下边格式里动词后头带的是单宾语，不是双宾语：

看了一回电影(一回电影也没看)

进了两趟城(两趟城一进……)

请了一次客(一次客也没请过)

喊了一声爸爸(一声爸爸也没喊过)

住了两星期(的)医院(两星期医院一住……)

吃了几天苦头(一天苦头也没吃)

8.7.4　双宾语构造是一个述语同时带两个宾语。这两个宾语各自跟述语发生关系，它们互相之间没有结构上的关系。按照这种看法，双宾语格式只能三分（述语、近宾语、远宾语），不能二分。不过我们也可以采取另外一种观点，即把双宾语格式看成是述宾结构带宾语的格式。

8.8 虚指宾语

8.8.1 “看什么？”作为一般的问句，宾语“什么”是实指的。作为反问句（15.1.4），表示否定意义，是说不该看或者不值得看，宾语“什么”是虚指的。一般地说，“什么”充当不及物动词和形容词的宾语都是虚指的。例如：

笑什么？别笑了。

还睡什么？都九点了。

好什么？一点也不好。

8.8.2 双宾语格式里由人称代词“他（它）”充任的宾语有时也是虚指的，如：唱他一段|睡他一会儿|走他一趟。

8.8.3 人称代词加“的”做宾语，有时也是虚指的，如：你走你的（别管他）|他笑他的（管你什么事儿）。

8.8.4 因为不及物动词和形容词也能带以上三种虚指宾语，所以虚指宾语不能作为划分动词和形容词以及及物动词和不及物动词的根据。

8.9 程度宾语

8.9.1 形容词或动词前边加上“个”变成体词性结构以后充任的宾语叫程度宾语。程度宾语表示程度高，主要有以下几类：

(a)“个”＋形容词：说个明白|玩儿个痛快|跑了个快。

(b)“个”+不停(不了,不休,没完……):笑个不停|说了个没完。

(c)“个”+成语:打了个落花流水|说个一清二楚。

8.9.2　这类格式的动词后头可以插入一个虚指的“他”形成双宾语结构,例如:玩儿他个痛快|打他个落花流水。

8.9.3　“跑得个快”实际上是把述补结构“跑得快”和述宾结构“跑个快”混合在一起的格式。这类格式可以解释为述补结构,也可以解释为述宾结构。

8.9.4　“图个方便|就喜欢个快”形式和上边举的格式一样,但这类格式不表示程度。此外,这类格式里的“个”可以换成“那个”,而程度宾语里的“个”不能换成“那个”,可见二者不同。

8.10　谓词性宾语

8.10.1　谓词性宾语指的是由谓词或谓词性词组充任的宾语。例如:

希望/去
喜欢/骑马
觉得/很好
主张/先调查一下
打算/今年考大学

谓词性宾语跟述语的关系不如体词性宾语跟述语的关系紧,当中往往可以有停顿,特别是当宾语比较长的时候。

根据定义,只有谓宾动词能带谓词性宾语。我们在(5.4)里曾经按照所带宾语的性质把谓宾动词分成真谓宾动词和准谓宾动词两类。准谓宾动词的宾语只能是名动词(5.5)和名形词(5.17),真谓宾动词不受这个限制。本节专门讨论真谓宾动词的宾语。

8.10.2 有一类真谓宾动词要求它的宾语在意念上是表示判断的。例如：

承认这是事实
发现自己做错了
证明被告无罪
知道他有一个女儿
相信明天会下雨

这里所谓判断是广义的，包括所有能转化为逻辑命题的语言形式，当然也包括通常说的判断句在内。另一类真谓宾动词要求宾语表示一种行动。例如：

打算明天去
准备马上出发
提倡只生一个孩子
主张在北京开会
愿意跟他结婚
同意把房子卖了
反对说空话
决定立刻动手术

这两类动词带的宾语有可能是同形的，比较：

我知道在北京开会
我主张在北京开会

前一句的"在北京开会"是一个判断，后一句的"在北京开会"指一种行动。

8.10.3 有的真谓宾动词带疑问句形式的宾语时，整个述宾结构也表示疑问，例如：

打算哪天去？
主张选谁当主席？
觉得怎么合适？
准备写什么文章？
（你）认为这个消息靠得住靠不住？

有的真谓宾动词带疑问句形式的宾语时，整个述宾结构不表示疑问：

讨论谁当主席
商量怎么办
打听邮局在哪儿
问问几点钟开会
研究今年招不招生

8.10.3　“知道”带问句形式的宾语，可以造成疑问句，也可以造成陈述句，只有从语调和重音位置上才能看出区别来，比较：

你知道他ˈ姓什么？
你ˈ知道他姓什么。（为什么不告诉我）
你知道他ˈ去不去？
我ˈ知道他去不去。（可是我不告诉你）

8.11　指称性宾语和陈述性宾语

8.11.1　谓词性主语可以分成指称性的和陈述性的两类（7.4.2），谓词性宾语也有这种区别，比较：

指称性宾语	**陈述性宾语**
看下棋	觉得很舒服
喜欢干净	喜欢干干净净的
考虑参加不参加	开始写小说
研究自杀	打算自杀

“觉得、认为、希望、打算、开始、决定”等动词以及所有助动词后边的宾语只能用“怎么样”指代，不能用“什么”指代，在意念上表示陈述，不表示指称。“提倡、承认、证明、害怕、发现”等动词的宾语只能用“什么”指代，不能用“怎么样”指代，在意念上表示指称。

8.11.2 有的动词既能带指称性宾语，又能带陈述性宾语，例如上边举的“喜欢”。

第九章　述补结构

9.1　补语和宾语的比较

补语和宾语的位置都在动词之后。宾语可以是体词性成分，也可以是谓词性成分；补语只能是谓词性成分，不能是体词性成分。从意念上说，宾语的作用在于提出与动作相关的事物（受事、与事、工具等等），补语的作用在于说明动作的结果或状态。

9.2　黏合式述补结构和组合式述补结构

9.2.1　黏合式述补结构指补语直接粘附在述语后头的格式，例如：抓紧、写完、煮熟、说清楚、写上、走回去。组合式述补结构指带"得"的述补结构，例如：走得快、抓得紧、看得多、写得很清楚、看得见、听得出来。

"看得见"的否定形式是"看不见"，"听得出来"的否定形式是"听不出来"。"看不见""听不出来"虽然不带"得"，也是组合式，不是黏合式。

9.2.2　组合式述补结构有两类，一类表示可能性，一类表示状态：

可能性	状态
看得见	看得多
拿得动	长得漂亮

分得清　　　　说得很清楚
听得出来　　　急得直出汗

这两类格式里的“得”性质不同。表示可能性的述补结构里的“得”是一个独立的助词，它出现在述语和补语之间，既不属前，也不属后。表示状态的述补结构里的“得”则是一个动词后缀。表示状态的述补结构应该二分（看得/多，长得/漂亮），表示可能性的述补结构只能三分（看/得/见，听/得/出来）。

9.3 结果补语

9.3.1 由结果补语组成的述补结构是一种黏合式述补结构。结果补语可以是形容词，也可以是动词，例如：

动＋形：长大　变小　染红　拧紧　切碎　晒干　走远　拉长
拌匀　煮熟　洗干净　说清楚
动＋动：看见　听懂　学会　踢倒　拿走　写成　杀死　打破
弄丢　说完

能够充任结果补语的动词为数不多，常见的有：“走、跑、动、倒、翻、病、疯、死、见、懂、成、完、通、穿、透”等。

9.3.2 带结果补语的述补结构在语法功能上相当于一个动词，后头可以带动词后缀“了”或“过”，例如：学会了开车|打破了一个|看见过鲨鱼|从来没喝醉过。从这一点看，这一类述补结构跟述补式复合词（2.6.1）没有什么不同。区别在于述补结构可以用“得”或“不”扩展，例如“长大”可以扩展成“长得大～长不大”，“看见”可以扩展成“看得见～看不见”；述补式复合词不能扩展，例如“改良”不能扩展成“*改得良～*改不良”，“扩大”不能扩展成“*扩得大～*扩不大”。

9.3.3　带结果补语的述补结构跟动词一样,也有及物与不及物的区别。能带真宾语的述补结构是及物的,不能带真宾语的述补结构是不及物的。值得注意的是述补结构之为及物的或不及物的跟充任述语的动词及物不及物没有必然的联系。举例来说,"哭"是不及物动词,可是述补结构"哭哑"却是及物的,因为可以说"哭哑了嗓子"。反之,"买"是及物动词,可是述补结构"买贵了"却是不及物的,因为只能说"这辆车买贵了",不能说"*买贵了这辆车"。

9.3.4　上文说带结果补语的述补结构在语法功能上相当于一个动词,其实有的述补结构在语义上也相当于一个动词。例如"弄死"相当于"杀","打碎"相当于"瓻(cèi)","弄脏"相当于古汉语里的"污"。现代语里只有形容词"脏",没有一个跟古汉语"污"相当的动词。因此文言说"污吾衣",现代语就得利用述补结构说"弄脏了我的衣服"。从这个角度看,我们可以说述补结构是一种临时创造新动词的语法手段。尤其值得注意的是述语和补语的组合是极其自由的。例如"洗干净"是常说的,因为"洗"能导致的最自然的结果是干净。可是除了"洗干净"之外,也能说"洗脏、洗破、洗丢",甚至还可以说"把我洗胡涂了""把他洗哭了"。

9.3.5　谓词在句子里总是跟一些体词在语法上和语义上发生联系的。述补结构是由两个谓词组合成的,它所能联系的体词的语义类型自然要比单个的谓词复杂。举例来说,不及物动词"哭"只能跟一个指施事的体词相联系,例如"孩子哭了"。述补结构"哭哑了"可以跟两个体词发生联系,例如"他哭 哑了嗓子"。其中"他"是哭的施事,"嗓子"对哭来说,既不是施事,也不是受事。它跟"哭"在语义上的联系是十分间接的。不过如果我们把"哭哑"

作为一个语义上的整体看待的话,可以说“嗓子”是它的受事。

9.3.6 上文说述补结构跟动词一样,也有及物不及物的区别。不过情形又不完全一样。不及物动词只能跟一个名词性成分相联系,不及物的述补结构却不受这个限制。例如“这本书我买贵了”。“买贵了”虽是一个不及物的述补结构,可是它同时带了两个体词性成分:“我”是“买贵了”的施事,“这本书”是“买贵了”的受事。只是因为“买贵了”是不及物的述补结构,所以“这本书”只能放在主语的位置上,不能放在宾语的位置上。

9.3.7 带结果补语的述补结构的否定形式是在前头加“没(有)”,例如:没说清楚|没看见|没学会。用“不”字否定时,后头总有别的话。例如:

不拧紧螺丝会漏水

不洗干净会长虫

不学会怎么行呢?

9.4 趋向补语

9.4.1 由趋向动词“来、去、进、出、上、下、回、过、起、开”等充任的补语叫趋向补语。例如:“走进、跳出、爬上、滑下、拿来、送去、寄回、飞过、撑起、打开”。趋向补语总是读轻声。

在上面举的趋向动词里,“来”“去”可以做其他几个动词的补语,例如:

进来	出来	上来	下来	回来	过来	起来	开来
进去	出去	上去	下去	回去	过去	——	——

北京话里没有跟“起来”“开来”相配的“起去”“开去”。此外,“开

来”是黏着形式，只能做别的动词的补语(打开来，分开来)，不能单用。

9.4.2　由“来、去”充任补语的述补结构后边只能带一般宾语，不能带处所宾语，处所宾语要插在述语和补语之间。例如：

进来一个人　回去一个人　拿来一本书　寄去一百块钱
*进来教室　*回去学校　*拿来家里　*寄去上海
进教室来　回学校去　拿家里来　寄上海去

如果述语是及物动词，指人或指物的宾语也可以插在述语和补语之间，例如：派一个人去|拿一本书来。

由“进、出、上、下、回、过”等动词做补语的述补结构后头可以带处所宾语，例如：走进教室|拿出图书馆|爬上山顶|搬回老家。

9.4.3　“进来、进去、上来、上去、回来、回去”等又可以放在别的动词后头充任趋向补语：

走进来　跑出来　爬上来　跳下来
走进去　跑出去　爬上去　跳下去

送回来　扔过来　站起来　分开来
送回去　扔过去　—　—

我们管这类补语叫复合趋向补语。复合趋向补语也总是读轻声。

9.4.4　下边讨论一下包含复合趋向补语的述补结构所带宾语的位置。决定这类格式里宾语位置的因素有三个：(1)宾语是一般宾语还是处所宾语；(2)宾语是有定的还是无定的；(3)充任述语的动词是及物的还是不及物的。

(1) 一般宾语的位置比较自由，处所宾语只能插在复合趋向补语中间，即“进、出、上、下、回、过”之后，“来、去”之前。例如：

走进屋里来
拿出图书馆去
爬上山顶去
跳下水去
送回北京来
飞过大海去

(2) 无定宾语的位置比有定宾语自由。不论充任述语的动词是及物的还是不及物的，无定宾语都可以占据以下三种位置：

(a) 述语之后：飞了一只苍蝇进来|拿了一本书进来

(b) 复合趋向补语中间：飞进一只苍蝇来|拿出一本书来

(c) 整个述补结构之后：飞进来一只苍蝇|拿出来一本书

有定宾语只能在述语是及物动词的格式里出现，而且只能占据(a)(b)两种位置，不能占据(c)的位置：

(a) 叫老王出来～叫他出来① 拿那本新的出来
(b) 叫出老王来～叫出他来 拿出那本新的来
(c) * 叫出来老王～* 叫出来他 * 拿出来那本新的

(3) 在述语是不及物动词的格式里，有定的体词性成分不能作为宾语出现，只能作为主语出现。例如：

那只苍蝇又飞进来了
老王跑回去了

9.5 到

由“到”字做补语组成的述补结构都是及物的。这类述补结构

① “叫老王出来”和“叫他出来”的重音都在“叫”字上。如果重音在“出”字上，那就是连谓结构，不是述补结构带宾语。

带宾语时有以下几种情形：

（1）带处所宾语，“到”字读轻声。例如：

走到邮局

飞到昆明

运到南方

爬到山顶上

这一类格式里的宾语可以不出现，例如：

走到（了）邮局～走到了～没走到

飞到（了）昆明～飞到了～没飞到

宾语不出现的时候，“到”字要重读。

（2）带时间宾语：

谈到半夜

唱到晚上十点钟

走到这会儿

长到十二岁

这一类格式里的宾语必须出现。例如“谈到半夜”的否定形式只能是“没谈到半夜”，不能光说“没谈到”。

（3）带一般宾语：

捡到很多贝壳

听到一个消息

轮到我了

接触到本质

考虑到身体

这一类格式里的宾语也可以不出现，同（1）。

（4）带谓词性宾语。这又有几种不同的情形。有的谓词性宾语是表示时间的。例如：

谈到天亮

一直唱到吃晚饭

这种宾语都可以换成或转换成表示时间的体词性成分。例如：

谈到天亮：谈到那个时候～谈到天亮的时候

一直唱到吃晚饭：一直唱到那会儿～一直唱到吃晚饭的时候

可见这一类相当于上边讨论过的第(2)类。下边的例句代表另一种情形：

想到第二天要开会

考虑到天气不好

这种宾语可以换成或转换成表示事物的体词性成分，例如：

想到第二天要开会：想到这个～想到这件事～想到第二天要开会的事

考虑到天气不好：考虑到这个～考虑到这一点～考虑到天气不好的事实

这相当于上文讨论过的第(3)类。最后：

胡涂到连自己的名字也忘了

删到只剩下五百字

这一类格式表示程度高，其中的宾语可以换成“这样”“这个样子”“这种程度”等体词性成分。此外，只要把其中的“到”换成动词后缀“得”，这类格式就转换成表示状态的述补结构(9.8)了。

9.6 可能补语

9.6.1 带可能补语的述补结构是一种组合式述补结构。例如：

肯定形式	否定形式
看得见	看不见
写得完	写不完
说得清楚	说不清楚
进得去	进不去
拿得出来	拿不出来

这类述补结构是表示可能性的,"看得见"是说能看见,"看不见"是说不能看见。

9.6.2　大部分结果补语和趋向补语都能转换为可能补语。原来读轻声的结果补语和趋向补语转换为可能补语之后就不读轻声了。例如:

看·见:看得见～看不见

拦·住:拦得住～拦不住

进·来:进得来～进不来

爬·上·去:爬得上去～爬不上去

9.6.3　带可能补语的述补结构之后不能加动词后缀"了"和"过"。

9.6.4　在表示可能的述补结构里,宾语的位置总是在整个述补结构的后头,例如:听得懂话|赶得上车|叫不出名字|跳不过这道沟。宾语放在述语之后(拉他不住)或"得"字之后(岂能瞒得我过)是宋元白话的格式,现代语里除了一些熟语性的说法(放心不下、吃罪不起)之外很少见。

9.7　可能补语"得"

"说得"是能说的意思,"说不得"是不能说的意思。再如:

看得	看不得
去得	去不得

要得　　　　要不得
吃得　　　　吃不得
动得　　　　动不得

这类格式里的“得”和“看得见”里的“得”性质不同。“看得见”里的“得”是中置的助词(9.2.2),“说得”“说不得”里的“得”是动词。“说得”实际上应该分析为：

说得得

前一个“得”是助词,和“看得见”里的“得”相当。后一个“得”是充任补语的动词,和“看得见”里的“见”相当。只是因为两个“得”语音形式相同,所以把助词“得”略去了。

9.8 状态补语

9.8.1 带状态补语的述补结构是组合式述补结构。例如:写得好|跑得快|洗得干净|看得清清楚楚。

9.8.2 “写得好”有时是能写好的意思，有时是写得不错的意思。在前一种意义上，“写得好”带的是可能补语，在后一种意义上带的是状态补语。两种结构的肯定式同形，否定式不一样，比较：

(1) 写得好～写不好
(2) 写得好～写得不好

(1)是表示可能的述补结构,(2)是表示状态的述补结构。其实两种结构的肯定式也是有区别的。表示状态的述补结构可以扩展。例如：

写得好→写得很好～写得非常好～写得确实好～写得好极了

表示可能的述补结构“写得好”是不能扩展的。

这两种述补结构的疑问形式也有区别。表示可能的述补结构的疑问形式是"写得好写不好",表示状态的述补结构的疑问形式是"写得好不好"。

9.8.3 有人把表示状态的述补结构解释为主谓结构,认为"写得好"里的"写得"是体词性结构(即"的"字结构)做主语,"好"是谓语。这种说法是不合理的。从方言看,动词后缀"得"和助词"的"是不同的东西,例如上海话,前者是[təʔ],后者是[gəʔ];广州话,前者是[tɐk],后者是[kɛ]。尤其重要的是北京话里"的"字结构做主语的格式和表示状态的述补结构是对立的。比较:

A	B
煮的烂,蒸的不烂	煮得烂,才好吃
好的多,坏的少	这本比那本好得多

这两类格式语音形式一样,实际上不同。A 式是主谓结构,B 式是述补结构。结构和意义都不一样。

9.8.4 上边举的状态补语都是由形容词充任的。形容词做状态补语有两种情况:

A	B
飞得高	飞得很高~飞得高高的
走得远	走得老远~走得远远的
洗得干净	洗得挺干净~洗得干干净净的
擦得亮	擦得很亮~擦得锃亮~擦得亮晶晶的

A 组里的状态补语都是单个儿的形容词,B 组里的状态补语有的是"程度副词+形容词",有的是状态形容词。这两类格式表示的意义不同,A 式是断言,B 式是描写;A 式是静态的,B 式是动态

的；A组不包含量的概念，B组包含量的概念。这种语义上的区别也反映在语法功能上，值得注意的有以下三点：

第一，B式可以受“早就、已经、连忙、马上”一类时间副词的修饰，A式不受这一类副词修饰。例如：

早就想得很透彻　　（*早就想得透彻）
已经走得很远　　（*已经走得远）
马上忘得干干净净　　（*马上忘得干净）
连忙躲得远远的　　（*连忙躲得远）

第二，B式可以跟“把、被、给”等介词连用，A式不行。例如：

把眼睛睁得大大的　　（*把眼睛睁得大）
把桌子擦得锃亮　　（*把桌子擦得亮）
两只手给捆得紧紧的　　（*两只手给捆得紧）
一筐鸡蛋被压得稀烂　　（*鸡蛋被压得烂）

第三，B式可以做状语，A式不行。例如：

洗得干干净净的收着　　（*洗得干净的收着）
站得高高的往下瞧　　（*站得高的往下瞧）①

9.8.5　状态补语也可以由动词或动词性结构充任。例如：

疼得直叫唤
忙得没工夫吃饭
磨得只剩下一小截了
亮得睁不开眼睛

9.8.6　下边讨论一下由主谓结构做状态补语的格式，比较：

---

①　B式后头的“的”是状态形容词后缀，A式加上“的”以后转化为名词性结构，后头的“的”是助词，不是状态形容词的后缀。“洗得干净的收着”“站得高的往下瞧”只能是主谓结构，不可能是偏正结构。

A	B
写得谁也看不懂	走得我累死了
热得满头大汗	气得他直哆嗦
笑得气都喘不过来	愁得他吃不下饭,睡不着觉
吓得脸色都变了	吓得那孩子直哭
说得一个钱不值	吃得他越来越胖

这两组格式形式相似,其实不同。第一,B组紧跟"得"字的体词性成分后头可以有停顿,停顿时还可以插入语气词,例如:

走得我啊,累死了
气得他啊,直哆嗦
愁得他啊,吃不下饭,睡不着觉
吓得那孩子吧,直哭
吃得他吧,越来越胖

A组格式要是有停顿,只能在"得"字后头。第二,B组里的体词性成分可以提到动词前头去,使原来的述补结构转换为主谓结构,例如:

我走得累死了
他气得直哆嗦
他愁得吃不下饭,睡不着觉
那孩子吓得直哭
他吃得越来越胖

A组的体词性成分不能移到句首去。可见A组和B组构造不一样,A组是主谓结构做补语,B组是述补结构内部带宾语。例如在"走得我累死了"里,述补结构"走得累死了"的"走得"后头带宾语"我"。"我"是"走得"的宾语,不是"累死了"的主语,尽管从意义上说,"累死了"是陈述"我"的。因为"得"字后头的体词性成分是宾语,所以可以转换为"把"字句:

把我走得累死了

把他气得直哆嗦

把他愁得吃不下饭，睡不着觉

把那孩子吓得直哭

把他吃得越来越胖

A 组格式不能转换成“把”字句。

9.8.7 有一点要注意，B 组格式里的体词性成分 N 不是动词 V 的宾语，而是“V 得”的宾语，N 和 V 之间意义上的联系是相当松的。对 V 来说，N 可以是施事（走得我累死了），也可以是受事（打得孩子直哭），所以下边一句有歧义：

追得我直喘气。

“我”可以理解为施事（我追别人，我喘气），也可以理解为受事（别人追我，我喘气）。这一句句首没有主语。不过即使有主语，也不一定能消除歧义，例如：

这孩子追得我直喘气。

这一句可以有三种不同的理解：(1) 我追孩子，我喘气，(2) 孩子追我，我喘气，(3) 孩子追我，孩子喘气。

有的时候，N 既不是 V 的施事，也不是 V 的受事，例如：

隔壁那帮人不停地唱，唱得我一宿睡不着觉。

他老是讲他自己的事儿，讲得我都不耐烦了。

9.8.8 A 式和 B 式的区别有时仅在于重音位置不同，例如：

热得ˈ我都出汗了。　　热得我都出ˈ汗了。

前一句是 A 式，后一句是 B 式。

9.9 程度补语

形容词之后加上“极、多、透”组成的述补结构都表示程度，例

如：好极了|暖和多了|可笑透了。这一类述补结构之后都带后缀“了”。

动词“死”不带“得”字直接做补语是表示结果的，如“打死、压死、堵死”，但放在形容词之后有时表示程度，例如：冷死了|脏死了|难看死了。这一类述补结构后头也带后缀“了”。

“好得很”“闷得慌”形式上是状态补语，但和一般状态补语不同，没有相配的否定形式，从意义上看，也是表示程度的。

9.10　补语的引申意义

有的时候补语表示的不是字面的意义，而是引申的意义。下边举几个例子来看。

“动”表示有没有力气去做某个动作。例如：走得动～走不动|搬得动～搬不动。

“住”表示通过动作影响目的物，使它停留在一处不动。例如：拦住|记住|抓住|打住。

“开”和“住”相反，意思是使目的物离开原地。例如：搬开|走开|离开。

“起来”表示动作开始。例如：唱起来|笑起来|（雨又）下起来（了）。

“下去”表示动作的继续。例如：说下去|（照这样）做下去。

“下”表示有地方容纳。例如：坐得下|吃得下|放不下。

9.11　述补结构的紧缩形式

在某些带状态补语的述补结构里，述语后边的“得”可以省略。

这主要有以下三种情形：

(1) 补语是“太＋形容词”。例如：

放太大了～别放太大
离太远了～别离太远
穿太漂亮了～别穿太漂亮
说太具体了～别说太具体

“放太大了”是“放得太大了”的紧缩，“别放太大”是“别放得太大”的紧缩。

(2) 补语是“形容词＋(一)点儿”。例如：

放大(一)点儿
离远(一)点儿
穿漂亮(一)点儿
说具体(一)点儿

这一类格式的重音在形容词上，比较：

(尽量)放ˈ大一点儿
(稍微)放大一ˈ点儿

前一句的构造是“放/大(一)点儿”，后一句的构造是“放大/(一)点儿”。前一句是“放得大一点”的紧缩形式，后一句是“放大”带准宾语“一点儿”。

(3) 补语是某些熟语性的述宾结构，例如：

抽上(了)瘾了
买上(了)当了
看出(了)神了
说漏(了)嘴了

“抽上瘾了”跟“抽上鸦片了”不同，“抽上鸦片”是述补结构“抽上”带宾语“鸦片”，“抽上瘾了”是“抽得上瘾了”的紧缩形式。“抽上鸦片了”可以把“鸦片”提到前边说“鸦片(也)抽上了”,“抽上瘾了”不能说成“瘾也抽上了”。

第十章　偏正结构

10.1　修饰语和中心语

10.1.1　修饰语和中心语意义上的联系是多种多样的，下边是常见的几种情形：

我们的学校｜公社的牲口（修饰语表示领属者）
新书｜高高的个子（修饰语表示性质或状态）
木头房子｜塑料口袋（修饰语表示质料）
喝水的杯子｜写大字报的纸（修饰语表示用途）
一群人｜很多事情（修饰语表示数量）
昨天的报｜北京的天气（修饰语表示时间或处所）
快写｜仔细想（修饰语表示方式）
很容易｜最简单（修饰语表示程度）

概括起来说，修饰语的语法意义在于限制或描写中心语。

10.1.2　从意义上说，偏正结构的核心是中心语。从结构上说，偏正结构的核心也是中心语，因为偏正结构作为一个整体，语法功能和中心语基本上是一致的。例如"书"是名词，以"书"为中心语形成的偏正结构"新书"也是名词性的。"大"是形容词，以"大"为中心语形成的偏正结构"很大"也是形容词性的。

10.2　定语和状语的区分

10.2.1　一般说来，体词性中心语前边的修饰语是定语，谓词性中心语前边的修饰语是状语。界限好像很清楚。但实际上定语和状语的区分不这么简单，因为：第一，体词性成分有时受状语修饰，例如："刚星期三""就五个人"。第二，谓词性成分有时受定语修饰，例如："群众的支持""温度的下降"。可见我们不能光凭中心语的性质来区分定语和状语。除了中心语以外，我们还要考虑修饰语的性质以及整个偏正结构所处的语法位置。

10.2.2　就修饰语看，人称代词、名词、数量词（指数词和名量词的组合）是典型的定语，这几类成分只能做定语，不能做状语，不管中心语是什么。副词正相反，只能做状语，不能做定语，不管中心语是什么。

10.2.3　单音节形容词直接（不带"的"）做修饰语时是定语还是状语，决定于中心语是体词性成分还是谓词性成分。例如"假古董"的"假"是定语，"假笑"的"假"是状语。单音节形容词加上"的"以后只能做定语，不能做状语[①]。

10.2.4　双音节形容词修饰双音节动词的时候，整个偏正结构的性质要根据所处的语法位置来确定。比较：

(a) 周密的调查一下
(b) 周密的调查周围的情况
(c) 已经周密的调查过了
(d) 进行周密的调查
(e) 周密的调查很重要

(a)和(b)的"调查"带宾语，(c)的"调查"后边有后缀"过"，前边有状语"已经"，可见这三个格式都是谓词性偏正结构，其中的"周密

① "真的""猛的"等是例外。

的”是状语。在(d)里,“周密的调查”做准谓宾动词“进行”的宾语。在这个位置上,“调查”不能带动词后缀,不能带宾语,也不受副词修饰,可见这里“周密的调查”是体词性偏正结构(5.4),其中的“周密的”是定语。在(e)里,“周密的调查”处于主语的位置。由于体词和谓词都能充任主语,所以这里的“周密的”既可以看成定语,也可以看成状语。

10.3 书面上的“的”和“地”

10.3.1 书面上语素和词的写法有自己的习惯和传统,不一定跟语法分析的结果一致。按照我们的分析,修饰语后头的“的”包含三个不同的语素:一个是副词后缀,一个是状态形容词的后缀,还有一个是助词。(2.5.6,又 5.19)可是书面上只有“的”和“地”两种写法。这两方面的对应关系大致如下:副词后缀写“地”,助词写“的”。状态形容词后缀写“的”还是写“地”,要看状态形容词出现在什么语法位置上。定语位置上写“的”(干干净净的衣服),状语位置上写“地”(干干净净地洗一洗)。谓语位置上也写“的”(屋里干干净净的)。补语位置上一般写“的”(洗得干干净净的,洗得干干净净的衣服),只有整个述补结构作状语的时候才写“地”(洗得干干净净地收着)。

10.3.2 双音节形容词修饰名动词(5.5)的时候,情形比较复杂。上文 10.2.4 引的(a)—(e)五个例子里,(a)(b)(c)三例里的“周密的调查”都是谓词性偏正结构,按照一般习惯写“地”,在(d)里,“周密的调查”做“进行”的宾语,是体词性偏正结构,写“的”不写“地”。(e)里的“周密的”可以理解为定语,也可以理解为状语,所以写“的”写“地”两可。不过不同的写法意思上可能有细微的区别。

10.4　定语和“的”

10.4.1　人称代词作领属性定语，如果中心语是表示亲属称谓的名词，通常不用“的”字，例如“我哥哥”“他父亲”。如果中心语是一般名词，单说的时候要用“的”字，例如：你的眼镜|我的手套|他的自行车；包含在句子里的时候，可以不用“的”字，例如：

你眼镜呢？
我手套丢了
把他自行车骑走了

名词作领属性定语也有类似的情形，例如：

孩子的衣服～把孩子衣服撕破了
小王的照相机～借小王照相机使一下

如果中心语前边有指示代词，那末不用“的”的说法比用“的”的更普通。例如：我这支笔|他那件大衣。

10.4.2　“这、那、哪”加上量词直接修饰名词，表示指示；加上“的”字，表示领属关系。比较：

这本书～这本的封面
哪个孩子～哪个的孩子

10.4.3　名词和性质形容词修饰名词都有带“的”和不带“的”两种格式。例如：

木头房子	木头的房子
中国历史	中国的历史
旧书	旧的书
干净衣服	干净的衣服

这两种偏正结构构造不同(10.5),从语义上看,也有区别。第一,在不带"的"的格式里,定语和中心语联系紧密,在意念上是一个整体;在带"的"的格式里,定语和中心语是一种临时的组合,两部分在意念上保持比较大的独立性。第二,如果定语是名词,这两种格式有时表示的意思不一样。比较:

{他有很多中国朋友
 巴基斯坦是中国的朋友

{他有点孩子脾气
 孩子的脾气不好

{露出了狐狸尾巴
 狐狸的尾巴很大

在上边举的例子里,不带"的"的格式表示属性,带"的"的格式表示领属关系。由于偏正结构包含在句子里的时候,领属性定语后边的"的"可以不说(10.4.1),所以不带"的"的格式有时也可以表示领属关系,跟表示性质的格式形式上一样,例如:

把孩子脾气惯坏了
狐狸尾巴比狼尾巴大

10.4.4 名词性成分带"的"作定语,有时也表示性质。例如:珂罗版的书|电子管的收音机|黄头发的孩子|资本家的爸爸(资本家身份的爸爸)|小白兔的书(讲小白兔的书)。数量名结构带"的"作定语也有表示性质的,例如:

{三个孩子的母亲都来了(领属)
 她已经是三个孩子的母亲了(性质)

{两个人的房间不一样(领属)
 要一间两个人的房间(=双人房间,性质)

10.5 同位性偏正结构

10.5.1 同位性偏正结构包括以下几种类型：

(a)“人”字	广东省	老王同志
(b) 我李逵	咱们中文系	人家小王
(c) 这本书	两块钱	五斤米
(d) 我的眼镜	新来的老师	他写的诗

同位性偏正结构的特点是定语可以指代整个偏正结构。例如“广东省”可以光说“广东”，“人家小王”可以光说“人家”(6.6.2)，“这本书”可以光说“这本”，“新来的老师”可以光说“新来的”。同位性偏正结构里的定语称为同位性定语。

(a)(d)两类格式当中可以插入“这/那＋量词”，例如：“人”这个字|广东这个省|我的那副眼镜|他写的那首诗。插入这类成分之后仍旧是同位性偏正结构。值得注意的是(d)类插入“这/那＋量词”以后，“的”字可以省去，例如：“我那副眼镜”“新来那位老师”。因此“他写那首诗”有歧义，既可以理解为偏正结构“他写的那首诗”的省略，也可以理解为主谓结构。

(b) 类格式都可以插入“的”，不过插入“的”以后，意义发生变化。例如“咱们中文系”，“咱们”指的就是中文系，在“咱们的中文系”里，“咱们”和“中文系”是领属关系，“咱们”不指“中文系”。

10.5.2 “新的房子”和“新房子”，“木头的房子”和“木头房子”意义近似，但是结构不同。“新的房子”和“木头的房子”是同位性偏正结构，其中的定语(新的、木头的)可以指代整个偏正结构；“新房子”和“木头房子”不是同位性偏正结构，其中的定语(新、木头)不能指代整个偏正结构。

10.5.3 “的”字结构做定语的偏正结构也有不是同位性的：

开车的技术
走路的样子
请假的理由
他不去的原因
火车到站的时候

在“开车的人”里,“开车的”指称“人”,在“我开的车”里,“我开的”指称“车”。可是在“开车的技术”里,“开车的”不能指称“技术”,在“我开车的时候”里,“我开车的”也不能指称“时候”,可见这一类格式不是同位性偏正结构。值得注意的是这类偏正结构的中心语总是表示抽象概念的名词。

10.6 准定语

10.6.1 所谓准定语指的是下边三类句式里头由“的”字结构充任的定语：

(A) 张三的原告,李四的被告
(B) 他的篮球打得好
(C) 我来帮你的忙

这些定语都是由指人的名词或人称代词组成的,按说应该表示领属关系,可是(A)(B)(C)里头的“我的”“你的”“他的”都不表示领属关系。(A)等于说:张三是原告,李四是被告;(B)等于说:他打篮球打得好;(C)的意思是:我来给你帮忙。

10.6.2 (A)类句式本身是一个偏正结构。这类句式前边都能加上“是”字,例如：

张三的原告～是张三的原告

梅兰芳的苏三～是梅兰芳的苏三

今天老张的主席～今天是老张的主席

加上"是"字以后，我们可以把句尾的名词移到句首去转成主语：

是张三的原告～原告是张三

是梅兰芳的苏三～苏三是梅兰芳

今天是老张的主席～今天主席是老张

从这一点看，这类句式跟我们在 7.10.2 里讨论的：

（是）我开的灯（～灯是我开的）

（是）瓦特发明的蒸汽机（～蒸汽机是瓦特发明的）

一类句式是平行的。

10.6.3 （B）类句式都可以去掉"的"字，使原来的偏正结构解体之后，转换成主谓结构做谓语的句式。例如：

他的篮球打得好～他篮球打得好

你的老师当得不错～你老师当得不错

他的太极拳打得与众不同～他太极拳打得与众不同

他的部长没当成～他部长没当成

在"他篮球打得好"里，S′（7.9）"篮球"是名词，我们也可以在"篮球"前边重复动词"打"，使 S′转换成述宾结构，例如：

他篮球打得好～他打篮球打得好

你老师当得不错～你当老师当得不错

他太极拳打得与众不同～他打太极拳打得与众不同

他部长没当成～他当部长没当成

（B）类格式有的时候有歧义，例如：

他的小说看不完

这一句里的"他的"可以理解为表示领属关系的真定语（他写的小

说、他收藏的小说),也可以理解为准定语,等于说“他小说看不完”“他看小说看不完”(他是个小说迷)[①]。

10.6.4 现在来讨论(C)类句式。我们知道,述宾结构本身不能再带宾语,可是从意念上说,述宾结构可以有受事。举例来说,“说坏话”跟“毁谤”的意义相近。“毁谤”这种行为有受事对象,“说坏话”也应该有受事对象。不过因为“毁谤”是及物动词,意念上的受事可以在宾语位置上体现出来,如说“毁谤某人”“毁谤他”;“说坏话”不能带宾语,所以没有“*说坏话某人”“*说坏话他”的说法。要让受事在句子里出现,可以有以下三种办法:

(1) 让受事作为双宾语构造里的近宾语出现:说他坏话。

(2) 用介词把受事介绍出来:给他说坏话。

(3) 让受事作为准定语出现:说他的坏话。

这三种办法里,(1)(2)受到的制约比较大,(3)是最方便的说法,比较:

准定语	介词	双宾语
开我的玩笑	给我开玩笑	—
革他的命	—	—
打他的主意	—	打他主意
生他的气	—	—
帮我的忙	给我帮忙	帮我忙
劳您的驾	—	劳您驾

10.7 黏合式偏正结构和组合式偏正结构

10.7.1 我们把体词性偏正结构分为黏合式和组合式两大

① 这个例子引自吕叔湘《语文札记》,《中国语文》1965年第4期。

类。黏合式偏正结构指名词、区别词和性质形容词直接(即不带"的"字)作定语的格式。组合式偏正结构包括:(1)定语带"的"的偏正结构,(2)由数量词(或指示代词加量词)作定语的偏正结构,(3)表示领属关系的偏正结构。

粘　合　式	组　合　式	
木头房子(NN)	木头的房子(N的N)	N—名词
新房子(AN)	新的房子(A的N)	A—形容词
金房子(QN)	金的房子(Q的N)	Q—区别词
	小小的房子(TN)	T—状态形容词
	一所房子 这所房子 } (LN)	L—数量词 Ng—领属性定语
	我(的)弟弟(NgN)	

10.7.2　我们可以把复杂的偏正结构看成是由简单的偏正结构用代入的办法扩展出来的格式。举例来说:

(1) 新房子→新木头房子

(2) 文章的标题→这篇文章的标题

(1)把"新房子"里的"房子"换成"木头房子",就得出"新木头房子",(2)把"文章的标题"里的"文章"换成"这篇文章",得出"这篇文章的标题"。(1)被替换的部分是中心语(房子),(2)被替换的部分是定语(文章)。

10.7.3　黏合式偏正结构的功能相当于一个单个的名词,凡是单个的名词能出现的地方,它也能出现。因此它既能替换黏合式里的名词,也能替换组合式里的名词。例如:

新房子→新木头房子

新的房子→新的木头房子

"新房子"是黏合式,"新的房子"是组合式,这两个格式里的"房子"

都能用黏合式“木头房子”替换。

组合式和黏合式不同，它只能替换组合式里的名词，不能替换黏合式里的名词。例如：

新的房子→新的/木头的房子
一所房子→一所/木头的房子
新房子→*新/木头的房子
新房子→*新/一所房子

“新的房子”和“一所房子”都是组合式，其中的“房子”都能用组合式“木头的房子”替换。“新房子”是黏合式，其中的“房子”不能用组合式“木头的房子”或“一所房子”来替换。

10.7.4 总起来说，组合式可以以黏合式为成分，例如：

N 的(AN)	木头的小房子
(AN)的 N	新房子的主人
L(AN)	这所小房子

也可以以组合式为成分，例如：

T(LN)	小小的一所房子
(NgN)gN	我弟弟房子(例如:把我弟弟房子卖了)

黏合式只能以黏合式为成分，例如：

A(NN)	小木头房子
(AN)N	黑呢子大衣

不能以组合式为成分，因此不可能有：

* A(LN)	*新这所房子
* A(TN)	*新小小的房子

10.8 多项式偏正结构

多项式偏正结构是联合结构做定语或中心语的偏正结构。多

项式偏正结构有以下几种形式(假定充任定语的是形容词):

(a) A 的($N_1+N_2+\cdots+N_n$)[重要的经验和教训]

(b) ($A_1+A_2+\cdots+A_n$)的 N[极真诚、极平常、极正当的话]

(c) (A_1 的$+A_2$ 的$+\cdots+A_n$ 的)N[真的、美的、善的东西]

(d) ($A_1+A_2+\cdots+A_n$)的($N_1+N_2+\cdots+N_n$)[勤劳、朴素的工人和农民]

(e) (A_1 的$+A_2$ 的$+\cdots+A_n$ 的)($N_1+N_2+\cdots+N_n$)[勤劳的、朴素的工人和农民]

这五种格式都可以看成是由组合式"A 的 N"扩展出来的:

(1) 以"$N_1+N_2+\cdots+N_n$"代"A 的 N"里的 N,得到(a);

(2) 以"$A_1+A_2+\cdots+A_n$"代"A 的 N"里的 A,得到(b);

(3) 以"A_1 的$+A_2$ 的$+\cdots+A_n$ 的"代"A 的 N"里的"A 的",得到(c);

(4) (1)和(2)两种替换同时实现,得到(d);

(5) (1)和(3)两种替换同时实现,得到(e)。

要注意的是上面说到的替换只能在组合式偏正结构里实现,不能在黏合式里实现。换句话说,没有下边这样的格式:

* A($N_1+N_2+\cdots+N_n$)

* ($A_1+A_2+\cdots+A_n$)N

* ($A_1+A_2+\cdots+A_n$)($N_1+N_2+\cdots+N_n$)

10.9　定语的次序

关于定语的次序,我们可以从两种不同的角度来观察。一是直接观察次序,二是通过结构层次来看。

10.9.1 用第一种方法观察，定语的次序大致可以归结为以下两点：

(1) 带“的”的定语在不带“的”的定语之前，例如只能说“瓷的小茶壶”，不能说“* 小瓷的茶壶”。这里有两点例外：第一，数量词做定语，虽然不带“的”，可以放在带“的”的定语之前，例如“一间最大的屋子”。第二，领属性定语只能前置，不能后置，例如：“他最大的孩子”“中国最长的河流”。

(2) 如果几个定语都不带“的”，一般的次序是：(1)领属性定语，(2)数量词，(3)形容词，(4)名词。例如：

他$_1$ 那件$_2$ 新$_3$ 羊皮$_4$ 大衣

10.9.2 如果通过定语的层次来观察，那末同样的事实可以归纳为极简单的规律。我们在上文说过，黏合式偏正结构可以替代任何名词，组合式偏正结构只能替代组合式里的名词，不能替代黏合式里的名词。这个说法里实际上已经把有关定语次序的最主要的规则表示出来了。例如 10.9.1 里举的第一条：带“的”的定语在不带“的”的定语之前。这正是因为组合式可以以黏合式为成分〔瓷的(小茶壶)〕，而黏合式不能以组合式为成分〔* 小(瓷的茶壶)〕。上文举的第一条是有例外的，数量词虽然不带“的”，也可以放在带“的”的定语之前。其实这无所谓例外，因为数量词修饰名词是组合式偏正结构，而组合式是可以以组合式为成分的。所以既可以说“最大的一间屋子”，也可以说“一间最大的屋子”。

上文第二条说如果几个定语都不带“的”，则表示领属关系的定语在最前。这一点也很容易理解，因为由领属性定语形成的偏正结构也是组合式，它可以以粘合式为成分，自己却不能做粘合式的成分，因此必须放在不带“的”的形容词和名词之前。

10.10 状语和中心语

状语是谓词性成分的修饰语。数词、数量词、数量名结构都是体词性的，但同时又兼有谓词的性质，所以也受状语修饰。例如：

因为前年据她说才三十，而今年忽然地二十八了。（曹禺）

一共五本

已经三十天了

主谓结构前头也可以有状语。例如：

忽然电灯灭了

大概他不知道

极快的他想出个道理来：炮声是由南边来的。（老舍）

“忽然电灯灭了”也可以说“电灯忽然灭了”，“大概他不知道”也可以说“他大概不知道”。两种说法意思差不多，可是语法构造不同。状语前置是偏正结构，状语后置是主谓结构。

状语有两大类，一类是副词性的，一类是形容词性的。下边分别介绍。

10.11 副词性状语

副词的专职就是做状语。关于基本副词另有专章讨论（第十四章），本节只讨论由其他词类以及某些词组转化成的副词性成分。

10.11.1 先举名词加上副词后缀“的”转化成副词做状语的

例子(14.2.2)：

他的手本能的缩了回来
这个任务历史的落在了我们的肩上
科学的总结三十年来的经验
不要机械的模仿别人

后两个例子跟前两个例子不同。“科学”“机械”是名词，又是形容词(很科学，很机械)，“本能”“历史”是名词，不是形容词。从词义上看，把后二例里的“科学的”“机械的”解释为由形容词转化成的副词比较合理。

10.11.2 动词转化为副词的例子：

金质的假牙时常在呵呵大笑的时刻夸耀地闪烁着。(曹禺)
他同情地笑了笑。(报纸)

这种用法只限于书面语里某些双音节的动词。

10.11.3 由动词“有、没有、无”组成的述宾结构可以转化成副词做状语。例如：

有条件的承担义务
有组织的进行调查
没有目的的随便看看
无代价的提供技术情报
很有把握的回答了所有的问题
毫无保留的告诉了他

第一个例子里的“的”字可以去掉，不过去掉以后结构和意思都变了。“有条件的承担义务”是偏正结构，意思是在一定的条件下承担义务；“有条件承担义务”是连谓结构，意思是具备承担义务的条件(12.6.1)。

10.11.4 主谓结构转化为副词做状语限于主语和宾语同形

的格式。例如：

手牵手的出去了

脊背对脊背的围着银鞘，坐成个大圆圈。（评书）

虎姑娘站住了，面对面的对他说……（老舍）

一声接一声的叹气

去掉副词后缀“的”，原来的偏正结构就变成了连谓结构，例如：

手牵着手出去了

一声接一声叹气

10.12 形容词性状语

10.12.1 我们在 5.16.3 里曾经说到，性质形容词——不管是单音节的还是双音节的，做状语都受到限制，转化为状态形容词以后，就可以自由地做状语。例如不能说“* 慢走路”“* 远跟我打招呼”，可是能说“慢慢的走路”“远远的跟我打招呼”。有的时候，做状语的形容词在意义上只跟后头动词的宾语相关，跟动词在意义上反而没有直接的联系，例如：

圆圆的排成一个圈

辣辣的做一碗汤

酽酽的沏一杯茶

嫩嫩的燉一碗鸡蛋

这一类格式尤其能说明状态形容词充任状语的能力之强。

能够做状语的性质形容词，单音节的只有“多、少、早、晚、全、真、假”等[1]，双音节的大都是一些书面语词汇，例如：“经常、特别、

[1] “假”只能修饰单个的动词，如“假哭、假笑、假生气”，不能修饰词组。

一般、正式、一致、普遍、积极、公开、直接、完全”等等，口语里能够做状语的双音节形容词很少，常用的只有“仔细、细心、勉强、干脆、老实、大胆、一定”等。

10.12.2　某些并立式复合词(2.8)加上状态形容词后缀“的”转化成状态形容词之后可以做状语。例如：

没完没了的说

狼吞虎咽的吃了下去

人不知鬼不觉的溜了出去

在我眼前就敢信啊诗啊地给你递起来。(曹禺)

李石清鞠躬点头地正要走出……(同上)

跟我你呀我的说话也可以。(同上)

这些例子里的“没完没了的”“狼吞虎咽的”等等除了做状语以外，还能做谓语(你老是没完没了的|他吃起饭来狼吞虎咽的)或是定语(没完没了的事儿|狼吞虎咽的样子)，可见是状态形容词，不是副词，后头的“的”是形容词后缀，不是副词后缀。下边两句情形不一样：

三天两头的往家跑

无缘无故的发脾气

“三天两头的”“无缘无故的”只能做状语，不能做谓语、定语、补语，可见是副词，不是状态形容词；后头的“的”是副词后缀，不是状态形容词后缀。

10.12.3　“跟/像…一样的”“跟/像…似的”经常做状语，后头的“的”是状态形容词后缀，例如：

跟(像)牛皮一样的结实

跟(像)发疯一样的跑了上去

跟(像)杀猪似的叫了起来

“一样”后头的“的”都可以去掉。去掉这个“的”字，并不影响原句的意思，只是构造发生了变化：有“的”字时是偏正结构，去掉“的”字就变成了连谓结构。

第十一章　联合结构

11.1　并列成分的连接

联合结构是由两个或更多的并列成分组成的。并列成分可以叠加在一起，中间没有什么形式上的标记。例如：

每星期一三五门诊，二四六查病房

他这个人烟酒茶都不沾

也可以用停顿隔开，例如：

菜地里种的是茄子、辣椒、韭菜什么的

天天跑步、游泳、打网球

有时在每一项后头加上语气词“啊”或是“啦（了＋啊）”：

菜地里种的是茄子啊，辣椒啊，韭菜啊什么的

天天跑步啦，游泳啦，打网球啦

并列成分也可以用虚词连接起来。体词性并列成分用连词“和、跟、同、与、及”等连接。口语里“跟”用得最多，文章里最常见的是“和”：

哥哥跟弟弟个子都不矮

多吃水果和蔬菜

魏晋风度及文章与药及酒之关系（鲁迅）

谓词性并列成分用副词“又…又…”“也…也…”或是连词“而、并、并且”等连接，例如：

长得又高又大

这个办法也好也不好

淡而无味

讨论并通过了这个决议

11.2　体词性联合结构和谓词性联合结构

联合结构可以按照语法功能分成体词性的和谓词性的两大类。一般说来，由体词性成分组成的联合结构是体词性的，由谓词性成分组成的联合结构是谓词性的。不过由“跟、和、与、及”等连词连接谓词性成分造成的联合结构却是体词性的，不是谓词性的。举例来说，“写诗画画儿”本来是谓词性联合结构，加上连词“跟”之后，“写诗跟画画儿”就转化为体词性的联合结构了，这种格式只能作主语宾语，不能再作谓语，也不受副词修饰。比较：

大家做诗画画儿	*大家做诗跟画画儿
常常做诗画画儿	*常常做诗跟画画儿
做诗画画儿都不容易	做诗跟画画儿都不容易
他就喜欢做诗画画儿	他就喜欢做诗跟画画儿
他又高兴又着急	*他高兴和着急
确实又高兴又着急	*确实高兴和着急
又高兴又着急倒是真的	高兴和着急是两回事

以上说的是口语里的情形。在书面语里，用“和”“与”连接起来的两个动词可以带宾语或是补语，例如：

培养与训练了大批干部(报纸)

这一支年轻的技术队伍一定会很快地成长和壮大起来(报纸)

要注意的是这种联合结构能够放在谓语位置上是以后头有宾语或补语为条件的。换句话说，这种联合结构本身仍旧没有做谓语的功能。

11.3 联合结构的逻辑意义

11.3.1 以联合结构为成分组成的句法结构有两种类型。一种可以把并列成分拆开分说，打个比方来说，符合乘法运算里的分配律：

$$(A+B)\times C=A\times C+B\times C$$

例如：

研究他的诗和小说（＝研究他的诗，研究他的小说）
北京和上海的高等院校（＝北京的高等院校和上海的高等院校）
不让抽烟喝酒（＝不让抽烟，不让喝酒）

另一种类型的句法结构里的并列成分不能拆开分说，例如：

（青铜是）铜和锡的合金（≠铜的合金和锡的合金）
北京和天津以东地区（≠北京以东地区和天津以东地区）
上海和南京的距离（≠上海的距离和南京的距离）
吃饭吃面都一样（≠*吃饭都一样，吃面都一样）

有的词语蕴含着关系的概念，例如"合金"蕴含着两种金属的关系，"距离"蕴含着两个地点之间的关系，"友谊"蕴含着两个人之间的关系，"一样"蕴含着两种事物之间的异同关系。这一类词语跟联合结构组合时，并列成分都不能拆开分说。

11.3.2 "或、或者、或是"与"和、跟、同、与、及"表示的逻辑意义不同。"A 或（或者、或是）B"表示选择，即 A 和 B 里头有一个；"A 和（跟、同、与、及）B"表示兼有，即 A 和 B 二者都包括在里头。下边这句话里用"或"用"和"，意思完全不一样：

(1) 凡来本校游泳池游泳者，须持单位介绍信或（和）本人工作证

用"或"字是说介绍信和工作证两样里有一样就行，用"和"字是说

两样都要，缺一不可。"或、或者、或是"表示选择关系，但也不排斥兼有，例如：

（2）你上这家铺子去，总能买着牛肉或者羊肉

这是说两种肉里总能买着一种：有时能买着牛肉，有时能买着羊肉。不过这也不排斥有的时候两种肉都能买到。下一句情形不同：

（3）大水把铁路冲坏了，你只能坐飞机或者坐船去

坐了飞机就不能坐船，坐了船就不能坐飞机，二者不能兼有。我们说（2）里的"或者"表示的选择关系是相容性的，（3）里的"或者"表示的选择关系是互斥性的。相容性选择关系如表 a，互斥性选择关系如表 b，为了跟这两种关系对比，我们把"和"字表示的兼有关系列为表 c。

A	B	
+	+	✓
+	−	✓
−	+	✓
−	−	×

表 a

A	B	
+	+	×
+	−	✓
−	+	✓
−	−	×

表 b

A	B	
+	+	✓
+	−	×
−	+	×
−	−	×

表 c

第十二章　连谓结构

12.1　连谓结构的性质和构造

12.1.1　连谓结构是谓词或谓词结构连用的格式[①]。例如：

（1）去/看病

（2）站着/唱

（3）走出去/看看

（4）想办法/通知他

（5）怪你自己/粗心

（6）嫌这件衣服/花哨

从上边的例子可以看到，连谓结构的前一个直接成分可以是单个的动词（例（1）—（2）），也可以是动词结构（例（3）—（6））；后一个直接成分可以是动词或动词结构（例（1）—（4）），也可以是形容词（例（5）—（6））。

12.1.2　汉语的介词大都带有动词的性质，所以介词虽然不算谓词，可是“介词＋宾语＋谓词性成分”的格式跟由谓词组成的连谓结构性质十分接近，可以算是连谓结构的一种，例如：

（7）在草地上/躺着

（8）把这首诗/抄下来

---

① 本书所谓“连谓结构”的“谓”是指谓词说的，不是指谓语说的。有的语法著作把本章讨论的这一类句法结构称为“连谓式”，意思是谓语连用的格式。两个术语都有“连谓”字样，可是意思不同。

(9) 跟你/开玩笑
(10) 被人家/发现了
(11) 比钢/还硬

本章专门讨论谓词组成的连谓结构,由介词组成的连谓结构放在下一章讨论。

12.1.3　要注意连谓结构和并列的动词结构以及包孕的动词结构的区别。比较:

(12) 不停地抽烟喝茶
(13) 连吃饭睡觉都忘了
(14) 喜欢看电视
(15) 疼得掉眼泪

(12)的"抽烟喝茶"、(13)的"吃饭睡觉"都是由两个并列的述宾结构组成的联合结构。(14)是述宾结构套述宾结构,(15)是述补结构套述宾结构,都不是连谓结构。

12.1.4　复杂的连谓结构包含两个以上的谓词性成分,不过这些谓词性成分总可以归并成两部分。换言之,连谓结构也跟主谓、述宾、述补、偏正等句法结构一样,是由前后两个直接成分组成的。例如:

(16) 没有工夫跟着你到处乱跑
(17) 花钱买回来搁着不用

(16)是由"没有工夫"和"跟着你到处乱跑"两个直接成分组成的,"跟着你到处乱跑"本身也是一个连谓结构,由"跟着你"和"到处乱跑"两个直接成分组成。(17)是由"花钱买回来"和"搁着不用"两个直接成分组成的,这两个直接成分本身又都是连谓结构。

12.1.5　最简单的连谓结构是由两个动词组成的,前一个动

词往往带后缀“着”或“了”:走着瞧|抢着说|跟着唱|牵了走|煮了吃,或者是重叠式:笑笑说|煮煮吃。能够以原来的形式直接跟另一个动词组合的只有“来”“去”两个动词。例如:来看|去买|写去|玩儿去。

12.1.6 连谓结构的前一个动词往往带宾语,这是连谓结构里最常见的一种类型。为了便于称述,我们把这类连谓结构记为:

$$V_1 + N + V_2$$

V_1 是前一个动词,N 是它的宾语,V_2 是后一个直接成分里的动词。

12.2 N 和 V_2 意义上的联系

12.2.1 有的连谓结构里的 N 和 V_2 之间意义上没有直接的联系,例如:

开着窗户睡觉
穿好大衣出去

有的连谓结构里的 N 和 V_2 之间意义上有明显的联系,这种意义上的联系是各种各样的,例如:

N 是施事:请客人吃饭|派他当代表
N 是受事:买一份报看|讨一杯水喝|找点事儿做
N 是与事:帮他洗碗|跟着他走|找人聊天儿
N 是工具:买把刀切菜|倒杯水吃药
N 是处所:躺·de 床上看书|进屋里暖和暖和|上北京开会

12.2.2 不少语法著作把 N 指施事的一类称为递系式(或称兼语式),凡是 N 不指施事的(包括 N 与 V_2 意义上没有直接联系的)统称为连动式,并且认为递系式的特点是其中的 N 具有双重身份，它既是前边 V_1 的宾语，同时又是后边 V_2 的主语。连动式的特点则是 V_1 和 V_2 主语相同。这种看法恐怕不一定妥当。如果当 N 指施事时，说 N 是 V_2 的主语，那么当 N 指受事时，是不是说 N 是 V_2 的宾语呢？其实不管 N 与 V_2 之间意义上有什么样的联系，从结构上说，N 只是 V_1 的宾语。有的方言里，某些人称代词有格的变化，作主语时是一种形式，作宾语时是另一种形式，而在所谓递系式里，用的正是宾格形式。这个事实说明即使在 N 指施事的时候，N 也只能看成 V_1 的宾语，不能看成 V_2 的主语。

12.2.3　连谓结构里 N 和 V_2 之间意义上有什么联系往往跟 V_1 的类有关系。举例来说，如果 V_1 是包含“使令”意义的动词，那末句首主语是 V_1 的施事，N 是 V_2 的施事。例如：

我请你转告他一声
很多人求他帮忙
你叫食堂多做点饭
大夫嘱咐他准时吃药
老师要他马上回答
厂里号召工人节约用电
上级命令部队立刻出发

如果 V_1 是包含“伴随”“协助”意义的动词，例如：

他带着一帮人到处跑
爷爷领着孙子上动物园
你陪客人喝酒
他老是跟着我转
你可别伙着别人干坏事儿
我搀着您走
你扶着老太太上车

句首主语和 N 事实上都参与了 V_2 这个动作。例如“爷爷领着孙子上动物园”，爷爷上动物园，孙子也上动物园。在这个意义上，可以说句首主语和N都是V_2的施事。值得注意的是上引两类格式有一点重要的区别：前一类的V_1不能带“着”，也不能带“了”；后一类的V_1都可以带“着”，有的还能带“了”。我们知道，V_1带“着”的时候，总是说明V_2所指的动作的方式的(12.3.1)。从这一点看，“爷爷带着孙子上动物园”主要是说“爷爷上动物园”，“带着孙子”只是一种方式修饰①。

12.2.4 我们再讨论一下N是受事的格式。这一类格式里的V_1主要有以下几类：

第一类："有"和"没有"：

大家都有饭吃，有衣服穿，有房子住
他成天没事干

第二类是包含“取得”意义的动词：

小耗子偷油吃
我去买包烟抽
你去借份报来看

第三类是包含“制作(某种东西)”意义的动词：

他打算自己盖几间房住
咱们今天包饺子吃
你替我打件毛衣穿

第四类是表示“给予”意义的动词：

给根儿烟抽抽
递给我一份报看

总括起来看，这四类动词可以说都表示“有”，第一类是本来就

① “你扶老太太上车”，“你”不一定上车；“你扶着老太太上车”，“你”一定上车。

“有”，其他三类是通过取得、制作或给予使之“有”。

12.3　V_1 带“着”或“了”的连谓结构

12.3.1　先举带“着”的例子：

笑着跟我打招呼
躺着看书
开着窗户睡觉
闭着眼睛说瞎话
提着箱子上飞机

在上边举的例子里，两个动词结构分别代表两个伴随着发生的动作，但重心在后者，前者说明后者的方式。

留着喂狗
闹着要回家
说着玩儿的

这又是一种类型，后一个动词结构表示目的。很明显，以上两种意义是相通的，二者之间没有绝对的界限。

12.3.2　再看带“了”的例子：

摘了手套握手
见了面慢慢谈
花了钱受气
过了春节回学校

两个动词结构分别代表先后发生的两个动作。“摘了手套握手”是先摘手套后握手，“握了手摘手套”是先握手再摘手套。不过有的时候带“了”带“着”意义上没有什么区别。例如：

开着窗户睡觉～开了窗户睡觉
提着箱子上飞机～提了箱子上飞机
留着喂狗～留了喂狗

变着法儿哄他～变了法儿哄他

12.4 由动词“来”“去”组成的连谓结构

12.4.1 “来”和“去”充任连谓结构的前一个直接成分表示目的。例如：

我去买菜　　　　我来看看

你去打电话　　　他来帮我修电视

这一类格式里的“来”“去”也可以挪到后头去充任连谓结构的后一个直接成分，例如：

我买菜去　　　　我看看来了

你打电话去　　　他帮我修电视来了

后置的表示目的的“来”和“去”都读轻声，这是一种虚化了的动词，因此前头还可以有“来”“去”出现：

我去买菜去　　　　我来看看来了

你去打电话去　　　他来帮我修电视来了

12.4.2 在上边举的例子里，“来”和“去”仍旧保留着表示运动趋向的意义。有的时候，“来”“去”只起连接的作用，没有什么实在的意思，例如：

用坚忍不拔的精神去克服困难

要按照专业的性质来进行改组

把前一句里的“去”换成“来”，后一句的“来”换成“去”，意思没有多大差别。如果 V_2 的宾语是代词“我”或“你”，情形就不同。例如：

他们打算用这个办法来帮助我

他们打算用这个办法来帮助你

这两句里的“来”不能换成“去”。如果宾语是“他”，用“来”用“去”都可以：

我们打算用这个办法去帮助他

我们打算用这个办法来帮助他

前一句用“去”，可能是因为说话时“他”不在场，也可能“他”在场，只是说话的人心理上觉得“你”“我”是一方，“他”是另一方。后一句用“来”，可能因为说话时“他”在场，也可能“他”不在场，不过说话的人心理上觉得“你”“我”和“他”在一块儿。

12.4.3　要注意后置的“来”和“去”不一定都读轻声。例如：

走着去还是骑马去	跟我来
带着介绍信去	到北京来

“走着去”跟“买菜去”不同，“买菜去”的“去”必须读轻声，这个“去”表示目的；“走着去”的“去”一定重读，这个“去”是实指的，不表示目的。“买菜去”也可以说“去买菜”“去买菜去”；“走着去”不能说“* 去走着”，也不能说“* 去走着去”。有的时候后置的“来”和“去”重读轻读两可，但是意思不同。例如“骑马去”，“去”字重读，意思是说不是徒步去；“去”字轻读，意思是说“去骑马”。

12.5　由动词“是”组成的连谓结构

12.5.1　由动词“是”组成的连谓结构指的是形式为“是＋N＋V”的连谓结构。例如：

(1) 都是我不好

(2) 是他把电视机弄坏了

(3) 是谁给你搬来那么一大堆书？

(4) 是当地的一所中学把他请去了

(5) 是我瞎了眼

在这类格式里，真正的主语成了“是”的宾语，因此形式上变得没有主语了。采用这种句式是为了强调 N，使它成为句子的语义中心。

有的时候，这类连谓结构前头可以加上虚指的“这”或“那”作为形式上的主语，例如：

(6) 这都是我不好

(7) 那是我瞎了眼

12.5.2 上引例句里，(2)和(4)句末的“了”可以换成“的”，(3)后头可以加上一个“的”：

(8) 是他把电视机弄坏的

(9) 是当地的一所中学把他请去的

(10) 是谁给你搬来那么一大堆书的？

不过加上“的”以后，结构就变了。(8)(9)(10)都是主语后置的判断句，跟以下三句的结构相同，只是主语占据的位置不一样。

(11) 把电视机弄坏的是他

(12) 把他请去的是当地的一所中学

(13) 给你搬来那么一大堆书的是谁？

关于这一类句式，我们在 7.10.2 里已经讨论过了。

12.6 由动词“有”组成的连谓结构

12.6.1 由“有”充任 V_1 的连谓结构主要有以下几种类型：

(A) 有可能下雨

(B) 有事情做

(C) 有个青年叫小晚

(D) 有话慢慢说

(E) 有病不能来

(F) 有三尺长

从表面上看，这些连谓结构形式基本相同，都是：有＋N＋V，但实际上是有区别的。(A)类的特点是能转换成：有＋V的＋N，例如：

有可能来～有来的可能
有理由不去～有不去的理由
有办法解决～有解决的办法
有勇气承认～有承认的勇气
有必要参加～有参加的必要
有希望治好～有治好的希望

这类句子里的动词如果是及物的，都可以带宾语。带宾语的时候，上面的变换关系仍然成立。例如：

有可能下雨～有下雨的可能
有希望去非洲～有去非洲的希望
有必要通知他～有通知他的必要
有条件上大学～有上大学的条件
有机会说英语～有说英语的机会
有责任抚养孩子～有抚养孩子的责任

以上举的例子里，N都是抽象名词。事实上N也有指具体事物的。例如：

有钱买书　　有买书的钱
有人帮忙　　有帮忙的人
有专车接送旅客　　有接送旅客的专车

12.6.2　(B)类格式里的N在意念上是 V_2 的受事，因此这一类格式里的 V_2 后头不能再带宾语。例如：

有饭吃|有衣服穿|有钱花
没有话说|没有路可走|没有房子住

如果在 V_2 后头硬加上一个宾语，那就变成了(D)类。例如"有饭吃一顿"，意思是：要是有饭，就吃一顿。看下文12.6.4。

12.6.3 (C)类的N前头一般都有数量词，例如只能说"有一个青年叫小晚"，不能说"*有这个青年叫小晚"，也不能说"*有青年叫小晚"。但名词"人"是例外，"有个人丢了把斧子"，也可以说"有人丢了把斧子"。下边是同类的例子：

从前有一个国王最喜欢听故事
我有一个朋友会开飞机
他有一个弟弟被特务杀了

12.6.4 (D)类表示在假设的条件下该做的事，因此这类句式前头都可以加上"要是""如果"之类表示假设的连词。例如：

有话慢慢说　　(要是有话，慢慢说)
有事找老王　　(要是有事，找老王)
没有时间别来　　(要是没有时间，就别来)

12.6.5 (E)类的两个直接成分之间是因果关系，所以前头可以加上"因为"，例如：

有病不能来　　(因为有病不能来)
有事出去了　　(因为有事出去了)

12.6.6 (F)类里"有"的宾语是数量词或数量名结构，V_2 是形容词。这一类句式都是表示"量度"的。例如：

有三尺长
有两斤重
没有一米宽
有一座楼房(那么)高
没有一列火车(那么)长

"有"的宾语也可以是单独的名词或代词，此时是以名词或代词的所指作为量度的标准。例如：

有筷子(那么)长
有碗口(那么)粗
他的北京话没有你(那么)好

12.7　由动词“给”组成的连谓结构

12.7.1　“给”是动词，又是介词。比较：

(1) 给我一枝笔
(2) 给我打了一针

(1)里的“给”是“给予”的意思，是动词；(2)里的“给”是“为”或者“替”的意思，是介词。这里只讨论由动词“给”组成的连谓结构，由介词“给”组成的连谓结构在下一章里(13.5)讨论。

12.7.2　由动词“给”组成的连谓结构有以下三种基本格式：

送一本书/给他
织了一件毛衣/给他 } ………………………… (A)
送给他/一件毛衣 ………………………… (B)
给他/织了一件毛衣 ………………………… (C)

这三种格式都表示给予，其中动词“给”的宾语指接受者，另一个动词(以下记作 V，在上边的例子里就是“送”和“织”)的宾语指所给予的事物。

(A)式里的 V 可以是包含给予意义的动词，也可以是不包含给予意义的动词。前者如：

送一本书给他
卖一所房子给他
嫁一个女儿给他
递一枝笔给他

后者如：

织一件毛衣给他
沏一杯茶给他
买一件毛衣给他
抢了一把椅子给我

把(A)式里的N挪到后头去，就变成了(B)式。(B)式里的V只限于包含给予意义的那些，因此只能有：

送给他一件毛衣
卖给他一所房子
嫁给他一个女儿
交给他一封信

不能有：

*织给他一件毛衣
*沏给他一杯茶
*买给他一件毛衣
*抢给我一把椅子

把(A)式里的"给"连同它的宾语挪到V的前边，就变成了(C)式。(C)式和(B)式相反，其中的V只限于不包含给予意义的那些。因此只能有：

给他织了一件毛衣
给他沏了杯茶
给他买了一件毛衣
给我抢了一把椅子

不能有：

*给我送了一本书
*给我卖了一所房子
*给我嫁了个女儿

*给我递了一枝笔①

12.7.3　动词“写”本身不包含给予的意思，因此只能有：

写了一副春联给他(A)

给他写了一副春联(C)

不能有：

*写给他一副春联(B)

可是当“写”跟“信”组合的时候，预先假定有收信的人一方存在，此时“写”就取得了给予的意思，因此可以有：

写给他好几封信(B)

12.7.4　“借”可以指借出去，也可以指借进来。换句话说，它有时包含给予的意思，有时不包含给予的意思。因此既可以有：

我借给他一本书(B)　　[借出去]

也可以有：

我给他借了一本书(C)　　[借进来]

(A)式可以容纳表示给予意义的动词，也可以容纳不表示给予意义的动词，因此下边一句话有歧义：

张三借了一本书给李四(A)

这句话可以理解为张三把自己的书借给李四，也可以理解为张三从别处借了一本书给李四。

12.7.5　(A)(B)(C)三类句式后头都能再加上动词或动词性结构造成复杂的连谓结构。例如：

(1) 你递一杯水给我/喝

(2) 我炒了一个菜给他/吃

---

① 把“给”字理解为介词，这些句子是可以成立的。

(3) 你借一枝笔给我/使

(4) 你借一枝笔给我/写(信)

这是在(A)式后头再加上一个动词性成分的格式。如果我们把这类格式里“给”字前头的动词记为 V_1，V_1 的宾语记为 N，“给”字后头的动词记为 V_2，那末，在前三例里，V_2 和 N 在意念上是动作和受事的关系，在后一例里则是动作和工具的关系。对比(3)和(4)，最能显出两类的区别。在(3)里，“笔”是“使”的受事，所以“使”后头不能再有宾语。在(4)里，“笔”是“写”的工具，“写”后边还能再加上宾语“信”。

(5) 你递给我一杯水/喝

(6) 他借给我一枝笔/使

(7) 他借给我一枝笔/写信

(8) 他送给我一把刀/切肉

这是(B)式后头加动词或动词结构造成的格式。(5)(6)里的 N 是 V_2 的受事，(7)(8)里的 N 是 V_2 的工具，跟上引(1)(2)(3)和(4)之间的区别是平行的。

(9) 你给我沏一杯茶/喝

(10) 我给你买个娃娃/玩儿

(11) 我给你画张画儿/做样子

(12) 你给我买个录音机/学英语

这是(C)式后头加动词或动词结构造成的格式。(9)(10)和(11)(12)不同，前者的 N 是受事，后者的 N 是工具。

12.7.6　“唱一个歌给我听”形式上跟“炒一个菜给我吃”一样，实际上不同。上文指出，“炒一个菜给我吃”是(A)式加动词组成的。“唱一个歌给我听”只能分析为“唱一个歌/给我听”，不能分析为“唱一个歌给我/听”。换句话说，“唱一个歌给我听”不是从

(A)式来的。这两种句式不同是因为其中的动词不是一类。“炒”这个动作产生的结果“菜”可以作为给予的对象,“唱”这个动作产生的结果“歌”是不能作为给予的对象的。

第十三章　介词

13.1　介词和动词

13.1.1　纯粹的介词只能用在连谓结构里，不能单独做谓语。这样的介词为数不多，常见的只有“把、被、对于、关于”等。由于现代汉语里的介词都是从动词演变来的，大部分介词都还保留着动词的功能。例如下边举的“在、到、给、跟、比”五个词在 A 组各句里是动词，在 B 组各句里是介词：

A	B
这本书在我那儿	在黑板上写字
到北京了	到上海去
给我一枝笔	给我打针
他老跟着我	你跟谁说话
咱们比一比	我比你高

13.1.2　在兼属动词的介词里，作为动词，有的可以重叠，可以带“了、着、过”等后缀；可是作为介词在句子里出现的时候就不能重叠，也不能带“了、着、过”。比较：

动　词	介　词
到了北京了	*到了上海去
给了我一枝笔	*给了我打针
你跟着我	*你跟着谁说话
咱们比比	*我比比你高

13.2　介词和介词结构

13.2.1　从语义上看，介词的作用在于引出与动作相关的对象(施事、受事、与事、工具)以及处所、时间等。例如：

被　叫　让　由　[引出施事]

把　[引出受事]

跟　给　对　为　比　[引出与事]

用　以　[引出工具]

在　到　从　于　[引出处所或时间]

我们把介词跟它的宾语合起来称为介词结构。所有的介词结构都能作连谓结构的前一个直接成分，少数从文言来的介词组成的介词结构可以作连谓结构的后一个直接成分。例如：

走/向胜利

来/自全国各地

发源/于青海

乘/以一百

“送到家里”的构造是“送到/家里”，不是“送/到家里”，“送到”是述补结构(9.5)。“住在家里”可以有两种不同的分析法：

住/在家里～住在/家里

我们采取后一种分析法，即把“在”看成是前边动词的补语(看13.6.1)。

13.2.2　有的介词结构加上助词“的”转为体词性结构之后可以作定语，例如：

对恋爱的看法

对于这本书的意见

关于上大学的问题

这一类格式跟以偏正结构为宾语的介词结构同形，因此有时有歧义。例如：

对厂长的意见不少

对厂长的意见发表一点意见

前一个例子里的“对厂长的/意见”是偏正结构，后一个例子里的“对/厂长的意见”是介词结构。

13.2.3 有些介词的宾语可以省去不说，例如：

他给（ ）修好了

小偷儿被（ ）抓走了

他们在（ ）说你呐

“在”后边省略的宾语是“那儿”(13.6.4)。

13.3 跟 和 同

13.3.1 “跟、和、同”是介词，又是连词。作为介词，功能是带上宾语充任连谓结构的前一个直接成分；作为连词，功能是连接两个或更多的并列成分。比较：

水仙跟腊梅都开了

我跟他借钱

前一例的“跟”是连词，后一例的“跟”是介词。连词“跟”的前后两项可以互换位置，基本意思不变，例如前一句也可以说“腊梅跟水仙都开了”。介词“跟”的前后两项互换位置以后，意思跟原来完全不同。例如“我跟他借钱”和“他跟我借钱”是两回事。其次，介词“跟”前边可以插入修饰成分，例如“我老（又、也、不、没）跟他借钱”。连词“跟”前边不能插入任何修饰成分。作连词用的“跟、和、同”在第十一章里已经讨论过了，本节只讨论介词“跟、和、同”。因为这三个词功能基本上相同，下边就拿“跟”作为代表。

13.3.2　能够放在介词“跟、和、同”组成的连谓结构里的谓词主要有以下三种类型：

（1）对称性动词。这一类动词表示的动作都有双方面参加，而且这双方面的关系是对称的。例如甲跟乙结婚，乙自然也同时跟甲结婚，甲跟乙下棋，乙自然也同时跟甲下棋。其他对称性动词的例子：

吵架　打架　离婚　打赌　商量　见面　辩论

谈天　握手　相处　交换　比赛　打仗　同路

（2）表示相同、相似、不同或相反等意义的谓词性成分。例如：

我跟你一样　　我的意见跟你相反

他的身材跟你差不多　　杨树跟柳树不同

其实这一类谓词性成分也是对称性的，因为如果甲跟乙相同，乙自然也跟甲相同，如果甲跟乙不同，乙也必然跟甲不同。

（3）非对称性的动词性成分。例如：

他常常跟我发脾气

别跟我开玩笑

跟我做了个眼色

13.3.3　下边讨论一下“跟”和“一样”连用的格式。比较：

A	B
这里的耗子跟猫一样	屋子里头跟屋子外头一样
脸色跟纸一样	这枝铅笔跟那枝一样

这两组格式有区别。第一，A 组的重音在“跟”的宾语上，B 组的重音在“一样”上。第二，从意义上说，A 组是修辞的比拟，说明两事类似；B 组是实际的比较，说明两事相同。因为 A 组是比拟，所以

其中的“跟”都能换成动词“像”,“一样”可以换成“似的”。B组的“跟”不能换成“像”,“一样”也不能换成“似的”。这两组格式的构造也不一样。A组的谓语部分是述宾结构：

跟+(N+一样)

B组的谓语部分是连谓结构：

(跟+N)+一样

这两组格式的“一样”后头都能再加上一个谓词性成分,例如：

A′	B′
这里的耗子跟猫一样大	屋子里头跟屋子外头一样冷
脸色跟纸一样白	这枝铅笔跟那枝一样长

A′和B′的区别跟A、B两组的区别差不多是平行的。第一,A′的重音在“跟”字的宾语上,B′的重音在“一样”后头的谓词上。第二,A′的“跟”可以换成“像”,B′的“跟”不能换成“像”。A′和B′的构造不一样,A′的“一样”属前,B′的“一样”属后。举例来说,“这里的耗子跟猫一样大”的构造是：

(这里的耗子){[跟(猫一样)]大}

“屋子里头跟屋子外头一样冷”的构造是：

(屋子里头)[跟屋子外头(一样冷)]

13.4 被 叫 让

13.4.1 “被”字的作用在于引出施事,“叫、让、给”也有同样的作用。例如：

杯子被他打破了
杯子叫他打破了
杯子让他打破了

杯子给他打破了

“被”和“给”后头有时不带宾语，这往往是因为动作的施事不可知或者不必说出来，例如：

他被逮捕了

衣服全给淋湿了

“叫”和“让”不带宾语的时候很少。

13.4.2　“被、叫、让”的宾语指动作的施事，动作的受事往往在句子的主语位置上出现。有的时候动词后头另有受事宾语，主语不是直接的受事，例如：

他被炮弹炸断了右腿

他叫人家抓住了把柄

新买的自行车就让他扎破了后带

这种句子里的主语指某种遭遇的承担者，可以看成是一种广义的受事。值得注意的是这类格式里动词的宾语跟主语之间往往有领属关系。

13.4.3　“被、叫、让”还可以跟“给”字配合起来用，例如：

杯子被他给打破了

杯子叫他给打破了

杯子让他给打破了

甚至还可以说：

杯子给他给打破了

此类格式里动词前边的“给”的作用在于引出与事(看下文 13.5)。在上边引的例子里，与事未出现。

13.4.4　“叫”“让”还有一种用法：

你也叫他出去磨炼磨炼

你不叫他说话可不行

主席让大家安静一下

你让我再想想

这一类格式表示使令、听任、容许的意思。虽然"叫""让"的宾语也是动作的施事,但是句子的主语不是受事,而是使令、听任、容许的主事者。这一类格式跟通常说的递系式(或兼语式)很接近(参看12.2),区别是递系式里前一个动词有具体的意义,此类格式里的"叫""让"是介词,没有具体的词汇意义。

13.5 给

13.5.1 介词"给"主要有两种用法。一种用法是在受事主语句里引出施事来,作用与"叫、让、被"相似。例如:

房子给土匪烧了

他给人骗了

衣服给雨水打湿了

你说的话全给我听见了

另一种用法是引出受益或受损的与事来。例如:

他专门给人家修理电视("人家"受益)

他常常给我开药方("我"受益)

电影票他给你弄丢了("你"受损)

他给我算错了("我"受损)

这一类用法的"给"字常见于祈使句,"给"字后头的宾语指受益者,例如:

你给我翻译。

你给我把灯开开。

你给孩子洗洗手。

你给我写封信。

你叫他给我翻译。

我叫他给我把灯开开。

我让他给孩子洗洗手。

你让他给你写封信。

因为祈使句里“给”字的宾语指受益者，所以在正常情况下，动词不能是消极意义的：

*你给我弄丢。（他给我弄丢了）

*你给我洗脏。（他给我洗脏了）

除非是在否定句里：

你别给我弄丢了。

你别给我洗脏了。

或是在带斥责口气的祈使句里：

你给我死去！

你给我滚！

13.5.2　“给”的作用是引出与事，“把”的作用是引出受事。有的时候我们可以把受事当作与事来看待。比较：

(a) 我给他把电视机修好了

(b) 我给电视机修好了

(c) 我给电视机弄坏了

在(a)里，“他”是真正的与事，在(b)和(c)里，“电视机”本来是受事，现在在前边用“给”字，是把它当与事看待。换句话说，“电视机”在形式上是与事，在语义上仍是受事。因为它本来是受事，所以这两句里的“给”都能换成“把”。注意这类格式里“给”字的宾语多半指物；如果指人，只能用代词，不能用名词。比较：

他给警察抓走了

他给小偷儿捆起来了

警察给他抓走了

小偷儿给他捆起来了

前两句里“给”字的宾语是指人的名词，“给”只能理解为“被”，不能理解为“把”；后两句里“给”的宾语是代词“他”，“给”可以理解为“被”，也可以理解为“把”。

13.5.3 上文说“给”有两种作用，一是引出施事，一是引出与事。无论哪一种情况，“给”字的宾语都可以省略①。例如：

房子给（土匪）烧了
他给（人）逮住了
他老给（人家）修理
别给（我）打破了
你给（我）帮帮忙
你给（我）把灯开开
我给（电视机）修好了

13.6 在

13.6.1 由“在”字组成的介词结构在连谓结构里可以前置，也可以后置。例如：

(A) 在椅子上坐着
(B) 坐在椅子上

上文已经指出，(B)式在口语里的实际说法是“坐·de 椅子上”(8.4.2)。“坐在椅子上”固然可以分析为“坐/在椅子上”，不过我们也

① 在下边这种带强烈感情的祈使句里，“给”的宾语“我”不能省略，因为不是真正的与事：

你给我出去！
你给我理发去！
你给我滚！

同样有理由把它分析为“坐在/椅子上”。可是“坐·de 椅子上”却只能分析为“坐·de/椅子上”，不能分析为“坐/·de 椅子上”。因为·de 很可能是“在”的弱化形式，所以最好把“坐在椅子上”分析为“坐在/椅子上”，这样可以使我们对这两种相关格式的分析一致起来。为了简单起见，以下用“坐在椅子上”一种写法代表“坐·zai 椅子上”和“坐·de 椅子上”两种形式。

13.6.2　我们可以根据(A)式和(B)式之间的转换关系把(A)式分成两大类。凡是能够转换为(B)式的是(A_1)，例如：

(1) 在床上躺着～躺在床上
(2) 在沙发上坐着～坐在沙发上
(3) 在旅馆里住～住在旅馆里
(4) 在水面上漂着～漂在水面上
(5) 在黑板上写字～字写在黑板上
(6) 在墙上贴标语～标语贴在墙上
(7) 在山顶上盖房子～房子盖在山顶上
(8) 在酒里搀水～水搀在酒里

(1)—(4)各例的动词是不及物的，(5)—(8)各例的动词是及物的。不论是及物动词还是不及物动词，这一类格式都表示人或事物的位置。例如“孩子在床上躺着”，床上指孩子所在的位置，“在黑板上写字”，黑板上指字所在的位置。

不能转换为(B)式的是(A_2)，例如：

(9) 在床上咳嗽(*咳嗽在床上)
(10) 在旁边笑(*笑在旁边)
(11) 在河里游泳(*游泳在河里)
(12) 在食堂里吃饭(*饭吃在食堂里)
(13) 在北京上大学(*大学上在北京)
(14) 在飞机上看书(*书看在飞机上)

(9)—(11)是不及物动词的例子,(12)—(14)是及物动词的例子。不论哪一种情形,这类格式都表示事件发生的处所。例如“在飞机上看书”,“飞机上”不是指书所在的位置,是指看书这件事发生的场合。当然,当我们说“他在飞机上看书”的时候,书确实在飞机上,但是对这一类句式来说,并非必然如此。例如:

(15) 在飞机上看海

海就不在飞机上。

13.6.3 现在我们再来看(B)式。因为不是所有的(B)类句式都能转换为(A)类句式,所以当我们把(A)式分成两类的时候,事实上也就把(B)式分成了两类:能够转换为(A)式的是一类,以下记为(B_1);不能转换为(A)式的是另一类,以下记为(B_2)。上文(1)—(8)箭头右方的句子都是(B_1),此外再如:

(船)漂在水上～在水上漂着
鱼养在池子里～在池子里养鱼
相片挂在墙上～在墙上挂相片
花儿插在瓶子里～在瓶子里插花儿

(B_2)的例子:

水桶掉在井里(*在井里掉水桶)
刀砍在石头上(*在石头上砍刀)
雨点打在窗户上(*在窗户上打雨点)
脚踩在泥里(*在泥里踩脚)

这两类格式的语法意义显然不同。(B_1)表示位置,是静态的;(B_2)表示趋向,是动态的。

(B_1)和(B_2)的区别还表现在下边一点上:(B_1)可以转换为表示状态的存现句(8.5):

病人躺在床上～床上躺着病人

鱼养在池子里～池子里养着鱼

相片挂在墙上～墙上挂着相片

花儿插在瓶子里～瓶子里插着花儿

(B_2)不能转换为这种句式：

水桶掉在井里(* 井里掉着水桶)

刀砍在石头上(* 石头上砍着刀)

雨点打在窗户上(* 窗户上打着雨点)

脚踩在泥里(* 泥里踩着脚)

13.6.4　(A_1)表示事物的位置，(A_2)表示事件发生的场所，着眼点都是空间。不过这两类格式除了表示空间概念以外，同时还表示一种持续的状态，因此后头都可以加语气词"呢"(16.2.5)。例如：

他在床上躺着呢(A_1)

他在黑板上写字呢(A_1)

他在床上咳嗽呢(A_2)

他在河里游泳呢(A_2)

如果把这两类格式里"在"字后头的处所词换成"那儿"：

他在那儿躺着(呢)

他在那儿写字(呢)

他在那儿咳嗽(呢)

他在那儿游泳(呢)

这类句子就会产生歧义：既可以理解为表示空间概念，也可以理解为表示持续的状态。在后一种情况下，"那儿"不是实指的，可以略去不说：

他在躺着呢

他在盖房子呢

他在咳嗽呢
他在游泳呢

13.7 把

13.7.1 “把”字的作用在于引出受事。在“把”字组成的连谓结构里，动词不能是单纯的单音节或双音节动词，至少也得是动词重叠式，更常见的情形是前后有一些别的成分。下边举一些例子来看：

动词是重叠式：

把桌子抹抹
把衣服洗洗
把数目核对核对

动词前头有副词“一”：

把头一抬
把眼睛一瞪

动词前头有“往…”“当…”等介词结构：

把袖子往上卷
把粮食往南边运
把酒当水喝
不把你当外人看

动词后头有补语：

把绳子铰断
把瓶子灌满
把孩子抱回去
把脸晒得黢黑
把他气得连话都说不出来了

动词后头有宾语：

把大门上了锁

把他免了职

把手套丢了一只

动词后头有后缀“着”或“了”：

把头抬着

把门开着

把衣服脱了

把房子卖了

13.7.2　以上是从动词方面观察的，现在再来看“把”字的宾语。“把”字的宾语最常见的是后边动词的受事，例如：

把那口猪宰了

把门锁上

把屋子拾掇拾掇

把情况介绍一下

在下边的例子里，“把”字的宾语虽然不是动词的受事，但可以看成是整个动词结构(述补结构或述宾结构)的受事：

把铅笔写秃了

把嗓子哭哑了

把脚都走大了

把苹果去了皮儿

把大门上了锁

把他免了职

后三例的动词后头带宾语，这个宾语跟“把”字的宾语在意念上有领属关系。例如“把苹果去了皮儿”，皮儿是苹果的皮儿；“把大门上了锁”，锁是大门上的锁；“把他免了职”，职也是“他”的职。“把”字的宾语指施事的例子也有，例如：

别把犯人跑了

去年又把老伴儿死了

这一类格式里的动词往往是表示消失意义的不及物动词。

“把”字的宾语在意念上总是有定的。比较：

(1) 请来了一位大夫

(2) 请来大夫了

(3) 把那位大夫请来了

(4) 把大夫请来了

(5)* 把一位大夫请来了

(1)(2)不用“把”字。(1)的“大夫”前头有不定数量词“一位”,(2)没有。不管有没有,这两句里提到的大夫都是不确定的。(3)(4)都用“把”字。(3)的“大夫”前头有指示代词“那”,显然是有定的,(4)没有,可是指的也是确定的某一位大夫。(5)的“大夫”前头有不定数量词“一位”,跟“把”字句的要求矛盾,所以是不合法的说法。下边一句好像是例外:

(6) 偏偏又把个老王病倒了

“老王”当然是有定的,可是前头有不定数量词“(一)个”,显然矛盾。这个现象似乎可以这样解释:老王虽然是一个确定的人,可是说话的人没有想到生病的会是老王,而不是别人(这句话前头的“偏偏”就是表示这层意思的)。从这一点说,老王又不是已知的,所以前边要加“(一)个”。

13.7.3　过去有的语法著作认为“把”字的作用在于把动词后头的宾语提前,因此“把”字句可以看成是“主—动—宾”句的变式。例如:

猫逮着了耗子。～猫把耗子逮着了。

我打破了杯子。～我把杯子打破了。

这种说法是有困难的，因为大量的“把”字句是不能还原成“主—动—宾”句式的，例如：

把换洗衣服包了个包袱

把壁炉生上火

把铁块儿变成金子

把所有的东西都搬到新房子里去

把大门贴上封条

把画挂在墙上

把话说得婉转些

把一个南京城走了大半个

其实跟“把”字句关系最密切的不是“主—动—宾”句式，而是受事主语句。仔细观察一下就会发现，绝大部分“把”字句去掉“把”字以后剩下的部分仍旧站得住，而这剩下的部分正是受事主语句[①]。例如：

把衣服都洗干净了～衣服都洗干净了

把嗓子喊哑了～嗓子喊哑了

把烟也戒了，把酒也戒了～烟也戒了，酒也戒了

把这笔钱还给学校～这笔钱还给学校

把铁箱子放在下头～铁箱子放在下头

把大门贴上封条～大门贴上封条

把头一抬，把眼睛一瞪～头一抬，眼睛一瞪

把粮食往南边运～粮食往南边运

把皮肤晒得黝黑～皮肤晒得黝黑

把他气得连话都说不出来了～他气得连话都说不出来了

把壁炉生上火～壁炉生上火

---

① “把犯人跑了”“把老伴儿死了”一类句子去掉“把”字以后剩下来的是施事主语句。

把一个南京城走了大半个～一个南京城走了大半个

把自己的意见强加于别人～自己的意见强加于别人

把简单的问题复杂化了～简单的问题复杂化了

把这些事情都置之度外～这些事情都置之度外

上文指出，由“把”字组成的连谓结构有两个特点：(1) 动词不能是单纯的，(2)“把”字的宾语在意念上是有定的。我们知道，受事主语句里的动词也不能是单纯的，主语(相当于“把”字的宾语)在意念上也必须是有定的(7.3.1)，可见这两种句式关系之密切。

13.8 比

13.8.1 从表面上看，“我的年纪比他大”似乎不合逻辑，因为比的是两个人的年纪，不是“我的年纪”和“他”这个人。从这个角度看，好像“他”字后头省略了“年纪”，合乎逻辑的说法应该是：

我的年纪比他的年纪大

其实这种看法是不对的，下边就来讨论这个问题。

从结构上说，“我年纪比他大”可以有两种不同的分析。一种是把偏正结构“我年纪”看成主语，把连谓结构“比他大”看成谓语；另一种分析法是把“我”看成主语，把“年纪比他大”看成谓语，这个谓语本身是一个主谓结构。“我”字后头可以有停顿，还可以加上语气词“啊、吧、嚜”：

我啊，年纪比他大。

我吧，年纪比他大。

我嚜，年纪比他大。

可见后一种分析法是有根据的。

从语义上看，不管是上边说的两种分析法里的哪一种，说话的人拿来相比的都不是“我的年纪”和“他的年纪”，而是“我”和“他”两个人。“我(的)年纪比他大”是说在年纪上我比他大，所以我们可以说“年纪我比他大，力气我比他小”。“我年纪比他大”也可以说“我比他年纪大”，从后一种说法里也可以看出比的是人，不是年纪。

13.8.2　“我(的)书比他多”跟“我(的)年纪比他大”情形相同，只有一点区别，“我(的)书比他多”可以说“我的书比他的多”，“我(的)年纪比他大”不大说“我的年纪比他的大”。这是因为“我的”可以指代“我的书”，可是不能指代“我的年纪”(10.5.3)。“我(的)书比他多”，比较的是人，“我的书比他的多”，比较的是书。

13.8.3　“我的孩子比他的大”，比较的是孩子，“我孩子比他大”在一般情况下比较的是孩子和“他”，不是“我”和“他”，除非在下边这样的句子里：

我啊，孩子比他大，年纪可比他小。

13.9　连

“连”常常跟“都”“也”配合起来用，强调已经说到的事物和其他事物之间的一致性。例如：

连信都写不好(别的当然更不行了)
连我都知道(你当然不会不知道)
连星期天都没有工夫休息(平常就更忙了)
连一分钱也舍不得花(不要说更多的钱了)

这一类格式里的“连”字都可以去掉，意义保持不变，只是构造上从原来的连谓结构转为主谓结构。因此我们可以反过来把这类连谓结构看成是由相应的主谓结构转换来的。我们知道，谓语前边带

“都”字的主谓结构有两类：一类重音在“都”字上，另一类的重音在主语上。比较：

A	B
老师ˈ都听不懂	老ˈ师都听不懂（学生当然更听不懂）
我ˈ都买了	ˈ我都买了（你怎么不买）
孩子ˈ都学会了	ˈ孩子都学会了（何况大人）

在B式前头加上“连”字就造成了“连…都…”式连谓结构。

“连…都…”式里的动词如果是否定形式的，“都”字都能换成“也”，例如：

连饭都没吃就走了～连饭也没吃就走了

连散步都没有时间～连散步也没有时间

连我都不知道～连我也不知道

连一分钱都舍不得花～连一分钱也舍不得花

如果是肯定形式的，似乎“连…都…”式比“连…也…”式占优势。

第十四章　副词

14.1　副词和形容词

14.1.1　我们把副词定义为只能充任状语的虚词。根据这个定义划分出来的副词跟形容词有以下两方面的区别。第一，形容词是实词，副词是虚词。形容词是自由的，可以单独成句；副词是黏着的，不能单独成句[①]。第二，形容词除了作状语之外，还能作定语、谓语、补语，副词只能作状语，不能作定语、谓语和补语。下边句子里加点的词都在状语位置上，可是它们都能作定语或谓语，所以都是形容词，不是副词：

偶然发现一两个错字（偶然事故|这件事太偶然了）

仔细检查了一遍（做事仔细）

丢了确实可惜（确实消息）

勉强答应下来（这个理由太勉强）

14.1.2　有的形容词作定语的时候是一种意思，作状语的时候是另外一种意思，比较：

好戏	好漂亮
光脚	光说空话
硬板凳	硬不答应
老朋友	老说话

① “不”“也许”等是例外。

白手套　　　　白跑一趟
直路　　　　　直哭
怪脾气　　　　怪难受的

这两组词的意义和功能都不一样，应该说已经分化成不同的词了。在定语位置上的是形容词，在状语位置上的是副词。

14.2 副词后缀“的”

14.2.1 “渐渐”是副词，加上“的”以后还是副词（只能作状语），可见这个“的”是副词后缀。单音节副词后头不能带副词后缀“的”。双音节副词里也只有一部分可以带副词后缀“的”，不过带不带“的”功能上并没有显著的区别。下边是从老舍《骆驼祥子》里选出来的双音节副词有时带“的”有时不带“的”的例子：

非常有趣　　　　这使他非常的痛快
门忽然开了　　　　他忽然的不那么昏昏沉沉的了
在屋里简直无事可做　　　　简直的没一点起色
就赶紧往里走　　　　大家伙儿赶紧的往屋跑
外面的黑暗渐渐习惯了　　　　像拉着块冰那样能渐渐的化尽

14.2.2 在书面语里，名词和动词有时可以加上副词后缀“的”（通常写作“地”）转为副词，例如：

这个任务历史地落在了我们的肩上
创造性地发展了马克思列宁主义
他的手本能地缩了回来……
他抬着头夸耀地说……

单音节的名词和动词没有这种用法。

14.2.3 有的双音节形容词本身不能作状语，只有加上副词后缀“的”转化成副词以后才能作状语，例如：

一片淡淡的夕阳透过窗子微弱地洒在桌子上的菊花瓣上。(曹禺)

他惊异地笑着说。(鲁迅)

有的双音节形容词本身可以作状语,也可以加上副词后缀"的"以后再作状语。例如:

仔细(的)看了一下

勉强(的)吃了一碗饭

大胆(的)表示自己的意见

经常(的)迟到

不加"的"时是形容词,加上"的"以后就转化成副词了。

14.2.4 形容词都能加上助词"的"组成"的"字结构,有的形容词能够加上副词后缀"的"转化成副词。因此"的"字结构有时跟带"的"的副词同形,例如:

A	B
真的没有了(假的还有)	真的没有了(不骗你)
认真的记在心里(不认真的只当耳边风)	认真的记在心里(一个字也不漏)
大胆的人	大胆的想
坦白的态度	坦白的说
细心的学生	细心的算

A组里的"真的""认真的"等等是"的"字结构,B组里的"真的""认真的"等等是副词;A组里的"的"是助词,B组里的"的"是副词后缀。

14.3 重叠式副词

14.3.1 "常来"的"常","刚走"的"刚","偏不答应"的"偏"都是副词,重叠以后,"常常""刚刚""偏偏"还是副词。"好、快、慢、远、早、细、大、满、紧、深”等等本来是形容词，重叠以后只能做状语，可见已经转成副词(2.2.6)，例如：

好好跟他说	细细研究了一番
快快跑	大大请一次客
慢慢吃	满满斟了一杯
远远来了一辆车	紧紧抓住
早早起来	深深记在心里

以上两类重叠式副词的区别在于：“常常、刚刚、偏偏”等加上“的”以后语法性质没有变化，仍旧是副词。“好好、快快、慢慢”等加上“的”以后除了作状语之外，还能作定语、谓语或补语，例如：

好好的书

这件毛衣好好的，拆它干什么？

睡得好好的

可见加上去的这个“的”不是副词后缀，而是状态形容词的后缀(2.5.6，又5.19.2)。

14.3.2 “红红的、新新的、扁扁的、甜甜的、胖胖的、干干的”等等跟“好好的、快快的、慢慢的”语法功能相同，都是状态形容词。可是“红红、新新、扁扁”等等跟“好好、快快、慢慢”不同，“好好、快快、慢慢”是副词，“红红、新新、扁扁”等除了在状态形容词后缀“的”前边出现以外，从来不在别的场合出现，可见根本不是独立的词。

14.4 范围副词

14.4.1 表示范围的副词可以分成两类。一类标举它前边的词语的范围。例如：

(1) 全班同学都会游泳
(2) 他把这几道题都做出来了
(3) 这几点我都同意

(1)里的“都”总括前边“全班同学”,(2)里的“都”总括前边的“这几道题”,(3)的“都”总括前边“这几点”。如果前边可以用“都”来标举范围的词语不止一项,就会产生歧义。例如：

(4) 这些地方我们都去过
(5) 他们对这几家工厂都做了详细的调查

(4)里的“都”可能是对“这些地方”说的,也可能是对“我们”说的。(5)里的“都”可能是对“他们”说的,也可能是对“这几家工厂”说的。

“也”和“都”一样,也是标举它前面的词语的范围的,区别在于“都”是总括,“也”是分举。比较：

(6) 小张和小李都是湖北人
(7) 小张是湖北人,小李也是湖北人

14.4.2　另一类范围副词标举它后头的词语的范围。例如：

(8) 光北京就有两千人参加
(9) 就厂长没走
(10) 单拣好吃的吃
(11) 他只懂英语

(8)的“光”把范围限制在“北京”一地,(9)的“就”把范围限制在“厂长”一个人,(10)的“单”把“拣”的范围限制在“好吃的”上头,(11)的“只”把“懂”的范围限制在“英语”上。

14.4.3　以上两类范围副词表示的意义不同,“都”和“也”表示包举,“光、就、单、只”等等表示限制,如果从反面说,就是排除。

14.4.4　从表面上看,(8)和(9)里的“光”和“就”好像是分别修饰后头的名词“北京”和“厂长”的。实际上这类句子里的副词后头都能加上动词“是”，例如：

(12) 光(是)北京就有两千人参加

(13) 就(是)厂长没走

(14) 单(是)苹果就收了十万斤

(15) 凡(是)持有单位介绍信的都可以报名

我们认为“光、就、单、凡”一类副词直接在名词前头出现的句子应该看成是省略了“是”的紧缩形式。

14.5 程度副词

程度副词的语法功能是修饰形容词以及少数动词和述宾结构(很有本事、非常听话、太不懂事)。常见的程度副词有：“很、挺、怪、更、最、太、忒(tuī)、好、真、较、比较、非常、十分、特别、尤其、稍微、不大”等等。

不同的程度副词除了语义上表示的程度有差别之外，语法功能也不完全一样。值得注意的有以下几点：

第一，大多数程度副词修饰形容词，后头可以加上助词“的”转化为名词性成分，例如：最大的|更便宜的|非常新鲜的|特别结实的。“很、挺、怪”三个副词情形不同，“很/挺/怪＋形容词＋的”可以作谓语、状语、补语，例如：

这个人很可靠的

挺亲热的跟我们打招呼

这封信写得怪有意思的

可见这类格式不是名词性的，其中的“的”不是助词，而是状态形容词的后缀。比较：

最便宜的卖掉了

挺便宜的卖掉了

这两句的结构完全不同。前一句的“最便宜的”是体词性成分，在句子里充任主语；后一句的“挺便宜的”是状态形容词(5.16.1)，在句子里作状语。

第二，“好”和“真”修饰形容词，总是充任独立的感叹句的谓语。例如：

这件衣服好漂亮！

这孩子真听话！

这样的主谓结构不大能作为组成部分在句子里出现。例如可以说：

我觉得这件衣服很漂亮

我觉得这件衣服挺漂亮

我觉得这件衣服非常漂亮

可是不说：

*我觉得这件衣服好漂亮

*我觉得这件衣服真漂亮

由“好＋形容词＋的”作定语组成的偏正结构也是独立的感叹句，例如：

好漂亮的衣服！

好大的雨！

这类偏正结构也很少被包含在句子里。例如可以说：

买了一件很漂亮的衣服

下了一场很大的雨

可是不说：

*买了一件好漂亮的衣服

*下了一场好大的雨

此外，“真＋形容词”总是作谓语或补语，不作定语（* 真漂亮的房子，* 真听话的孩子，* 真大的雨）。

第三，“最”除了修饰形容词之外，还可以修饰方位词，例如：最后、最前头、最外边、最南边。

14.6 时间副词

常用的时间副词有：“马上、立刻、刚、刚刚、已经、曾经、又、再、还、重、重新、就、才、常、常常、时常、时时、忽然、连忙、老、总、往往、一直、永远、仍旧、偶尔、从来”等等。

14.6.1 有的时间副词意义近似而有区别。例如“又”和“再”都表示一件事（动作、行为、状态）重复发生，不过“又”表示已然的事，“再”表示未然的事；所以“又”后头的动词可以带后缀“了”，“再”后头的动词不能带后缀“了”。比较：

他昨天又来了～他说他明天再来

刚才又唱了一遍～呆会儿再唱一遍

“还”也可以表示未然的事的重复，例如：

他明天还来

他呆会儿还唱

“还”和“再”的区别在于“还”含有继续如此的意思，“再”没有这个意思，下边一句里的“还”不能换成“再”：

我叫他别唱了，他还唱。

此外，“重”和“重新”也表示未然的事的重复，不过用这两个词的时候，暗示原先的一次不能算数。因此下边两句话里前一句的“重（新）”可以换成“再”，后一句的“再”不能换成“重（新）”：

这一次写得不好，你重（新）写一次。

这一次写得很好，你再写一次。

再举一个例子。“总”表示一向如此，一直如此。“老”也有这个意思，下边句子里的“总”都可以换成“老”：

他开会的时候总不说话。

他总喜欢躺着看书。

可是“老”有时表示屡次，一再，“总”没有这个意思，因此下边句子里的“老”不能换成“总”：

你别老打岔儿！

你老眨巴眼睛干嘛！

14.6.2 有的时间副词除了表示与时间相关的概念之外，还有一些引申意义，例如表示量的观念或逻辑关系。下边举“才”字为例。

“才”有时表示时间早，有时表示时间晚，这跟句子里时间词语和“才”字的相对位置有关系。“才”字放在时间词语之前表示时间早，放在时间词语后头表示时间晚，例如：

才四点钟天就亮了（亮得早）

四点钟天才亮（亮得晚）

才十八岁就结婚了（结得早）

十八岁才结婚（结得晚）

“才”的引申意义之一是表示数量的多少，例如：

才买十本，一定不够

买十本才够

“才”字放在数量词前头表示数量少，放在数量词后头表示数量多。

两件事同时或先后发生，可能是偶然的，也可能不是偶然的。前一种情形是纯粹的时间关系，后一种情形就蕴含着逻辑关系，即条件和结果的关系①。例如"十八岁才结婚",如果是说的过去的事,那末"十八岁"和"结婚"之间只有时间上的关系;如果是说的将来的事,二者之间就蕴含着条件关系(十八岁是结婚的必要条件)。除了条件之外,"才"字还可以用在表示因果、目的的句子里,因为这些观念在心理上是相通的。例如:

只有中国的工业发展了,中国在经济上不依赖外国了,才有全部的真正的独立。(条件)

我是因为不懂才问你的。(原因)

为了少走点路才搬到这儿来住。(目的)

14.7　否定副词

口语里常用的否定词里,只有一个"不"是真正的副词。其他如"没、没有、别、甭"等等都是动词(5.15.4,又5.12)。

"不"加在表示动作的动词或词组前边往往是对某种意愿的否定(不愿意、不肯、不想)。例如:

我不跟他一块儿去。

我不喝水。

他不考大学。

有时表示没有某种习惯或癖好。例如:

我不吃辣的。

解放军不打人,不骂人。

他从来不抽烟。

"不"还可以表示假设,例如:

不下雨就打不着粮食。

---

① 吕叔湘《中国文法要略》22.21。

不吃药治得好病吗？

不把事情的详细经过讲清楚，人家就不知道谁是谁非。

不煮熟怎么吃？

不看见不死心。

"不"有时可以单用，例如：

你同意吧？——不，我不同意。

您吃了饭再走吧！——不了，不了。

第十五章　疑问句和祈使句

15.1　疑问句

15.1.1　疑问句有是非问句、特指问句和选择问句三类。我们可以把这三类问句都看成是由陈述句转换出来的句式。

(1)只要把相应的陈述句的语调换成疑问语调，就变成了是非问句。是非问句后头可以有语气词“啊、吧、吗”，不能有语气词“呢”。例如：

下雨了。 ⟶下雨了(啊)?

快开车了。 ⟶快开车了(吧)?

就他们两个人去。 ⟶就他们两个人去(啊)?

今天星期三。 ⟶今天星期三(吗)?

(2)在相应的陈述句里代入疑问词语，加上疑问句调就变成了特指问句。特指问句后头可以有语气词“呢”“啊”，不能有“吗”。例如：

他昨天上广州开会去了。⟶谁昨天上广州开会去了(啊)?

⟶他什么时候上广州开会去了(啊)?

⟶他昨天上哪儿去了(呢)?

⟶他昨天上广州干嘛去了(呢)?

(3)选择问句是并列几个项目，让回答的人选择其中的一种。把陈述句的谓语部分换成并列的几项，再加上疑问句调，就变成了选择问句。选择问句后头可以有语气词“呢”“啊”，不能有“吗”。

例如：

他们打篮球。 ——→他们打篮球打排球(呢)？

咱们今天去。 ——→咱们今天去还是明天去(啊)？

选择问句里有一种特殊的类型，就是把谓语的肯定形式和否定形式并列在一起作为选择的项目。例如：

你去不去(啊)？

今天开会不开(呢)？

报纸来了没有(啊)？

看得清看不清(呢)？

这一类选择问句可以称为反复问句。

如果一个陈述句的谓语部分是述宾结构，那末相应的反复问句可以有以下几种形式：

(1) VO不VO：开会不开会～有人没有人

(2) VO不V：开会不开～有人没有

(3) V不VO：开不开会～有没有人

(2)(3)都比(1)更常见。

"去了"的否定形式是"没(有)去"，"开会了"的否定形式是"没(有)开会"。相应的反复问句里最占优势的说法是"去了没有""开会了没有"，这跟"有人没有(VO不V)"是平行的形式。由此可见"没有去""没有开会"都应该分析为述宾结构，其中的"没(有)"是动词，不是副词(5.15.4)。

15.1.2　以上三类问句结构不同，回答的方式也不同。是非问句可以用"是的""对"等回答，表示同意，也可以用"不是""不对"回答，表示否定。特指问句和选择问句都不能用"是的""不是"等回答。特指问句要给原问句里的疑问词代入具体的"值"作为回答，例如：

今天星期几？——星期三。

你昨天上哪儿去了？——上北海去了。

选择问句和反复问句则是在并列的项目里选一项作为回答。例如：

你吃饭吃面？——吃饭。

你洗澡没有？——没有。

15.1.3 上边说特指问句和选择问句之后只能带“呢”，不能带“吗”，是非问句之后只能带“吗”，不能带“呢”。下边的例子好像是例外。

(1) 今天星期几吗？

(2) 他去不去吗？

(3) 你去呢？

(1)本来是特指问句，(2)本来是反复问句。如果用语气词，都应该是“呢”，不应该是“吗”。现在用了“吗”，原来的特指问句和反复问句就变成了是非问句，意思是要求对方证实所提的问题。(1)的意思是：“你是问今天星期几吗？”(2)的意思是：“你是问他去不去吗？”(3)本来是是非问句，应该用“吗”，现在用了“呢”，就变成了特指问句了，意思是：你去怎么样？

15.1.4 有的句子形式上是疑问句，但不要求回答，只是用疑问句的形式表示肯定或否定。这种疑问句叫作反问句。反问句的形式和意义正相反，肯定形式（即不带否定词的形式）表示否定，否定形式（即带否定词的形式）表示肯定。例如：

举例	形式	意义
谁知道呢？（特指）	肯定	否定（没人知道）
我怎么不知道？（特指）	否定	肯定（当然知道）
你怎么知道？（特指）	肯定	否定（你不知道）
酸什么？（特指）	肯定	否定（一点也不酸）

续　表

举　　例	形　式	意　　义
这不是你的钢笔？（是非）	否定	肯定（是的）
难道你没看过电影？（是非）	否定	肯定（当然看过）
你说可笑不可笑？（反复）	肯定＋否定	肯定（可笑）

反复问句用作反问句，形式上是肯定和否定并列，实际的意思则是肯定的，如最后一例。

15.2　祈使句

15.2.1　祈使句（1.4.6）的谓语只能是表示动作或行为的动词或动词性结构，主语往往是第二人称代词“你、您、你们”。不过祈使句的主语常常略去不说。例如：

（你）来！

（你们）说吧！

（您）给我们看看！

（你）把窗户关上！

（你们）都出去！

第一人称代词包括式“咱们”包括听话的人在内，所以也能做祈使句的主语。例如：

咱们快走吧！

咱们把这个问题再研究一下！

“我们”本来是排除式（即不包括听话的人），不过现在也用于包括式，所以也可以做祈使句的主语。

总起来说，祈使句的主语只能是“你、你们、您、咱们、我们（包括式）”，不能是第一人称代词“我”和第三人称代词“他”“他们”。因此如果把祈使句的主语换成“我、他、他们”，原来的祈使句就会改变性质转换为陈述句。比较：

你把鞋脱了！（祈使句）
咱们把鞋脱了！（祈使句）
他把鞋脱了。（陈述句）
我把鞋脱了。（陈述句）

15.2.2　有的时候我们不是用第二人称代词“你”而是用听话人的名字来做祈使句的主语。例如：

小赵去把门关上！

这是一个祈使句。由于人名在一般情况下指第三人称，所以这类句子有时会产生歧义。例如：“小赵把鞋脱了”，如果这话是对小赵说的，此时小赵是第二人称，这个句子是祈使句。如果是对小赵以外的人说的，此时小赵是第三人称，这个句子就不是祈使句，而是陈述句[①]。

15.2.3　祈使句可以是肯定形式的，也可以是否定形式的。否定形式的祈使句用“别”或“甭”。例如：

你们别说话！
你甭瞎猜！

“别”是“不要”的紧缩形式，“甭”是“不用”的紧缩形式。关于“别”和“甭”，参看 5.12。

祈使句里还可以连用两个否定形式，例如：

你别不吭声！
你甭不服气！

---

① 上边举的例子里，“小赵”后头没有停顿，“小赵”是句子的主语。在“小赵，去把门关上”里，“小赵”后头有停顿，“小赵”不是主语，是称呼句(1.4.6)，跟“去把门关上”合起来组成一个复句。

第十六章 语气词

16.1 语气词的组合层次

16.1.1 语气词是后置虚词,永远读轻声。通常认为语气词是加在整个句子上头的,其实出现在主谓结构后头的语气词,多半是附加在谓语上头的。举例来说,“你去吧”的构造不是“你去/吧”,而是“你/去吧”。只有在某些类型的句子里,语气词才是加在整个主谓结构上头的。例如:

谁去/呢?

(你去/呢)还是(我去/呢)?

有的时候,语气词是加在谓语内部一个成分上头的。例如:

你觉得(谁去合适/呢)?

我知道(下雨/了)。

前一句的“谁去合适呢”是“觉得”的宾语,后一句的“下雨了”是“知道”的宾语,都是谓语的一部分。

16.1.2 几个语气词接连出现,彼此在结构上没有直接的关系。例如“下雨了吧”应该分析为“下雨了/吧”,不能分析为“下雨/了吧”。

两个语气词连用,如果后一个是元音开头的,两个语气词就连读成一个音节。例如:

下雨啦!(啦=了+啊)

还有三天呐!(呐=呢+啊)

都九点了，快起来啵！（啵＝吧＋呕）

开饭喽！（喽＝了＋呕）

尽管合成一个音节，结构上仍旧没有直接的关系，例如“下雨啦”应分析为：

下雨了/啊

不能分析为：

下雨/啦

16.1.3 “他躺着呢”，“呢”是加在“躺着”上头的。“他还小着呢”，“小着呢”不能分析为“小着/呢”，应该分析为“小/着呢”。“有意思着呢”“听话着呢”里的“着”在名词后头出现，可见这个“着”不是动词后缀。这种“着呢”应看成合成的语气词。除了“着呢”之外，其他的合成语气词还有“来着”和“罢了”。

16.1.4 语气词可以分成三组。第一组表示时态，包括“了”“$呢_1$”“来着”，第二组表示疑问或祈使，包括“$呢_2$”“吗”“$吧_1$”“$吧_2$”。“$呢_1$”和“$呢_2$”，“$吧_1$”和“$吧_2$”读音相同，语法功能不同。“$呢_1$”表示时态，“$呢_2$”表示疑问，“$吧_1$”表示疑问，“$吧_2$”表示祈使。以上两组语气词都是表示句子的某种语法意义的。第三组语气词与前两组不同，是表示说话人的态度或情感的。这一组主要包括“啊”、“呕(ou)”、“欸(ei)”、“嘿”和“$呢_3$”。

这三组语气词在句子里出现的顺序是固定的[①]。这就是说，如果句子里有两个或两个以上的语气词接连出现，总是第一组在最前边，第二组次之，第三组在最后。当中可以有缺位，但次序不

① 胡明扬《北京话的语气助词和叹词》（《中国语文》1981年第5期）也提到语气词的顺序问题，可参看。

能颠倒。下边举些例子来看(以下把这三组语气词按顺序分别记为1、2、3):

1+2 下雨了吗?|你把它吃了吧$_2$!

1+3 不早啦(=了+啊)!|还小呢$_1$ 嘿!

2+3 走啵(=吧$_2$+呕)!|好好说呗(=吧$_1$+欸)!

1+2+3 已经有了婆家了呗(=吧$_1$+欸)!

因为这三组语气词的顺序不能颠倒,又因为同属一组的语气词不能共现,所以句末不可能有:"吧呢、呢了、啊了、嘿了"等等形式出现。

16.2 了 呢$_1$ 来着

16.2.1 语气词里只有"了""呢$_1$"和"来着"是表示时态的。其中"呢$_1$"表示持续的状态,"了"表示新情况的出现,"来着"表示最近的过去发生过的事。比较:

下雨呢(原来就在下)	门开着呢(原来就开着)
下雨了(原来没有下)	门开了(原来关着)
下雨来着(刚才下过雨)	门开着来着(刚才门是开着的)

16.2.2 语气词"了"和动词后缀"了"同形。凡是在体词后头出现的"了"只能是语气词,不可能是动词后缀,例如:

回来已经两年了

早就看见你了

在下边的句子里,语气词"了"和动词后缀"了"同时出现:

我早就报了名了

他都当了爷爷了

我在这儿住了五年了

句中的"了"是动词后缀,句尾的"了"是语气词。这类格式表示对现在(说话时)来说已经完成了的事。“我在这儿住了五年”,句尾不带语气词“了”,意思是说我曾经在这里住过五年。这样说的时候,没有把这件事跟“现在”联系起来。加上语气词“了”,说“我在这儿住了五年了”,意思是说到现在为止已经住了五年了。

16.2.3 如果句尾“了”前边是动词,这个“了”可能是语气词,也可能是动词后缀“了”和语气词“了”的融合体。例如“他笑了”有两种意思。一种意思是说他原来没有笑,现在开始笑了。这个时候,句末的“了”是语气词。另一种意思是说他刚才笑了,笑的动作现在已经完成。这个时候,句子的构造是:

他笑了了

前一个“了”是动词后缀,后一个“了”是语气词,实际说话的时候,两个“了”融合成一个。

16.2.4 语气词“了”也可能连着出现。例如“我知道你去过了”可以有以下三种不同的分析:

(a) 我知道(你去过了)

(b) 我知道(你去过)了

(c) 我知道(你去过了)了

三者结构不同,意思也不一样。(a)的意思是说:你去过了,我知道(原来就知道)。(b)是说,我原来不知道你去过,现在知道了。(c)是说,我原来不知道你已经去过了,现在知道了。(c)从理论上说有两个“了”,实际说话时,两个“了”融合成一个。

16.2.5 语气词“了”表示变化,常常跟动词后缀“了”相配,语气词“呢$_1$”表示持续,常常跟动词后缀“着”相配,例如:

我们正商量着呢

正说着呢,你就来了

屋里开着会呢

他正在那儿贴着标语呢

上举各例都表示正在进行的动作(动词前头往往有“正”“正在”“在那儿”),去掉“着”字,句子的基本意思不变。下举各例都表示静止的状态,“着”字必不可少:

标语还在墙上贴着呢

石头上刻着字呢

他还在床上躺着呢

门开着呢

由此可见,“动词+呢$_1$”表示进行中的动作,“动词+着+呢$_1$”既可以表示正在进行的动作,也可以表示静止的状态。

16.3　呢$_2$　吗　吧$_1$　吧$_2$

这四个语气词里,“吧$_2$”表示祈使,其余三个都表示疑问。

“呢$_2$”和“吗”在各类疑问句里的分布,在 15.1 里已经讨论过了。概括地说,是非问句只能用“吗”,不能用“呢$_2$”;特指问句、选择问句和反复问句只能用“呢$_2$”,不能用“吗”。

是非问句里也可以用“吧”字(吧$_1$)。例如:

今天星期三吧?

李先生在家吧?

要开车了吧?

这么写可以吧?

用“吗”字是不知而问。用“吧”字表示说话的人已经知道是怎么回事,只是还不能确定,提问是为了让对方证实。

特指问句、选择问句、反复问句之后也可以用“吧”字:

一共多少钱吧?

你什么时候来吧？

你吃饭还是吃面吧？

你去不去吧？

这类句子实质上是祈使句，只是句子头上省去了“你说”一类的话，句末的“吧”表祈使，不表疑问，是“吧$_2$”。

16.4 啊 呕 欸 嚜 呢$_3$ 罢了

16.4.1 这一组语气词都是表示说话的人的态度和感情的。其中“啊(ɑ)、呕(ou)、欸(ei)”三个都是元音开头的，连读时受前一个音节韵母的影响，有许多变音，见下表。

	-n	-ng	-[ɿ]	-[ʅ]	-i	-u	-ü	-ê	-e	-o
啊 ê	nê	ngê	[z]ê	rɑ	yê	wê	yê	yê	yê	yê
呕 ou	nou	ngou	[z]ou	rou	you	wou	you	you	you	you
欸 ei	nei	ngei	[z]ei	rei	yei	wei	yei	yei	yei	yei

如果前一个音节是轻声，这三个语气词就跟它融合成一个音节。例如：这是我的啊(·dɑ)！|上课了呕(·lou)！|妈妈欸(·mei)。

16.4.2 在所有的语气词里，“啊”分布最广，可以在各种类型的句子里出现。特指、选择和反复问句里用“啊”，语气比较随便，例如：

谁啊？

你骑车还是走路啊？

你去不去啊？

把这些句子里的“啊”去掉，语气就显得直率些。

是非问句里用“啊”，是为了验证对方的意图或已经说过的话。

例如：

你不吃啊？

你不想去啊？

你想跟我们一块儿去啊？

要注意的是“啊”跟表示疑问的“呢、吗、吧”不同，它可以用在疑问句里，可是本身并不表示疑问，只是使原来的疑问句带上某种语气。

陈述句和祈使句里的“啊”都带着提醒或警告的语气：

上岁数的人可不能吃那么多糖啊！

我又不是故意的啊！

你吃啊！

16.4.3　“呕”和“欸”也表示提醒的语气，但“呕”带着催促的味道。例如：

上课喽（＝了＋呕）！

进来啵（＝吧$_2$＋呕）！

“欸”口气婉转，包含这个事对方本来知道，提醒一下是怕他忘了的意思。例如：

今天可是星期三欸！你别忘了下午得去上课欸！

16.4.4　“嘿”和“欸”相反，“欸”假定对方本来知道，“嘿”认为对方本来不知道。例如：

我说今天是星期三嘿！（你说不是！）

这个人早就死了嘿！（你说还活着！）

“呢$_3$”表示夸张语气。例如：

他会开飞机呢！

味道好得很呢！

“罢了”和“呢$_3$”相反，“呢$_3$”把事情往大里说，“罢了”把事情往小里说，比较：

五百块钱呢！不是闹着玩儿的。

五百块钱罢了，有什么了不起的。

16.5 句中停顿和语气词

以上讨论了语气词在句尾停顿处出现时的情形，现在再来看语气词在句子内部停顿处出现时的情形。

句子内部的停顿必须在词和词的交界处，但是不一定跟句子的结构层次一致①。拿主谓句来说，主语后头固然常常有停顿，但不是必须如此，停顿也可以在谓语里的某个地方。例如"他最喜欢吃冰糖葫芦"这句话可以有以下几种不同的停顿方式：

他啊，最喜欢吃冰糖葫芦。

他最喜欢啊，吃冰糖葫芦。

他啊，最喜欢啊，吃冰糖葫芦。

但是"最"和"吃"后头无论如何不能有停顿②。

语气词用在句中停顿的地方有两方面的作用，一是作为停顿的标记，二是表示某种语气。下边分三点来说。

(1)"啊"和"了"用在并列成分后头，表示列举。例如：

什么栗子啊、核桃啊、柿子啊，我们这儿都不缺。

大伙儿说啊，唱啊，笑啊，整整热闹了一晚上。

卖的也不过是些针线啦(了＋啊)、梳子啦、雪花膏啦一类女人用的东西。

用"了"字有时带点不以为然的味道，如最后一例。

---

① 就是说被停顿分隔开的两个语段不一定正好是句子的直接组成成分。

② "最"是前置虚词(副词)，后头不能有停顿(1.1.3)。"吃"后头有宾语"冰糖葫芦"，述宾结构中间一般不能有停顿(8.1.1)。

（2）停顿处用“啊、嘿、吧、呢”，表示着重，引起听话人的注意。用“啊”字，显得是延宕作势以吸引注意。例如：

提起这个人啊，可是大大有名。

他啊，从小就是这个怪脾气。

我到这儿来啊，是为了打听一件事。

用“嘿”字，有“至于”的意思，例如：

这个人嘿，我倒是见过。

价钱嘿，也不算贵。

“呢”和“嘿”差不多。不过“呢”有时有对比的作用：

你呢，想去不能去；我呢，不想去又非去不可。

用“吧”字有举例的意思：

譬如我吧，就没进过医院。

就拿发球来说吧，也有许多讲究。

（3）“啊、呢、吧”用在表示假设的分句之后。例如：

早知道是这样啊，我就不来了。

（要是）实在找不着呢，那也只好算了。

第十七章 复句

17.1 单句和复句

17.1.1 通常说复句是由单句组成的，这个说法有语病。(1.4.4)但是把复句看成是比单句高一个层次上的语法单位，则是合理的。如果我们把复句写成下边的样子：

(1) 。S_1，S_2，…S_n。

字母S代表分句，逗号代表分句之间的停顿，句号代表整个复句前头和后头的停顿，那么我们只能说(1)是一个句子，不能说它是n个句子(单句)。换句话说，分句不是句子。可是我们也不能把分句看成词组，因为复句里分句和分句之间的关系，不是词组和词组之间的关系。我们不能把分句之间的关系解释为词组平面上的任何一种结构关系，诸如主谓关系、述宾关系、偏正关系之类。总之，分句是比词组高一个层次上的东西，可是又不同于句子。我们不妨说它是抽象化了的句子，即去掉了作为一个独立的句子时前后的停顿和句调以后剩余下来的东西[①]。

17.1.2 分句有时用连词连接。按照汉语语法的传统分析方法，连词是作为一种语法手段而不是作为结构成分来看待的。举一个具体的例子来说：

---

① 按照这个定义，管它叫句子形式可能比叫分句更合适。

（2）因为昨天晚上下了雨，所以地上有水。

通常不把"因为"和"所以"看成分句的一部分，只认为它是连接"昨天晚上下了雨"和"地上有水"两个分句的手段。

17.1.3　有的分句是定位的，有的分句是不定位的。定位的分句有前置的和后置的两类[①]。例如：

（3）请了假，才能离开学校。

"请了假"是前置类型的分句，"才能离开学校"是后置类型的分句。因为在只包含两个分句的复句里，"请了假"只能占据 S_1 的位置，不能占据 S_2 的位置；"才能离开学校"只能占据 S_2 的位置，不能占据 S_1 的位置。

17.2　分句之间的联系

分句和分句之间意义上总是有联系的。这种意义上的联系往往通过语法形式表现出来，主要有以下三个方面。

（i）用连词（或副词）连接相关的分句。这方面的情形我们留到下一节讨论。

（ii）通过代词的指代作用或关联作用表现出来。例如：

（1）陈奂生真是无忧无虑，他的精神面貌和去年大不相同了。（高晓声）

（2）学校对门是一家小饭馆儿，他常在那儿吃饭。

（3）我走到哪儿，他跟到哪儿。

例（1）S_2 里的"他"指代 S_1 里的"陈奂生"，例（2）S_2 里的"那儿"指代 S_1 里的"小饭馆儿"。例（3）前后两个分句里的"哪儿"互相关联。

① 关于定位和不定位，前置和后置等观念，看 1.1.3。

(iii) 分句结构形式上的联系。例如：

(4) 赚了钱打算干什么？打算买一顶簇新的、呱呱叫的帽子。(高晓声)

(5) 看谁还能说他没有什么讲的！看谁还能说他没见过世面！看谁还能瞧不起他。(同上)

(6) 稻子收好了,麦垅种完了,公粮余粮卖掉了,口粮柴草分到了。

(7) 看见老朋友,心里特别高兴。

(8) 提到养鸡,就引起他的兴趣。

(9) 受了这点挫折,心里很不愉快。

(10) 对着老婆,他还常能说说。

例(4)S_1 是疑问句形式,S_2 是陈述句形式,是对 S_1 的回答。例(5)三个分句构造相同,例(6)四个分句构造相同:都是并列式的复句。例(7)例(8)的 S_1 是"动词＋补语＋宾语",例(9)是"动词＋了＋宾语",例(10)是"动词＋着＋宾语"。这些都是定位分句,属于前置的类型,要求后头有 S_2 跟它相配。

17.3 复句和连词

17.3.1 为了便于说明问题,我们把讨论的范围限制在只包含两个分句的最简单的复句里。

有的连词只能在 S_1 里出现,有的连词只能在 S_2 里出现。我们把前一类连词记为 λ_a,把后一类连词记为 λ_b。很明显,λ_a 的出现以后头有 S_2 为条件,λ_b 的出现以前头有 S_1 为条件。这两类连词在复句里的位置如下：

$\lambda_a S_1, S_2$

$S_1, \lambda_b S_2$

λ_a 类连词的例子:虽然、要是、如果、假使、倘若、即使、既然、不但、与其、无论、不管、尽管。λ_b 类连词的例子：但是、可是、所以、然而、而且、并且、否则、何况、况且。

17.3.2　有的时候 λ_b 可以在一句话开头出现。这主要有以下两种情形：

(1) 在对话里：

甲：今天风真大。

乙：可是(λ_b)不怎么冷。

(2) 同一个人说话：

我和白求恩同志只见过一面。后来他给我来过许多信。可是(λ_b)因为忙，仅回过他一封信，还不知他收到没有。(毛泽东)

在(1)里，"可是"一直管到句末，后头没有跟它相配的 S_2。在(2)里，"可是"后头虽然有 S_2，不过这个 S_2 不是跟 S_1 相配的。事实上这两个例子里的"可是"都是越过了句子的界限跟上文的话在意义上相联系的。因此假定有下边这种形式的复句出现：

$\lambda_b S_1, S_2$

其中的 λ_b 不会是连接 S_1 和 S_2 的。换句话说，这种句子的构造一定不是：

$(\lambda_b S_1), S_2$

而只能是：

$\cdots\lambda_b(S_1, S_2)$

有的时候，λ_a 在 S_2 前头出现。例如：

(3) 我明天一定来，要是(λ_a)不下雨的话。

(4) 天气已经很冷了，虽然(λ_a)按季节说还是初秋。

例(3)的"要是…"是临时想到追加的话，例(4)代表一种欧化的句法。这类句子可以看成是一种倒装句：即

S_2，$\lambda_a S_1$

λ_a 和 λ_b 可以成对地配合起来用，例如：

虽然（λ_a）价钱贵一点，可是（λ_b）东西不错。

不但（λ_a）价钱贵，而且（λ_b）东西也不好。

因为（λ_a）价钱贵，所以（λ_b）买的人少。

与其（λ_a）花这点钱买它，不如（λ_b）多花点钱买好的。

有些 λ_a 常常和副词（以下记作 f）配合起来用，例如：

既然（λ_a）答应了人家，就（f）不该反悔。

即使（λ_a）碰上大风，也（f）不会出事儿。

无论（λ_a）你说什么，他都（f）不吭声儿。

17.3.3 以上讨论的是连词在 S_1 前头还是在 S_2 前头出现的问题。现在我们从另外一个角度来观察连词在复句里的位置。有的连词只能在主语前边出现，有的还可以在主语后边、谓语前边出现。先举前一种情形的例子：

这种花儿很香，但是颜色不好看。（* 颜色但是不好看）

这种花儿很香，而且颜色也好看。（* 颜色而且也好看）

幸亏来得早，否则你就找不着座位了。（* 你否则就找不着座位了）

也许是这样，不过我也不敢说。（* 我不过也不敢说）

后一种情形的例子：

虽然他没去，可是什么都知道。

他虽然没去，可是什么都知道。

如果你不方便，可以换一个时间。

你如果不方便，可以换一个时间。

即使你不说，我也猜得出来。

你即使不说，我也猜得出来。

λ_a 往往既能放在主语前边，也能放在谓语前边。λ_b 大都只能在主语前边出现。如果前后两个分句主语相同，λ_a 放在谓语之前比较常见，如果主语不同，λ_a 放在主语前边比较常见。

有的复句因为连词的位置不同意思不一样。比较：

与其你去，不如他去。
你与其去，不如不去。

不但我没见过，连他也没见过。
我不但没见过，连听说也没听说过。

除非他不说话，他一说就把事情弄糟了。
他除非不说话，一说就没完。

第十八章　省略和倒装

18.1　省略

18.1.1　所谓省略指的是结构上必不可少的成分在一定的语法条件下没有出现。下边举些例子来看。

在北京口语里，数词有时可以直接修饰名词，例如：

我昨儿买一自行车
手里拿一瓶儿
桌上搁一电视
打外边进来一老头儿

我们说这些句子里的数词后头省略了一个量词，因为数词必须带上量词才能修饰名词是一条语法规律；现在量词没有出现，应该承认是省略。此外，这种省略是有条件的：第一，数词限于"一"；第二，名词限于能够论"个"的，因此只能说"我昨儿买一自行车"，不能说"*我昨儿买一鱼"，只能说"手里拿一瓶儿"，不能说"*手里拿一书"。可见这里省略了的量词是"个"。

再举一个例子。我们说"吃得"是"吃得得"的省略，因为述语和可能补语之间必须有"得"字，也是一条语法规律。比较"吃得吃不得"和"吃得饱吃不饱"，就知道"吃得"是跟"吃得饱"平行的格式，可见确实省略了一个"得"(9.7)。

18.1.2　省略的说法不宜滥用，特别是不能因为一个句子意义上不自足就主观地说它省略了什么成分。譬如公共汽车上的乘客对售票员说“一张动物园”，这本来是一个完整的句子（非主谓句），什么也没有省略。我们不能因为这句话离开了具体的语言环境意义不明确，就硬说它是“我要买一张上动物园去的票”之类说法的省略。过去有的语法书说“请坐”是“我请你坐”的省略。从逻辑的角度说，“请”和“坐”不可能是同一个人的行为，“请”的是“我”，“坐”的是“你”。这么讲似乎很有道理。可是事实上我们不说“我请你坐”，反而常常说“你请坐”，可见省略的说法是没有根据的[①]。

18.1.3　从原则上说，省略了的成分应该是可以补出来的。有一种说法认为“的”字结构单说或者作主宾语的时候，后头省略了一个名词。例如“来的是谁”，“来的”后头省略了“人”，“换了一件新的”，“新的”后头省略了“衣服”。可是事实上有很多“的”字结构后头很难补上什么适当的名词，例如：

孩子们有的（　）唱有的（　）跳。

他和骆驼都是逃出来的（　）。（老舍）

至少他手中有条麻绳，不完全是空的（　）。（同上）

他年青力壮，所差的（　）是眼睛不好。

酱油和醋一样打五分钱的（　）。

操纵这台机器的（　）不是人，是一台计算机。

可见“的”字结构后头有省略的说法也是难以成立的。

18.2　倒装

18.2.1　在正常的情况下，主语总是在谓语前边，修饰语总是

---

① 参看13.8关于“比”字句的讨论。

在中心语前边，宾语和补语总是在述语后边。有的时候这种顺序可以颠例。例如：

主语后置：

快进来吧，你。

修好了没有，那辆车？

真有意思，这个人！

修饰语后置：

九点半了，都。

掉点儿了，已经。

找着了，大概。

宾语前置：

他出国了，听说。

不会再地震了，估计。

补语前置：

气都喘不过来了，跑得。

吓死人了，说得！

连谓结构前后两个直接成分的顺序颠倒：

快结婚了，跟他。

上北海去了，带着孩子。

快回去吧，叫他。

这种说法只见于口语。前置的那一部分是说话的人急于要说出来的，所以脱口而出，后一部分则带有补充的味道。特别值得注意的是后置的部分必须轻读，这是这种“倒装句”的最明显的标志[①]。

18.2.2　早些年的汉语语法著作往往把表示受事看成是宾语的专利，不承认主语也同样可以表示受事，碰到下边这样的受事主

① 陆俭明《汉语口语句法里的易位现象》，《中国语文》1980年第1期。

语句,都要解释为宾语提前:

碗打碎了。

风凉话谁不会说。

什么东西都吃。

哪儿都没去。

其实这些都不是倒装句(7.1.2,又 8.2.1)。真正的宾语提前的倒装句也有,那就是上边举的"他出国了,听说"那一类。比较:

(1) 什么好东西你都吃了。

(2) 什么好东西你都吃了?

(1) 是周遍性的受事主语句,意思是:所有的好东西你都吃过了;(2) 是宾语前置的倒装句,意思是:你都吃了些什么好东西?(1) 和(2)的对立尤其能说明把(1)类句式解释成倒装句是不妥当的。

索　引

(《语法讲义》1982 年由商务印书馆出版,1984 年重印。此次收入文集以 1984 年重印本为底本。)

语法答问

序

按照原来的打算，这是一本为不大懂汉语的外国人或者不大懂语法的中国人写的通俗的小书。目的是针对一些常常引起争论的基本概念和观点进行分析和评论。等到提笔写的时候，才感到不可能写得像原先设想的那么通俗。要是那样的话，许多道理就讲不透。可是又不能写得太复杂，因为到底不是给专家看的。结果就成了现在这个样子：高不成，低不就。语法书有两种：一种偏重于讲语言事实，一种偏重于讲理论或方法。这本书没有接触多少语言事实，更没有什么高明的理论。从这一点说，也是高不成，低不就。

这本书里没有提到复句，因为有关复句的问题已经在另外一本小书里(《语法讲义》，1982，商务印书馆)讨论过了，没有必要在这里换成对话的形式重说一遍。

这本书管宾语和补语前边的谓词性成分叫述语。词组有时候叫句法结构，所以主谓结构和主谓词组、述宾结构和动宾词组等等是一个意思。此外，句法成分就是一般书上说的句子成分。

作　者

一九八三年八月酷暑中

写于北京西郊中关村

日译本序

在中国的传统的语言学领域里，音韵学、文字学、训诂学都有辉煌的成就，只有语法学是十九世纪末从西方传入的。所以汉语语法研究从一开始就受到印欧语语法的深刻影响。早期的汉语语法著作大都是模仿印欧语语法的。一直到本世纪四十年代，才有一些语言学者企图摆脱印欧语的束缚，探索汉语自身的语法规律。尽管他们做了不少有价值的工作，仍然难以消除长期以来印欧语语法观念给汉语研究带来的消极影响。这种影响主要表现在用印欧语的眼光来看待汉语，把印欧语所有而汉语所无的东西强加给汉语。只要回顾一下五十年代以来中国语言学界关于词类问题、主宾语问题以及语法分析方法问题的讨论，就会发现这种影响有多么深广。这本小书打算就长期以来汉语语法研究中常常引起争论的问题作一些分析和评论。在我看来，这些争论里有很大一部分是由于受了印欧语传统语法观念的影响以致看不清汉语语法的本来面目引起的。要是我们能摆脱印欧语的干扰，用朴素的眼光看汉语，有许多争论本来是不会发生的。

中国有一句成语叫“先入为主”，意思是说旧有的观念的力量是很大的。我们现在在这里批评某些传统观念，很可能我们自己也正在不知不觉之中受这些传统观念的摆布。这当然只能等将来由别人来纠正了，正所谓后之视今，亦犹今之视昔。不过就目前而论，能向前跨一步总是好的，哪怕是很小很小的一步。

这本书采用对话的形式写，是受了 Eugene A. Nida *Linguistic Interludes* 一书的启发。Nida 的书深入浅出，引人入胜。虽然是三十年前读的，至今还有很深的印象。我应该在这里向他表示谢意。

郭良夫先生主持这套丛书中文本编辑工作，牛岛德次、伊地智善继、香坂顺一三位先生主持这套丛书的日文本编辑工作。要不是有他们几位的建议，我不会想到写这样一本书。本书日译者中川正之和木村英树先生嘱我为日译本作序，使我有机会能跟日本读者直接谈话。谨向他们几位一并表示谢意。

朱 德 熙

一九八四年一月

目 录

零　缘起

主人是语言学家。客人是他的老同学,也是研究人文科学的。由于业务上的需要,也由于个人的业余兴趣,他要求主人用几个晚上的时间跟他一起讨论汉语语法研究里常常引起争论的一些问题。下边是他们几次谈话的记录。为了使讨论显得集中一些,凡是跟论题无关或者关系不大的闲话都删去了。

记 录 者

壹　汉语语法的特点

客：汉语语法的特点是什么？这个问题我一直弄不很清楚。今天想听听你的意见。

主：特点因比较而显，没有比较就没有特点。所以要问汉语语法的特点是什么，先要问你是拿汉语跟哪种语言比较。

客：过去谈这个问题的时候，大概都是跟印欧语比较的。现在我们讨论这个问题，恐怕也还是要跟印欧语比。

主：要是跟印欧语比，经常提到的有两点：一是说汉语是单音节语，二是说汉语没有形态。

客：你认为这两点符合事实吗？

主：如果单音节语的意思是说汉语的语素(morpheme)绝大部分是单音节的，那是符合事实的。说汉语缺乏印欧语里名词、形容词、动词那些性、数、格、时、人称的变化，那自然也符合事实。

客：通常说因为汉语缺乏形态，所以词序和虚词显得特别重要。

主：这种说法非常含胡。说汉语的词序特别重要，似乎暗示印欧语里词序不那么重要。实际情况恐怕不是这样。拿英语来说，词在句子里的位置相当稳定，倒是汉语的词序显得有一定的灵活性，随便举些例子来看：

(1) 我不吃羊肉～羊肉我(可)不吃～我羊肉不吃(吃牛肉)

(2) 肉末夹烧饼～烧饼夹肉末

(3) 你淋着雨没有～雨淋着你没有

(4) 他住在城里～他在城里住

(5) 借给他一笔钱～借一笔钱给他

这样的例子可以举出很多。我们当然不能说汉语的词序一定比英语灵活，可是我们也不能说汉语的词序一定比英语不灵活。在谈到汉语语法的特点时，有人一会儿说汉语的词序重要，一会儿又说汉语的句子组织灵活，忘记了这两种说法是矛盾的。

客：要是拿汉语跟拉丁语比较，恐怕还得承认拉丁语的词序要比汉语灵活。

主：是的。“保罗看见了玛丽”在拉丁语里可以有六种说法：

Paulus vidit Mariam.　　Mariam vidit Paulus.

Paulus Mariam vidit.　　Mariam Paulus vidit.

Vidit Paulus Mariam.　　Vidit Mariam Paulus.

汉语的词序当然没有这么自由。不过在拉丁语里，这六种说法只是词序不同，结构并没有变。在汉语里，不同的词序往往代表不同的结构。从这个角度看，倒是可以说汉语的词序比印欧语重要。不过通常说汉语词序重要并不是这个意思。

客：那末说汉语的虚词特别重要，是不是符合事实呢？

主：这就跟说汉语的词序特别重要一样，似乎暗含着印欧语的虚词不太重要的意思。事实正好相反，印欧语里该用虚词的地方不能不用，汉语句子里的虚词倒是常常可以“省略”，特别是在口语里。例如：

(6) 买不起别买。(要是买不起就别买。)

(7) 没带眼镜看不见。(因为没带眼镜，所以看不见。)

这就是通常说的"意合法"。此外,口语里甚至连一些表示结构关系的虚词有时候也可以不说出来。例如:

(8) 你搁桌上吧。(你搁在桌上吧。)

(9) 洗干干净净收着。(洗得干干净净收着。)

客:你说的这些我都很同意。那末照你看,汉语语法真正的特点在哪里呢?

主:要是细大不捐的话,可以举出很多条来。要是拣关系全局的重要方面来说,主要有两条。一是汉语词类跟句法成分(就是通常说的句子成分)之间不存在简单的一一对应关系;二是汉语句子的构造原则跟词组的构造原则基本上是一致的。这两条都是笼统的说法,每条都概括了汉语语法的一些具体的特点。

客:这么说确实太笼统,我一下子领会不了。请你给我解释一下。

主:在印欧语里,词类和句法成分之间有一种简单的一一对应关系。大致说来,动词跟谓语对应,名词跟主宾语对应,形容词跟定语对应,副词跟状语对应,就像下边的图一所表示的那样:

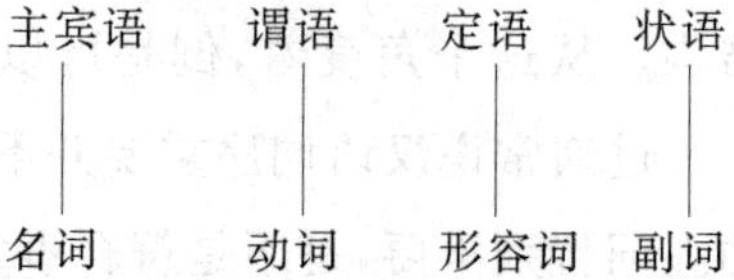

图 一

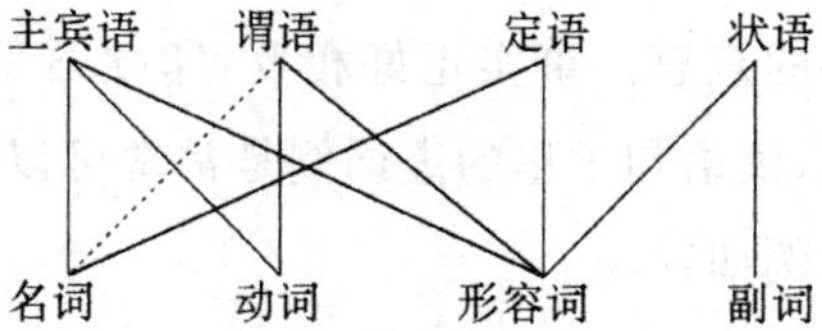

图 二

汉语词类和句法成分的关系是错综复杂的，大致的情形可以从上边的图二里看出来。

客：图二包括了图一的全部内容。不同的是在图二里：(1) 动词和形容词可以做主宾语，(2) 名词可以做定语，(3) 形容词可以做谓语和状语，(4) 名词在一定条件下可以做谓语。这些都是图一里没有的。

主：你归纳得很正确。这些正是汉语语法的特点，特别是(1)和(2)。我们先来讨论(1)。在印欧语里——姑且以英语为例——动词和形容词只有通过构词手段或者句法手段转化为名词性成分之后才能在主宾语位置上出现。拿动词来说，限定形式(finite verb)只能做谓语，要把动词放到主宾语位置上去，必须把它变成不定形式(infinitive)或者分词形式(participle)。汉语的动词和形容词无论是做谓语还是做主宾语，都是一个样子。传统汉语语法著作认为主宾语位置上的动词、形容词已经名词化了。这是拿印欧语的眼光来看待汉语。就汉语本身的实际情况来看，动词和形容词既能做谓语，又能做主宾语。做主宾语的时候，还是动词、形容词，并没有改变性质。这是汉语区别于印欧语的一个非常重要的特点。说它重要，因为这件事不但影响我们对整个词类问题的看法，而且还关系到对句法结构的看法。现在再说(2)。印欧语里经常修饰名词的是形容词。在有些语言里，做定语甚至是形容词的专职。名词只有加上形容词后缀转化为形容词之后才能做定语。汉语的情形不同。名词无论做主宾语还是做定语都是一个形式。特别值得注意的是汉语里名词修饰名词十分自由。

只要意义上配搭得拢，就可以直接黏合在一起组成偏正结构，甚至把一连串名词叠加在一起造成复杂的偏正结构，例如：

(10) 我国南方各省丘陵地区粮食产量概况

这也是汉语区别于印欧语的一个特点。

客：形容词可以做状语和谓语，也跟印欧语不同。

主：汉语形容词能够跟主语、谓语、宾语、补语、定语、状语各种句法成分对应，功能最为广泛。在印欧语里，做状语的只能是副词。因此有的汉语语法著作也把状语位置上的词一律看成副词，结果是副词和状语变成了同义语。其实汉语里做状语的不限于副词。形容词，特别是状态形容词(远远的、好好儿的、规规矩矩的、慢腾腾的)也经常做状语。总之，早先的汉语语法用印欧语的眼光看待汉语，认为做主宾语是名词的专利，做定语是形容词的专利，做状语是副词的专利。这种看法为过去的汉语语法体系带来了两方面的后果：第一，为了弥缝矛盾，不得不建立一种对汉语来说完全没有必要的词类转化的说法，例如说动词和形容词在主宾语位置上的时候转化为名词，名词在定语位置上的时候转化为形容词等等。第二，由于百分之八九十的动词和形容词可以做主宾语，能够做定语的名词百分比更高，这就等于说绝大部分实词的词类都可以转化，因此只能得出词无定类的结论。有的汉语语法书所以会走上这条路，根本的原因是受了印欧语语法观念的束缚，看不见汉语自己的特点，不知道汉语的名词、动词、形容词都是"多功能"的，不像印欧语那样，一种词类只跟一种句法成分对应。

客：现在请你接着谈汉语语法的第二个大特点吧。

主：这个特点也是跟印欧语相比才显出来的。印欧语里句子的构造跟词组的构造不同。拿英语来说，句子(sentence)的谓语部分必须有一个由限定式动词(finite verb)充任的主要动词(main verb)。词组(phrase)里是不允许有限定式动词的，词组里要是有动词的话，只能是不定形式(infinitive)或者分词形式(participle)，不能是限定形式。包孕在句子里头的子句(clause)跟独立的句子一样，也由限定式动词担任谓语。总之，句子和子句是一套构造原则，词组是另一套构造原则。举例来说：

(11) He flies a plane.（他开飞机。）

(12) To fly a plane is easy.（开飞机容易。）

(13) Flying a plane is easy.（同上）

在(11)里，flies 在谓语位置上，用的是限定形式。在(12)和(13)里，to fly a plane 和 flying a plane 在主语位置上，分别用不定形式和分词形式。汉语的情形不同，动词和动词结构不管在哪里出现，形式完全一样。(11)—(13)里的 flies a plane, to fly a plane, flying a plane 用汉语说出来都是“开飞机”。汉语的句子的构造原则跟词组的构造原则的一致性还特别表现在主谓结构上。汉语的主谓结构独立的时候相当于英语的句子，不独立的时候相当于英语的子句。按英语语法的观点来看，它是和词组相对立的东西。汉语的主谓结构实际上也是一种词组，跟其他类型的词组地位完全平等。它可以独立成句，也可以做句法成分。

客：有的语法书上说主谓结构可以做谓语。例如把“这个人心眼儿好”里的“心眼儿好”看成是谓语位置上的主谓结构。这种说法恐怕很难让人接受。我不知道除了汉语以外还有哪种语言有这样的句式。

主：要是别的语言里没有，岂不是正好证明它是汉语的特点？“这个人心眼儿好”还可以勉强说“这个人”后头省略了“的”字，“这个人确实心眼儿好”就不能这么解释了。可见汉语确实有主谓结构做谓语的格式。不但现代汉语里有，古汉语里也有；不但汉语有，汉藏语系的其他一些语言里也有。跟印欧语比较的时候，主谓结构可以做谓语是汉语语法的一个明显的特点。有的语法著作承认主谓结构可以做谓语，但是总觉得这不是一种“常规的”句式，所以总想把它限制在很小的范围里，不许越雷池一步。其实主谓结构做谓语的格式是汉语里最常见最重要的句式之一。应该看成是正好跟“主—动—宾”相匹配的基本句式。

客：你这么说恐怕太夸张了吧。

主：一点也不夸张。由于宾语提前的说法没有根据，过去认为是宾语提前的 SOV（我羊肉不吃）和 OSV（羊肉我不吃）两类格式都应该解释为主谓结构做谓语的 SSV。既然 SOV 和 OSV 都不存在，所以跟 SVO 相配的只能是 SSV 了。

客：你提出的汉语语法的两个特点之间似乎有某种联系，不过我说不清楚是什么样的联系。

主：你的感觉是有根据的。造成这两个特点的根源都在于汉语词类没有形式标记。英语的动词和形容词放到主宾语位置上去的时候要么在后头加上名词后缀 -ness，-ation，-ment，-ity

之类使它转化为名词，要么把动词变成不定形式或者分词形式。汉语词类没有这种形式标记，不管放在什么语法位置上，形式都一样，这就造成了词类多功能的现象。另外一方面，由于汉语动词没有限定形式与非限定形式（不定形式和分词形式）的对立，这就造成了词组和句子构造上的一致性。

客：这样看起来，汉语语法最根本的特点还是缺乏形态变化。

主：汉语缺乏形态是一眼就可以看清楚的事实，所以谁都会说汉语语法的特点是缺乏形态变化。可是只有经过仔细的分析和比较，才能看清这个简单的现象背后的深刻的含义。所以我们以上的讨论并不是徒劳的。

客：关于汉语语法特点的问题就讨论到这里吧。下一次我们谈词类问题，怎么样？

主：可以。

贰 词类

客：上回说好今天谈词类问题。我要问的第一个问题是划分词类的根据是什么？通常说名词表示事物的名称，动词表示动作、行为或变化，形容词表示性质或状态。看上去好像词类是根据词的意义划分出来的。

主：根据词的意义划分词类是行不通的。划分词类的目的是把语法性质相同或者相近的词归在一起。可是表示同类概念的词，语法性质并不一定相同。举例来说，“金、银、铜、铁、锡”都是金属的名称。可是“金、银”和“铜、铁、锡”的语法性质有明显的不同。“铜、铁、锡”可以做主语（铜是金属），宾语（需要铜），可以受数量词修饰（一块铜），“金”和“银”既不能做主宾语（*金是黄的、*银是白的，*需要金、*需要银），也不受数量词修饰（*一块金、*两块银）。“铜、铁、锡”大家公认是名词，“金”和“银”有人认为是形容词里的一类（非谓形容词），有人认为是名词和形容词以外的一个独立的实词词类，管它叫区别词，还有人认为根本不是独立的词。不管怎么说，反正不能把它跟“铜、铁、锡”一起归到名词里头去。再举一个例子。“红、黑、红色、咖啡色、紫、灰、粉”都是说的颜色。其中“红”和“黑”可以做谓语（桃花儿红|屋里黑），可以受副词“很”修饰（很红|很黑），还可以重叠（红红的|黑黑的），是典型的形容

词。“红色”和“咖啡色”只能做主语、宾语，不能做谓语，也不受“很”修饰，显然是名词，不是形容词。“紫、灰、粉”不能做谓语，不受“很”修饰，也不能做主宾语，它不是形容词，也不是名词。（有人认为是形容词的一种，管它叫非谓形容词。这种说法不妥当。这个问题我们呆一会儿还会谈到。）

客：这种例子确实不少。譬如“战争”就是“打仗”，可是“战争”是名词，而“打仗”是动词。不过照你这样说，词类和词义之间是不是毫无关系了呢？

主：不，有关系。语法性质相同的词，意义上往往有共通之处。通常说名词表示事物，动词表示动作、行为、变化，形容词表示性质、状态之类的话虽然不够准确，大体上也不算错。不过我们不能倒过来说表示事物的词是名词，表示动作、行为、变化的词是动词，表示性质、状态的词是形容词。因为我们实在没有办法给这些语义概念下明确的定义。什么叫事物，什么叫动作、行为、变化，什么叫性质、状态，它们之间的界限在哪里，可以引起无穷无尽的哲学式的讨论，永远得不到解决。

客：那末我们应该根据什么来划分词类呢？

主：划分词类的根据只能是词的语法功能。

客：你这个话是不是专就汉语说的？

主：是就汉语说的，不过对于别的语言也一样适用。

客：这我就不懂了。印欧语的词类不是根据词的形态变化划分出来的吗？

主：我们可以根据形态给印欧语的词分类，可是归根结柢还是根据语法功能。譬如英语用后缀 s（实际语音形式是 -s、-z、-iz）

表示名词复数。我们可以根据这一点来确定英语的名词一类。这看起来是根据形态分类,实际上仍旧是根据功能。因为凡是能加表示复数的后缀 s 的词在句子里的语法功能是一致的。而且正因为这样,分出来的类才是有价值的。要是根据形态分出来的类并不能反映句法功能,这种分类就没有意义。譬如说俄语动词有两种变位法,名词变格有三种类型。如果我们根据这些区别来给俄语的动词和名词分小类,虽然根据的也是形态,这样划分出来的类在句法上就没有多大价值,因为它完全不反映句法功能。另外一方面,即使在印欧语里,也有少数词没有形态标志,例如英语的名词 sheep(羊)后边不能加表复数的后缀,俄语的名词 пальто(大衣)没有格的变化。可是讲英语和俄语语法的人仍旧把这些词归入名词。这个时候就是根据句法功能来确定词类的。总之,我们能够根据形态划分词类,是因为形态反映了功能。形态不过是功能的标志。打一个比方来说。军人穿军服,学生穿制服,普通人穿便服,一看衣服的式样(形态)就知道他的身分(词类)。在没有形态或是形态不丰富的语言里,就好像大家都穿一样的衣服。要确定他们的身分就不能根据服装的式样而要根据他们从事的工作(功能)。

客:近年来出版的汉语语法书好像也都承认划分词类的主要根据是词的语法功能,不过同时又强调意义是"重要的参考标准",有的书上还说意义和功能应该并重,二者不能偏废。你觉得这些说法有道理吗?

主:对这类说法很难发表意见。因为这些著作说到意义是划分词类的重要参考标准时，没有说明该如何参考；说到意义和功能应该并重，不能偏废的时候，也没有交代怎么样才算并重，怎么样就算偏废。

客：难道你真的认为划分词类的时候，词义连一点参考价值都没有吗？

主：是的。严格说起来，词义是没有地位的。不过有一点应该说明。从理论上说，划分词类只能在确定了词的同一性问题的基础上进行。在确定词的同一性问题的时候，当然要考虑意义。

客：词的同一性问题指的是什么？

主：指的是在不同的句法环境里出现的几个词到底应该算同一个词，还是算不同的词的问题。

客：这跟划分词类有什么关系呢？

主：有关系。举一个例子来说：

(1) 人总是要死的。

(2) 别把话说死。

(1) 里的"死"是失去生命的意思，(2) 里的"死"是不活动、不灵活的意思。如果我们认为这两个"死"意义不同，是两个不同的词，那末在给"死"划类的时候，就必须把这两个"死"区分开，作为两个不同的词看待，并且根据它们各自的语法功能确定其所属的词类。譬如认为(1)里的"死"是动词，(2) 里的"死"是形容词。如果我们认为"死"的两种意义之间有联系，不活动、不灵活是由失去生命的意义引申出来的，那就是把(1)(2)里的"死"看成同一个词。这个时候就要把(1)(2)两类意义上的"死"的种种语法功能合在一起作为同一个"死"的功能，并且由此确定其所属的词类。采取这种观点，我们可能说“死”兼属动词和形容词两类。由此可见，划分词类只能根据功能，只有在确定词的同一性问题时，才牵涉到意义。

客：好。我想暂时把词义问题放下，请教另外一个问题。我们一直在谈论词的语法功能，所谓语法功能究竟指的什么？

主：简单一点说，指的是词和词之间的结合能力。例如通常说的形容词可以放在名词前头做修饰语，可以放在名词后头做谓语，可以受程度副词（“很、挺、太”之类）修饰等等。说得准确一点，一个词的语法功能指它所能占据的语法位置的总和。要是用现代语言学的术语来说，就是指词的（语法）分布（distribution）。

客：我们一开始讨论的时候，你曾经说过：划分词类的目的是把语法性质相同或者相近的词归在一起。语法性质指的什么？跟语法功能是不是一个意思？

主：是的。语法性质的说法比较好懂，不过含义不太明确。精确的说法是语法功能或分布。

客：我的问题是你当时为什么不光说“语法性质相同”，而要说“相同或者相近”？

主：因为属于同一个词类的词，语法功能不一定完全相同。譬如说同是动词，有的能带宾语（及物动词），有的不能（不及物动词）。当然也有一些词语法功能几乎完全一样，譬如名词里的“桌子”和“椅子”。

客：“桌子”只能在“一张”后头出现，不能在“一把”后头出现，“椅子”正好相反。怎么能说它们的功能完全相同呢？

主："桌子"和"椅子"对于具体的量词的选择虽然不同，可是能在量词这一类词后头出现却是一致的。换句话说，名词作为一个类总是能在量词这个类后头出现。我们说词的语法功能或者语法分布时，是对抽象的词类说的，不是对一个一个具体的词说的。

客：你刚才说属于同一个词类的词的语法功能不一定完全相同。我觉得属于不同的词类的词的语法功能也不一定完全不同。是不是？

主：是的。同类的词必须有共同的语法功能，异类的词必须有互相区别的语法功能。说同类的词有共性，并不是说同类的词语法功能完全相同。例如及物动词和不及物动词都是动词，但是在能不能带宾语这一点上有区别。异类的词必须有互相区别的个性，这也不是说异类词之间就毫无共性。例如动词和形容词虽是两类，也有某些共同的语法功能，譬如说都能做谓语，都能受副词修饰等等。因为同类的词语法功能不尽相同，所以大类之下可以分小类(例如动词可以分及物动词和不及物动词)，因为异类词之间也可能有某些共同的语法功能，所以大类往往可以归并成更大的类(例如动词和形容词可以归并为谓词)。讨论词类问题，一定要把词类的共性和个性区分清楚，否则会引起逻辑上的混乱。

客：这两个概念的区别十分清楚，怎么会弄混呢？

主：这也难说。有的语法书上在说到名词的"语法特点"的时候，举的是(1)能够做主语、宾语，(2)能够受定语修饰，(3)能够受数量词修饰之类。无论是(1)(2)还是(3)，确实都是名词的语法功能，就是说都是名词的共性（所有的名词都有这些功能）。可是这三条里没有一条称得上是名词的语法特点（个性），因为这些语法功能，动词和形容词也有，例如：

（3）他的笑是有原因的。（动词做主语并且受定语修饰）

（4）有两种快，一种是快而不好，一种是又快又好。（形容词受数量词修饰）

要是用这三条作为划分名词的标准，那末通常认为是动词和形容词的那些词几乎全都得归到名词一类里去。

客：你举这个例子的意思是说一个词类的分类标准必须真正反映这一类词的语法特点。这岂不是废话吗？

主：不错，是废话。不过在以前关于词类问题的讨论里，这一点常常成为问题的症结。所以尽管是废话，也还是不能不说。很多语法书都提到词类的"语法性质"和"语法特点"（或称特征）。这显然是不同的概念。一个词类的语法性质应该指这一个词类的全部语法上的共性。既然是全部共性，其中当然也包括这个词类跟别的词类之间的某些共性在内。词类的语法特点指的是仅为此类词所有而为它类词所无的语法性质，即指这个词类所以区别于别的词类的个性。这里说的"个性"是跟别的词类对比时说的，对本类词说，这种个性也还是共性。因为一个词类的语法特点应该也是这个词类的所有成员都具备的。换句话说，一个词类的语法特点必然是这个词类的全部语法性质里头的一部分，而划类标准又是语法特点里头的一部分。要是我们用 u 表示一个词类的全部语法性质，用 v 表示这个词类的全部语法特点，用 w 表示划类标准，那末 $u>v>w$。

客：要是把全部语法特点都拿来作为分类的标准，岂不是更好吗？为什么只从里头选择有限的几条呢？

主：因为一个词类的语法特点不容易列举完。就算能全部列举出来，也一定很复杂，不适宜作为分类标准。

客：选择的分类标准不同，划分出来的类的范围就不会完全一样。那末选择分类标准的时候应该遵循什么原则呢？

主：原则是由此建立起来的词类在语法功能上要有足够多的共同点，同时跟别的词类之间又要有足够多的不同点。总之，要能够充分地反映出词的分布情况。

客：这样说起来，划分词类这件事似乎有一定的相对性。

主：是的。所以我们千万不要天真地以为世界上任何一种语言都一定是天造地设的八大词类，一个也不多，一个也不少；也不要以为一个词属于哪一个词类是绝对的，毫无活动余地的。

客：你说的后一层意思我还没有领会。

主：假定说，我们用标准甲划分出名词一类，用标准乙划分出动词一类。很可能有一部分词既符合标准甲，又符合标准乙。为了

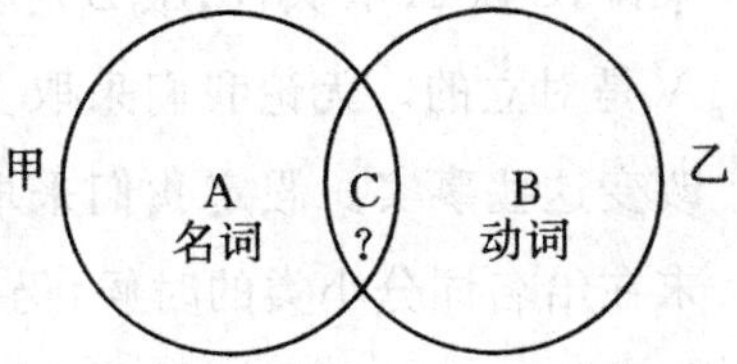

说得清楚一点，最好画个图。图里的 A 当然是名词，B 当然是动词。问题是 C 这一部分该怎么处理。从理论上说，有四种办法可供选择。(1)认为 C 既是名词，又是动词，就是说兼属名动两类。这个时候的划类标准是：

符合甲的是名词：A+C

符合乙的是动词:B+C

C兼属名词和动词两类。(2)认为C是名词和动词以外的另一类词,采取这种办法的划类标准是:

符合甲而不符合乙的是名词:A

符合乙而不符合甲的是动词:B

既符合甲又符合乙的是另一类词:C

(3)认为C是名词,不是动词。划类标准是:

符合甲的是名词:A+C

符合乙不符合甲的是动词:B

(4)认为C是动词,不是名词。划类标准是:

符合乙的是动词:B+C

符合甲而不符合乙的是名词:A

在这个例子里,A、B、C三部分词语法功能的异同是客观事实。无论根据标准甲还是标准乙,A和B都是对立的。对甲来说,C跟A有共性,跟B对立;对乙来说,C跟B有共性,跟A是对立的。无论我们采取上述四种办法的哪一种,都不能改变这些事实。假定我们采取(3),把C归入名词一类。那末在给名词分小类的时候,仍旧得把C和A区分开,因为它们的语法功能不同。假定我们采取(4),把C划归动词,在给动词分类的时候,也可能还要把C和B分开。至于这四种办法到底该选择哪一种,那要根据A、B、C三部分的全部语法功能来衡量,看哪一种分类办法能够最充分地反映它们的语法分布情况。

客:我记得在第一次讨论里,你提到传统汉语语法的词类划分曾经受到印欧语语法特别是英语语法的影响。你认为这种影响现在还存在吗?

主:传统观念的势力是很大的,一直到现在我们还会不自觉地受它的影响。

客:请你举些事实来说。

主:在上一次讨论里,我们就说过,英语的动词和形容词不能直接做主宾语,只有通过构词手段或者句法手段转化为名词性成分之后才能在主宾语的位置上出现。有的汉语语法著作受了这种影响,总要想方设法地把主宾语位置上的动词和形容词解释成名词。近些年来的名物化的说法显然是这种影响的继续。还有,早期汉语语法著作把做定语的名词看成形容词,也是很明显的例子。近来很少有人再这么说了,可是这种观点的影响依然存在。

客:何以见得呢?

主:把"金、银、男、女、雌、雄、西式、大型、慢性、彩色"一类词称为"非谓形容词"就是一种表现。这一类词跟典型的形容词很少有共同点。管它叫形容词的唯一根据恐怕是因为能做定语。要是光凭能做定语一点就可以把它归到形容词里头去,那末经常做定语的名词岂不是也同样有理由叫非谓形容词吗?按逻辑说,只有划定了大类以后才能谈到划小类,把"金、银、男、女"等等看成是形容词的一个小类,首先要明确什么是形容词。可是在讨论非谓形容词的论述里,往往把这一点略过不提。这大概是因为按照印欧语的观点,把经常修饰名词的词看成形容词是理所当然的事。

客：既然不能算形容词，这类词该怎么处理呢？

主：这类词语法功能上的特点是只能修饰名词或者在"的"字前头出现。（"一男一女""急性好治，慢性难治"之类对举的说法不算。）

客：名词、形容词、甚至还有一部分代词不是也能在这两种位置上出现吗？

主：不错。可是名词和形容词还能在别的语法位置上出现。"金、银、男、女"等等的特点是只能在这两种位置上出现。它既不同于形容词，也不同于名词，应该看成是名词和形容词以外的一个独立的词类。这个类是传统的"八大词类"里没有的。要是起名字的话，可以叫区别词。

客：能不能请你再谈谈副词的问题。

主：刚才已经说过，能够做状语的不限于副词，因为形容词也能做状语。要是把状语位置上的词都看成副词，那末跟形容词的界限就划不清了。比较合理的办法是把副词定义为只能做状语的词。"只能做状语"这句话蕴含着两项语法特征：一是能做状语，二是不能做其他句法成分。

客：按照这种分类标准，"忽然"是副词，因为它只能做状语。"突然"就不能算副词，因为它至少还可以做谓语（这件事很突然），大概得算形容词。这么处理是不是有点别扭？

主：你觉得别扭，大概是因为这两个词意思差不多，不应该一个算副词，一个算形容词。我们不是已经说过，表示类似的概念的词语法功能不一定相同吗？你自己就举过"战争"是名词、"打仗"是动词的例子。你怎么忘记了。

客：这倒不是健忘，恐怕是先入为主的老观念在作祟。近来浏览一些讨论汉语词类的文章。有些意见似乎以前还没有人说过。譬如有人提出可以用逻辑上的排它证明来解决一些不容易处理的问题。作者举的例子是“必然”。他说：“必然”不可能是名词、动词和代词，也不可能是数词和量词。剩下来只有两种可能：或者是副词，或者是形容词。要直接证明它是形容词，找不到充足的理由。可是我们可以根据它能修饰名词（必然产物、必然趋势）这一点确定它不是副词，这就从反面证明了它只能是形容词。

主：这种推理本身就不合逻辑。因为按照这种推理，我们也可以先根据“必然”不能做谓语、不受“很”修饰等等确定它不是形容词，然后用归余的办法证明它只能是副词。这个例子说明一个道理：把一个词归入某个词类里去，必须符合这个词类的分类标准。绕开分类标准，用走后门的办法把它硬塞进去是不行的。

客：道理确实是这样，不过“必然”到底该归在哪一类里呢？

主：“必然”只在三种位置上出现：(1) 状语（必然失败）、(2) 定语（必然趋势）、(3)“的”字前头（必然的趋势|这是必然的）。这正好相当于区别词和副词的分布的总和。所以最合理的办法是把它看成区别词兼副词。在状语位置上是副词，在其他位置上是区别词。“共同、自动、高速、长期、局部”等等跟“必然”的情形相同。

客：这确实要比说它是形容词合理得多。最后我想再请你谈谈动词和形容词名词化的问题。从这两次的讨论来看，你好像是不同意名词化的说法的。

主：我认为汉语里凡是真正的名词化都有形式上的标记，主宾语位置上的动词和形容词形式没有改变，说它已经转化为名词是不妥当的。

客：所谓真正的名词化指的是什么？

主：在谓词和谓词性词组后头加上“的”转化为名词性成分才是真正的名词化。“的”可以看成是名词化的标记。

客：说主宾语位置上的动词和形容词名词化也不单是从意义上考虑，也有一些形式上的根据。例如可以受定语修饰，可以用名词代词去复指等等。在谓语位置上的动词、形容词就不可能有这些形式。对比之下，更可以说明主宾语位置上的动词和形容词已经名词化了。

主：这只能说明受定语修饰跟用名词、代词复指的时候整个格式变成了名词性成分，并不能说明其中的动词、形容词本身已经名词化了。举例来说：

(5) 他的去是有道理的。

(6) 自杀这种事这一带很常见。

这两个句子里的“他的去”和“自杀这种事”既不受副词修饰，也不能做谓语，显然是名词性成分。可是这一点也不能证明其中的“去”和“自杀”已经转化成名词，因为还可以说：

(7) 他的不去是有道理的。

(8) 跳海自杀这种事这一带很常见。

客：我记得黎锦熙先生曾经说过：单个儿的动词形容词做主宾语时，“干脆说，就是名词”。如果前后带着状语、宾语、补语等等,那末,整个词组是名词性的,其中的动词和形容词的语法性质不变,仍是动词形容词。

主:按照这个说法,不但谓语位置上的动词和形容词跟主宾语位置上的动词和形容词性质不同,就是主宾语位置上的动词和形容词性质也是不确定的,也要转类,而且转得非常厉害。比较:

(9) 去是有道理的。

(10) 不去是有道理的。

(11) 暂时不去是有道理的。

(12) 他暂时不去是有道理的。

(13) 他的去是有道理的。

(14) 他的不去是有道理的。

(15) 他的暂时不去是有道理的。

动词“去”在(9)里转成了名词,在(10)(11)(12)(14)(15)里又还原为动词,在(13)里又变成了名词。动词词组“不去”在(10)里转成了名词性词组,在(11)(12)(15)里又还原为动词性词组,在(14)里又变成了名词性词组。动词性词组“暂时不去”在(11)里转成了名词性词组,在(12)里又还原为动词性词组,在(15)里又变成了名词性词组。这样绕来绕去,不但理论上缺乏根据,对于学习的人说,也是不好理解,难于掌握的。

客:我记得你在什么地方说过有一部分动词和形容词兼有名词的性质。“编辑”和“报告”都指动作(行为),可是“编辑”有时指人,“报告”有时指文件。你说有的动词兼有名词的性质,是不是指这一类情形?

主:不是的。“编辑”、“报告”之类动词的两种意义完全不同,应该看成不同的词。指动作的是动词，指人或事物的是名词。我说有的动词和形容词有名词的性质指的是另外一种情形。我们知道，名词可以做动词“有”的宾语(A)，可以不带“的”字直接修饰名词(B)，也可以受其他名词直接(不带“的”字)修饰(C)。这几点都是一般动词做不到的。可是有些双音节动词具备这三项功能，例如：

A	B	C
有研究	研究方向	历史研究
有变化	变化过程	化学变化
有准备	准备时间	精神准备
有调查	调查方法	农村调查
有领导	领导能力	政治领导

可见这些动词兼有名词的性质。为了跟一般动词相区别，可以管它叫“名动词”。有些形容词也具备 A 和 C 两项功能。(不提 B 是因为差不多所有的形容词都有 B 项功能，B 对于形容词没有鉴别作用。)例如：

A	C
有困难	经济困难
有危险	生命危险
有自由	婚姻自由

这些形容词兼有名词的性质，可以称为“名形词”。我说有的动词和形容词兼有名词的性质就是指的名动词和名形词。

客：名动词和名形词是具有名词性质的动词和形容词。按照你说的划分词类的相对性的道理，也可以把它们看成是具有动词和形容词性质的名词。换句话说，可以管它们叫动名词和形名词。你舍此而取彼的根据是什么？

主：两种处理办法的实质是一样的。不过选择哪一种办法跟我们怎么给名词、动词、形容词下定义有关系。如果我们把这两类词看成是名词里的小类，那末一开始给名词下定义的时候就得把这些词包括进去。换句话说，要把(A)(B)(C)三项功能直接地或者间接地包括到名词的分类标准里去。就实际情形说，这样做比较费周折，所以我们不采取这种处理方法。

客：我看还有一种处理方法。就是把名动词解释为动词兼名词，把名形词解释为形容词兼名词。

主：是可以这样处理。不过这种办法有一个缺点。一个词如果兼属甲乙两类，我们总能确定它在哪些语法位置上表现为甲类词，在哪些位置上表现为乙类词。可是当单个儿的名动词和名形词处于主语或某些动词的宾语位置上的时候，我们没有办法确定它到底是动词、形容词，还是名词，例如下边两句里的“调查”和“困难”：

(16) 调查很重要。

(17) 我不怕困难。

要是采取名动词和名形词的说法，就无需回答这样的问题。

客：汉语的动词和形容词在语法功能上是跟名词对立的。说有的动词和形容词兼有名词的性质是不是自相矛盾？

主：不矛盾，因为我们并没有说所有的动词和形容词都兼有名词的性质。英语动词的不定形式和分词形式也都兼有动词和名词双重性质。所以 Otto Jespersen 曾经把英语动词的分词形式比喻为动词和名词的混血儿。汉语的名动词和名形词是类似的现象。

客：最后我还想提一个问题。能够用来鉴别名动词和名形词的动词，除了“有”以外还有哪些？

主：能够鉴别名形词的只有一个“有”。能够鉴别名动词的，除了“有”以外，还有“进行、受到、加以、予以”等等。这些动词所要求的宾语在音节数、意义和词类几方面都受到限制。从音节数上说限于双音节词，在意义上必须是表示动作、行为的，从词类上说限于名词（例如“进行战争”、“进行手术”里的“战争”和“手术”）和名动词。不过因为表示动作的纯名词很少，所以这类动词的宾语事实上都是名动词。

叁 主语和宾语

客：这一次我想向你请教关于主宾语的问题。你上次说划分词类只能根据词的分布，不能根据意义。在确定句子的主语和宾语的时候，总不能不管意义了吧。这两天我浏览了一下五十年代关于主宾语问题的文章。尽管众说纷纭，归纳起来也不外两派意见。一派主张根据意义区分主宾语，一派主张根据词序区分主宾语。举例来说：

（1）台上坐着主席团。

（2）这个字谁不认识？

（3）明天我们开会。

词序派认为动词之前的名词一律是主语，动词之后的名词一律是宾语。上边三句里的“台上”“这个字”“明天”都在动词前边，所以都是主语。意义派主张根据施受关系区分主宾语。（1）的“主席团”、（2）的“谁”、（3）的“我们”都是施事，所以是主语。（2）的“这个字”是受事，应该看成提前的宾语。这两种说法谁是谁非，我没有能力判断。不过按常识来说，句子既然都是有意义的，分析句子的结构自然也不能完全离开意义。单凭词序区分主宾语，是不是把问题简单化了？

主：意义派根据施受关系区分主宾语，把主语限定为指施事，把宾语限定为指受事。可是句子里头名词跟相关的动词之间意义上的联系是各种各样的，并不是只限于施事和受事两类。例如：

(4) 他写了一首诗。

(5) 那幢房子早就拆掉了。

(6) 这位同学我没跟他说过话。

(7) 每人给一样礼物。

(8) 凉水洗不干净油腻。

(9) 你的钥匙开不了我的锁。

这些句子里句首的名词性成分跟动词之间意义上的关系各不相同。(4) 的“他”是施事，(5) 的“那幢房子”是受事，(6) 的“这位同学”和 (7) 的“每人”都是施事、受事以外的相关对象，可以称为与事。(8)(9) 里的“凉水”和“你的钥匙”都是工具。如果把主语限定为只指施事，把宾语限定为只指受事，那就没有办法解释(6)—(9)等句式了。为了解决这个困难，有人特为给这一类句式里指与事和工具的名词性成分起了一个名称，叫关系语。关系语是主语、宾语以外的另一种句法成分。

客：这倒很巧妙。多立一个名目，解决了大问题。

主：恐怕不见得。这种办法的实质是认为主语、宾语、关系语等等句法成分跟施事、受事、与事、工具等语义类之间存在着简单的对应关系，凡主语都指施事，凡宾语都指受事，凡关系语都指与事或工具。如果真是这样，那末主语、宾语等等跟施事、受事等等岂不就是一回事，我们可以直接管主语叫施事、管宾语叫受事、管关系语叫与事、工具，何必另立主语、宾语、关系语等等名目呢？这种办法的实质是取消句法成分的概念，完全根据语义来分析句子。不过事实上还从来没有人能把这种主张贯彻到底。

客：为什么？

主：按照这种主张，只要是施事，不管在动词前头（主席团坐在台上）还是在动词后头（台上坐着主席团），都算主语。只要是受事，不管在动词后头（我念过这本书）还是在动词前头（这本书我念过），都算宾语。如果能贯彻这条原则，倒也不失为一种主张。可是碰到与事和工具的时候，又放弃了根据意义区分句子成分的原则，认为只有在动词前头的与事和工具才算关系语，动词后头的与事和工具一律算宾语，不算关系语。例如：

(10) 给每人一样礼物。

(11) 我喜欢洗凉水。

(7)和(10)里的"每人"都是与事，(8)和(11)里的"凉水"都指工具，只是因为在句子里的位置不同，(7)(8)里的"每人"和"凉水"算关系语，而(10)(11)里的"每人"和"凉水"算宾语。说也奇怪，本来是坚持根据意义区分主宾语的，结果反而走到词序派的路上去了。

客：我记得主张按施受关系区分主宾语的人里，也有把动词前头指与事和工具的名词性成分看成主语的。

主：是的。有人承认与事和工具可以做主语，可是仍旧不承认受事可以做主语，这只能说是一种硬性的规定，没有什么道理可说。而且当与事和工具在动词后头出现的时候，又不说它是主语，而说它是宾语了。在这一点上，跟"关系语"一派的情形完全一样，都不自觉地跟词序派合流了。

客：看得出来，你是不同意根据意义区分主宾语的。那末你当然是词序派了。

主：词序派的结论我大体上可以接受，可是我不能算词序派，因为在我看来，区别主语和宾语的关键并不在于位置的前后。

客：这个话我不懂，能不能请你解释一下？

主：好。我们先来看看区分主宾语这件事的实质是什么。我们知道，主语是对谓语说的，宾语是对述语说的。主语和宾语之间在结构上没有直接的关系。从表面上看，"张老师教地理"里的动词"教"一头牵着主语，另一头牵着宾语，好像二者处在同一个平面上。其实主语"张老师"是跟谓语"教地理"发生关系的，宾语"地理"是跟述语"教"发生关系的。主语后头一定有谓语，可不一定有宾语；宾语前头一定有述语，可也不一定有主语。（例如"教地理的张老师来了"里述语"教"后头有宾语，前头没有主语。）所以确定句子里一个成分是主语还是宾语，实际上就是确定包含这个成分的结构是主谓结构还是述宾结构的问题。

客：那末主谓结构和述宾结构的区别到底在哪里？我们有什么办法区分这两类不同的句法结构呢？

主：对语法学家来说，这是一个复杂的问题。目前还没有人能够给主谓结构、述宾结构等等基本语法概念下严格的定义。这就如同现代生物学家也不能给生命、动物、植物等等基本生物学概念下严格的定义一样。可是对于从小就说汉语的普通人来说，问题反而比较简单。他们凭自己的语感就能判断哪些句法结构是同类型的，哪些是不同类型的，尽管他们不一定意识到这一点，更不一定知道主语、宾语、主谓结构、述宾结构等等名目。举例来说：

(a) 买票　(b) 住人　(c) 票买了　(d) 人走了

在主张根据意义区分主宾语的语法学者看来，(a)和(c)是同类的结构，其中的"票"都是宾语，(b)和(d)是同类的结构，其中的"人"都是主语。可是在从小说汉语的普通人的感觉里，(a)和(b)是一类，(c)和(d)是另一类。他们自己不一定能把这种语感明白地说出来。可是我们能够从他们的语言行为里观察到这一点。比较：

买票	住人
不买票	不住人
买不买票	住不住人
买票不买	住人不住
没买票	没住人
买票没有	住人没有
买了票了	住了人了
买一张票	住一个人
买他几张票	住他几个人
买不了票	住不了人

(a)和(b)这种结构上的平行性表明它们是同类型的结构。本地人的语感正是从这里来的。(当然也可以说，这种结构上的平行性是本地人语感的体现。)跟(a)(b)一样，(c)和(d)之间也存在结构上的平行性，而(a)(b)和(c)(d)之间却缺乏这种平行性。可见(c)(d)跟(a)(b)是不同类型的结构。

客：我看得出你选这四个例子是有用意的。(a)和(c)里的“票”都是受事，(b)和(d)里的“人”都是施事。可是从结构上说，(a)(b)是一类，都是述宾结构；(c)(d)是另一类，都是主谓结构。由此可见不能根据施受关系来区分主宾语。还有，主宾语的区别也不是单纯由位置决定的。“住人”的“人”之为宾语，不只是因为它的位置在动词后头，更重要的是因为“住人”跟典型的述宾结构如“买票”之类在结构上是平行的。我这么说，你看对不对？

主：很对。五十年代讨论主宾语问题的时候，主张按施受关系确定主宾语的人批评词序派，说他们完全根据位置定主宾语是形式主义。其实词序派的结论有比词序更深刻的根据。可惜词序派当时没有认识到这一点，总觉得自己有点理亏。现在看起来，词序派这个名称本身就不妥当。

客：词序派的意见也不见得都对。譬如说他们把动词前头指时间和处所的名词性成分也看成主语。这一点很多人不能同意，我也觉得很勉强。这一类成分说明动作发生的时间或者处所，明明是修饰成分，应该看成状语才是，怎么能说是主语呢？

主：在印欧语里，这一类成分都是副词性的，确实是状语。学过印欧语语法的人往往把这一点作为普遍的原则接受下来，以为所有的语言都是如此。你显然也受了这种观念的影响。其实这只是一种偏见。

客：你好像在这一点上也是同意词序派的主张的。那末我倒要问你，你认为汉语句子里动词前边表示时间和处所的词语不是修饰语而是主语，你的根据是什么？

主：我并不认为这类成分全是主语，不过其中确实有很大一部分应该看成主语。你问我根据是什么，根据是包含这一类成分的格式跟主谓结构之间存在着一系列平行现象，而这类格式跟偏正结构之间却没有多少共同点。举一个例子来说（前边加*号的句子是不能成立的）：

他们种树(A)	今天(这儿)种树(B)	马上种树(C)
他们不种树	今天(这儿)不种树	*马上不种树
他们种不种树	今天(这儿)种不种树	*马上种不种树
他们没种树	今天(这儿)没种树	*马上没种树
他们种树没有	今天(这儿)种树没有	*马上种树没有
他们是不是种树	今天(这儿)是不是种树	*马上是不是种树
他们也许种树	今天(这儿)也许种树	*马上也许种树
他们要是种树…	今天(这儿)要是种树…	*马上要是种树
他们不但种树…	今天(这儿)不但种树…	*马上不但种树
他们所种的树…	今天(这儿)所种的树…	*马上所种的树

A是主谓结构，C是偏正结构，B是我们正在讨论的动词前头有表示时间或处所词语的格式。从意义上看，好像B跟C相近；可是B和A有一系列互相对应的平行的格式，而B和C之间却没有多少共同点。这就是我们把B看成主谓结构不看成偏正结构的主要根据。

客：你说B和C没有多少共同点，我看也不见得，譬如说：

今天种树(B)	马上种树(C)
是不是今天种树	是不是马上种树
也许今天种树	也许马上种树
要是今天种树…	要是马上种树…

应该今天种树	应该马上种树

主：你举的这些对应格式，A式也有：

他们种树(A)	马上种树(C)
是不是他们种树	是不是马上种树
也许他们种树	也许马上种树
要是他们种树…	要是马上种树…
应该他们种树	应该马上种树

可见这是主谓结构跟以动词为中心语的偏正结构共同的地方(都是谓词性成分)。光凭这些对应格式，不足以断定B跟A相近，还是跟C相近。

客：我承认你讲的多少有点道理。不过在我接受你的观点之前，还要再仔细想一想。你刚才说动词前头表示时间和处所的词语不全是主语，你指的是哪种情形？

主：主要指"炕上坐、屋里谈"一类格式。

客：这类格式跟上边讨论的"今天种树、这儿种树"有什么不同？

主：不同的地方是这类格式缺少跟主谓结构相对应的平行格式。例如没有："* 炕上坐没有|* 炕上是不是坐|* 炕上要是坐|* 炕上不但坐"的说法。此外，这类格式的重音只能在前边的处所词上。这一点也跟主谓结构不同。比较：

A	B	C
你们 'diff谈	'屋里谈	'马上谈
你们 '坐	'炕上坐	好 '好儿坐
我们 '去	'明天去	'也许去

A组是主谓结构，重音在后头的谓语上；C组是偏正结构，重音在前头的状语上。B组重音在前，同于C组而不同于A组。这

一点也证明B组是偏正结构。“ˈ明天去”也可以说“明天ˈ去”。两种形式意思不同。“ˈ明天去”回答问题“哪天去?”,“明天ˈ去”回答问题“明天去不去?”。按照上文的看法,“ˈ明天去”里的“明天”是状语;“明天ˈ去”里的“明天”是主语。

客:好。这个问题就讨论到这里。对词序派还有一种批评:要是不管意义,完全根据位置(按你的说法,是根据结构)区分主宾语,那末主语和宾语就成了两个毫无意义的名称。稍微给点意义就要出问题。比如通常说主语是句子的话题。在词序派确认的主语里有的就不像话题,例如“前天有人从太原来”里的“前天”,“一会儿又下起雨来”里的“一会儿”。要把它解释为话题是很牵强的。对于这种批评,你怎么看?

主:这种批评是指责词序派完全根据形式确定出来的主语或宾语没有明确的语法意义。那末我们可以反过来问,意义派根据施受关系确定出来的主语或宾语是不是就有明确的语法意义呢?如果主语都指施事,宾语都指受事,问题就简单了,可惜这种概括不符合事实。我们刚才谈到过,动词后头表示受事、与事、工具、处所的名词性成分,意义派也承认是宾语。这种包罗万象的宾语有什么共同的语法意义呢?通常说,宾语是受动作支配、影响的对象,那末把“洗凉水、晒太阳、飞北京”里的宾语“凉水、太阳、北京”解释为受“洗、晒、飞”等动作支配的对象,这样的概括算不算牵强呢?我们所以碰到这种麻烦,是因为主语和谓语、宾语和述语之间意义上的关系十分复杂。要对这种复杂的关系进行概括是很困难的。说得太具体了必然缺乏普遍性;要有普遍性,就不免显得抽象、空洞。这本来是无可奈何的事，不管你用什么标准确定主宾语，都会碰到这个困难。所以像主语是话题、主题、陈述的对象一类的话，只能从最宽泛的意义上去理解。按照这种看法，我们就不妨说“前天有人从太原来”的“前天”是话题。当我们把“前天有人从太原来”跟“昨天有人从西安来”对比着说的时候，就更可以看出把这类句子里的时间词语解释为话题并不是很牵强的。

客：你对于主宾语问题的看法，现在我多少有点了解了。不过我还有一个问题要请教。在上边的讨论里，我们提到过许多概念，像主语、宾语、施事、受事、与事、工具、话题之类。其中主宾语是句法概念，其余的都是语义概念。在语义概念里，施事、受事、与事等等似乎又跟话题、陈述有区别。你能不能把这些概念的性质以及它们之间的关系解释一下。

主：这个问题提得很好。五十年代主宾语问题讨论中曾经出现许多胡涂想法，其中有一些就是由于没有把这些概念的性质弄清楚引起的。进行语法分析，一定要分清结构、语义和表达三个不同的平面。结构平面研究句子里各部分之间形式上的关系。语义平面研究这些部分意义上的联系。表达平面研究同一种语义关系的各种不同表达形式之间的区别。这三个方面既有联系，又有区别，不能混为一谈。在上边提到的那些概念里，主语、宾语属于结构平面，施事、受事、与事、工具等等属于语义平面，话题、陈述属于表达平面。

客：话题、陈述也是从意义的角度说的，为什么要把它跟施事、受事等区别开，说它们属于不同的平面呢？

主：这最好举具体的例子来说：

(12) 李大夫(施事)去年用中草药给一位病人治好了关节炎。

(13) 这位病人的关节炎(受事),李大夫去年用中草药给他治好了。

(14) 这位病人(与事),李大夫去年用中草药给他治好了关节炎。

(15) 这种中草药(工具),李大夫去年用它给一位病人治好了关节炎。

(16) 去年(时间)李大夫用中草药给一位病人治好了关节炎。

这五个句子构造不同,意思也不完全一样,可是其中各个名词性成分跟主要动词之间的意义关系却始终维持不变:"李大夫"是施事,"中草药"是工具,"病人"是与事,"关节炎"是受事,"去年"是时间。这是从语义的平面说的。从表达的平面说,相同的语义关系可以用不同的形式来表达。上边五个句子里组成成分之间的语义关系是相同的,但是由于说话的人选择的主语不同,所以形式不一样。例如(12)选择施事作主语,(13)选择受事作主语等等。说话的人选来作主语的是他最关心的东西,这就是所谓话题,谓语则是对于选定的话题的陈述。可见通常说主语是话题,正是从表达的角度说的。至于说主语是施事、受事、与事等等,那是从语义的角度说的。话题可以因选择的主语不同而变化,可是不管话题怎么变,句子里各个成分之间的语义关系却始终维持不变。

客:这一点我现在弄明白了。你刚才说结构平面研究句子里各部分之间形式上的关系。所谓形式指的是什么?

主:这里说的形式是广义的,既包括有形的形式,例如词语的次序、停顿、轻重音以及某些虚词的有无等等,也包括无形的形式,例如词类、层次和可能的变换形式等等。我们把主谓结构、述宾结构、偏正结构等等看成不同类型的语法结构,根据的就是这些形式上的区别。举例来说,主谓结构至少有以下一些形式上的特征。第一,在正常情况下,主语的位置总是在谓语之前。第二,主语可以是体词性的,也可以是谓词性的,谓语一般总是由谓词性成分充任。第三,主语和谓语之间可以有停顿,这个时候主语后头还可以加上“啊、呢、吧、嚜”等语气词跟谓语隔开。第四,主语和谓语之间可以插入“要是、如果、虽然、即使”等连词。三、四两点都说明主语和谓语的联系是比较松的。第五,谓语部分可以变换成反复问的形式(他去~他去不去~他去没有~他是不是去)。

客:述宾结构形式上有什么特征?

主:第一,在正常情况下,宾语的位置总是在述语之后。第二,述语总是由动词充任的,宾语可以是名词性的,也可以是谓词性的。第三,跟主谓结构不同,述语和宾语的联系很紧,当中不能有停顿。第四,述语部分往往可以变换为反复问的形式(写信~写不写信)。第五,述宾结构可以受否定词“不”和“没(有)”修饰(写信~不写信~没写信)造成否定形式。第六,肯定形式和否定形式可以并列起来构成反复问形式(写信~写信不写(信)~写信没写(信)~写信没有(写信))。第七,如果宾语是名词性成分,前头可以加数量词(写信~写一封信~写几封信)。

客:主谓结构和述宾结构形式上的特征恐怕还不止你提到的这些。

主:当然,我不过是举些例子。我想要说明的是:区分主宾语——实质上也就是区分主谓结构和述宾结构——只能根据诸如此类的形式特征,不能根据施事、受事等语义概念。

客：这一点现在是清楚了。不过既然根据形式特征确定出来的主语都是话题，那末我们是不是可以用话题来给主语下定义呢？

主：这没有什么实际的意义。因为话题这个概念本身就缺乏明确的定义。一个语言成分算不算话题，可以引起无穷的争论。我们在讨论词类问题的时候说过，名词都指事物，可是不能反过来说指事物的是名词。这两方面的情形是类似的。

客：这次讨论恐怕该结束了。不过最后我还想提一个问题。最近看到 Charles Li（李讷）和 Sandra Thompson 的《汉语语法》（*Mandarin Chinese*）。这部书把话题（topic）、主语（subject）和宾语（object）分开，看成三个不同的句子成分。给话题下的定义包括以下三点：(1) 位置在句首，(2) 后头可以有停顿或者语气词，(3) 意义上表示陈述的主题。这正好相当于通常说的主语。这部书里说的主语指动作的发出者，相当于我们说的施事。宾语相当于我们说的受事。作者认为这三种成分可以同时在句子里出现，例如：

(17) 今天我买菜。

"今天"是话题，"我"是主语，"菜"是宾语。有的时候，话题跟主语或者宾语重合。例如：

(18) 我喜欢吃苹果。

(19) 苹果我不喜欢吃。

(18)里的"我"是话题，同时又是主语；(19)里的"苹果"是话题，同时又是宾语。此外，话题、主语、宾语不一定全都在句子里出现，例如：

(20) 那本书出版了。

(21) 我不吃。

(22) 进来了一个人。

(20)没有主语,(21)没有宾语,(22)没有话题,也没有宾语。你觉得这种说法有价值吗?

主:我看不出有什么价值。这种说法的实质是把语义平面上的概念施事和受事(在这部书里叫主语和宾语)跟结构平面上的概念主语(这部书里叫话题)揉在一起,一律作为句子成分看待。在我看来,这种做法从原则上说就是错误的。

客:为什么?

主:因为它混淆了结构和语义这两个不同的平面。此外,在语义概念里,只承认施事(主语)和受事(宾语)是句子成分,撇开与事、工具、处所、时间等等不论,这种做法也是很粗疏的。

客:有人评价不同,认为这是一种适合汉语实际的新体系。

主:评价可以不同,不过恐怕不能说是"新体系"。因为早在四十年前,吕叔湘《中国文法要略》里就有类似的说法。吕书认为句子里除了主语、宾语以外,还有所谓起词和止词,这是沿袭《马氏文通》的两个术语,分别指动作的施事和受事。(《马氏文通·外动字四之一》:凡受其行之所施者曰止词,言其行之所自发者曰起词。)只是由于这种说法对于分析汉语句法没有什么实际的好处,所以《要略》以后没有人再这么讲,吕氏自己也早就放弃了这个说法。

肆　定语、状语、补语和连动式、兼语式

客：上一次我们讨论了主语和宾语，这一次谈谈其他几种句子成分，好不好？

主：我不喜欢用句子成分这个名称，原因以后慢慢说，我们暂且管它叫句法成分吧。通常把主、谓、宾、定、状、补叫"六大成分"。这种说法很容易引起误解。句法成分是句法结构的组成部分。例如修饰语（包括定语和状语）和中心语是偏正结构的组成部分，述语和宾语是述宾结构的组成部分，主语和谓语是主谓结构的组成部分等等。要是把所有的句法成分都算进去，那就不止六大成分了，至少要增加中心语和述语两种。这还没有区别定语后边的中心语和状语后边的中心语，也没有区别宾语前边的述语和补语前边的述语。其实这些不同的结构里的组成成分性质本来不同，把它们区别开是很有理由的。现在用同一种名称指称两种不同的东西，只是因为我们没有立那么多名目，并不是因为它们之间有多少共同之处。此外，连动式也是一种基本句法结构；跟其他句法结构一样，也是由前后两个直接成分组成的。这两个组成部分当然也是句法成分，只不过我们没有给它立名目而已。

客：这样说起来，句法成分的数目就多了。

主：重要的不是数目。我想要强调的是句法成分只是句法结构的组成部分，讨论句法成分不能离开句法结构。主语是对谓语说的，宾语是对述语说的，定语、状语是对中心语说的，我们不能离开谓语谈主语，不能离开述语谈宾语，也不能离开中心语谈定语、状语。六大成分的说法撇开句法结构本身专举组成成分的名目，会使人忘记——至少是忽略——这些成分跟它相应的对立成分之间的密切联系。至于“六”这个数目不确切，犹其余事。用数目字概括政治工作中的某些要点，简单易记，是好办法，例如“三大纪律、八项注意”之类。可是把这个办法用在学术问题上就不见得合适。“八大词类、六大成分”的提法把复杂的问题简单化了，容易给人造成错误的印象。很对不起，我把你的话岔开了。现在请提问题吧。

客：我想要问的头一个问题是怎么区别定语和状语。一般书上给定语和状语下的定义好像都不大管用似的。

主：一般地说，在确定一个语法结构(ab)的组成成分(假定说是(a))在这个结构里的职能的时候，不仅要考虑它本身(a)的性质以及跟它对应的成分(b)的性质，还要考虑整个结构(ab)的性质。所以在确定一个偏正结构里的修饰语是定语还是状语时，应该考虑的因素有：

(i) 修饰语本身的性质，

(ii) 中心语的性质，

(iii) 整个偏正结构的性质。

这三项里的随便哪一项都可以选来作为给定语和状语下定义的根据，不过效果不一样。

客：你说的效果是指的什么？

主：指定义的概括能力，说得明白一点，就是管用的程度。比较起来，恐怕要算(i)的效果最差。

客：为什么？

主：要是选择(i)作为划分定语和状语的根据，我们就只能采取列举的办法，例如说：凡是由名词、人称代词、数量词充任的修饰语是定语，凡是由副词充任的修饰语是状语。

客：你没有提到形容词做修饰语的情形。

主：因为形容词做修饰语可以是定语，也可以是状语。例如“慢性子”的“慢”是定语，“慢走”的“慢”是状语。“周密的想法”里的“周密的”是定语，“周密的考虑一下”里的“周密的”是状语。可见光根据修饰语本身的性质是不可能把定语和状语的界限划清楚的。除此之外，这个定义还有一个缺点。我们给副词下定义的时候说只能做状语的词是副词。现在给状语下定义的时候，又说由副词充任的修饰语是状语，这是明显的循环论证。

客：一般语法书上说修饰名词的是定语，修饰动词和形容词的是状语。这是以(ii)作为划分根据的。这种定义管用的程度恐怕不见得比(i)高多少。

主：是的，因为修饰名词性成分的不一定是定语，例如：他都大学生了|你才傻瓜呢|刚好五个人；另一方面修饰谓词性成分的也不一定是状语，例如：群众的支持|温度的下降|价钱的便宜。这样的例子实在太多，所以这种定义没有多大价值。

客：有人认为“群众的支持|温度的下降|价钱的便宜”里的“支持、下降、便宜”已经名词化了，所以前边的修饰语是定语，不是状

语。这么说不是也很合理吗？

主：不过你要是问他何以见得“支持、下降、便宜”已经名词化了，他又会反过来说因为它们受定语修饰。这也是明显的循环论证。

客：(i)和(ii)的效果都不好，(iii)怎么样呢？

主：要是选择(iii)作为划分定语和状语的根据，那末可以把定语定义为：名词性偏正结构里的修饰语；把状语定义为：谓词性偏正结构里的修饰语。按照这个定义，“(他)都大学生了|(你)才傻瓜呢|刚好五个人”因为是谓词性偏正结构，所以其中的“都、才、刚好”是状语。“群众的支持|温度的下降|价钱的便宜”因为是名词性偏正结构，所以其中的修饰语是定语。有一点要特别申明一下。我们说“群众的支持”等等是名词性偏正结构，并不是像有的语法书上说的那样因为其中的“支持”名词化了或者名物化了，而是因为整个偏正结构本身是名词性的：它既不能做谓语，也不受副词修饰。选择(iii)为划分根据还可以合理地解释形容词做修饰语的情形。因为“慢性子”是名词性偏正结构，所以其中的“慢”是定语。“慢走”是谓词性偏正结构，所以其中的“慢”是状语。再如：

(1) 周密的想法
(2) 周密的调查一下
(3) 周密的调查这里的情况
(4) 已经周密的调查过了
(5) 进行周密的调查
(6) 周密的调查很重要

(1) 是名词性偏正结构，其中的“周密的”是定语。(2)—(4)

都是谓词性偏正结构，其中的“周密的”是状语。在(5)里，“周密的调查”做“进行”的宾语。由于“进行”这类动词对宾语的特殊要求，这个位置上的宾语“周密的调查”受到以下的限制：

第一，不能受副词修饰。例如不能说：* 进行马上周密的调查|* 进行立刻周密的调查。（只能说：马上（立刻）进行周密的调查。）

第二，动词“调查”后头不能带宾语。例如不能说：* 进行周密的调查这件事的经过|* 进行周密的调查一次。这些现象说明作为“进行”的宾语的“周密的调查”是名词性偏正结构。根据定义，其中的“周密的”应该是定语。在(6)里，“周密的调查”在主语位置上。因为名词性成分和谓词性成分都能做主语，所以这个“周密的”可以解释为定语，也可以解释为状语，不过不同的解释在语义上有细微的差别。

客：我看你这个定义还是有毛病。

主：为什么？

客：举例来说，“这个人黄头发”里的“黄头发”占据谓语的位置，应该算是谓词性偏正结构。根据你的定义，这个“黄”应该看成状语。这怎么讲得通呢？

主：“黄头发”不但像你说的那样可以做谓语，而且还能受副词修饰，比方说：“他弟弟也黄头发|他早就黄头发了”。尽管这样，我们还得承认它本身仍旧是名词性成分，跟真正的以动词、形容词为中心语的谓词性偏正结构不同。

客：区别在哪里？

主：“黄头发”可以受数量词、名词、人称代词等等典型的定语修

饰。例如“一根黄头发|头上的黄头发|你的黄头发|最长的黄头发”等等。为了跟真正的谓词性偏正结构相区别，我们可以管它叫准谓词性偏正结构。准谓词性偏正结构指的是：出现在谓语位置上以名词性成分为中心语并且能够受典型的定语修饰的偏正结构。例如：

(7) 这个人黄头发。

(8) 你大傻瓜。

(9) 这老头儿挺长的白胡子。

客：你说这些跟我们现在讨论的问题有什么关系？

主：有了这些概念，就可以修正原来的定义，使它更严密一些。

客：怎么修正？

主：我们可以说：凡是名词性偏正结构和准谓词性偏正结构里头的修饰语是定语，凡是真谓词性偏正结构里头的修饰语是状语。根据这个定义，(7)—(9)里“黄头发”的“黄”、“大傻瓜”的“大”、“挺长的白胡子”的“挺长的”都是定语，不是状语。

客：准谓词性偏正结构可以受副词修饰，你刚才举的“他弟弟也黄头发|他早就黄头发了”就是这样的例子。这种位置上的副词也算是定语吗？

主：准谓词性偏正结构前边加上副词以后，就不再是准谓词性偏正结构，而是真谓词性偏正结构了，因为它不能再受定语修饰。例如没有“*一根也黄头发|*我的早就黄头发”之类的说法。所以这种位置上的副词还是状语，不是定语。

客：我倒想起了一个有趣的例子。“清清楚楚的四个字”有两个意思：有的时候是说字清楚，有的时候是说数目确切。这个句子里的“清清楚楚的”该怎么分析？

主：如果是说字迹清楚，前边可以加上定语，譬如说：“那清清楚楚的四个字”。在这个意义上，“清清楚楚的”是定语。如果是说数目无疑，前边不能加定语。这个时候，“清清楚楚的”是状语。

客：看起来最后经过修正的这个定义是以上讨论过的几种里最好的了。我一时也提不出什么问题来，恐怕还得好好想想才行。现在咱们换个题目，谈谈补语吧。我想要问的是补语跟宾语、状语的界限在哪里。比方说，动词后头表示时间和动量的数量词，有人说是补语，有人说是宾语。动词加“得”后头的形容词或者动词通常说是补语，可是也有人认为是后附的修饰语，把它归入状语一类。

主：讨论这些问题之前，还得重复一下我们一直在强调的那条原则：句法成分只是句法结构的组成部分。研究句法成分不能离开句法结构。所以讨论补语、宾语和状语的界限，实质上就是讨论述补结构、述宾结构和谓词性偏正结构的界限。这是从正面说的。从反面说，也有两条原则：一条是不能从意义出发，一条是不能望文生义。

客：正面的原则在讨论主宾语和修饰语的时候已经领教过了。现在能不能请你把两条反面的原则解释一下。

主：关于不能从意义出发来区别句法结构，我们在讨论主宾语的时候也已经说得够多的了。如果说因为“好得很”跟“很好”、“走得慢慢儿的”跟“慢慢儿的走”意思差不多，就把“得”字后头的“很”和“慢慢儿的”看成后置的状语，这就跟因为“票买了”和“买了票”里的“票”都指受事，就把动词前边的“票”看成提前的宾语一样没有道理。

客：你说的不能望文生义是什么意思？

主：就是不能把一个语法概念的名称字面上的意思作为根据来证明这个概念应该指什么，或者不应该指什么。譬如说，不能根据补语的"补"字把补语解释为"对前边的动词有所补充"的句法成分。通常说的补语，内容相当庞杂，就是因为有许多本来不能算补语的成分也在"对前边的动词有所补充"的名义下塞到补语里来了。

客：你认为最典型的述补结构是什么？

主：大体上有三类。第一类是述语和补语直接组合、当中不带"得"字的格式。例如：切碎、写完、修好、洗干净、拿出、送回去。第二类是述语和补语之间有"得"字表示可能性的那些，例如：切得碎、写得完、修得好、洗得干净、拿得出、送得回去。要注意这一类的否定形式不带"得"字：切不碎、写不完。第三类是肯定形式和否定形式都带"得"字表示状态的格式，例如：写得很好、写得不好、洗得干干净净、热得直出汗、忙得没工夫吃饭。

客：这三类结构的性质似乎并不完全一样。

主：前两类关系很密切，差不多所有的第一类都能转化为第二类。此外，有些通常不很活跃的动词能同时在这两类格式里出现。例如：

见：看见—看得见/看不见
着：找着—找得着/找不着
中：猜中—猜得中/猜不中
成：做成—做得成/做不成
住：抓住—抓得住/抓不住

下：扔下—扔得下/扔不下

开：分开—分得开/分不开

这也是这两类格式关系密切的明证。第一类里由形容词做补语的一部分跟第三类之间也有明显的转化关系。比较：

吃饱　　吃得(很)饱

拉长　　拉得(挺)长

炒咸(了)　炒得(太)咸

走远(了)　走得远远的

来早(了)　来得早早的

买贵(了)　买得太贵了

洗干净　　洗得非常干净

客：两种语法格式之间有转化关系，并不证明结构相同。比如大部分述宾结构中间插入"的"字以后都能转为偏正结构。例如：写信～写的信|炒菜～炒的菜|住旅馆～住的旅馆。这并不能证明"写信"跟"写的信"结构相同。

主：你说得很对。不过三类述补结构之间的转化并没有引起结构的根本改变。这种转化不属于"写信～写的信"的类型，而属于"写信～写了信""炒菜～炒过菜"的类型。

客：你只强调第一类和第二、第三两类之间的转化关系，不提第二跟第三类之间的关系。其实二、三两类都有"得"字，关系最为明显。

主：可是你要知道，这两个"得"性质完全不同。第二类格式里的"得"是插在述语和补语中间的，既不属前，也不属后。第三类格式里的"得"是附加在述语上头的。

客：你说有些不能算补语的句法成分也塞到补语里来了，你指的是什么？

主：主要指两种东西。一种是动词后头表示时量或动量的数量词。一种是动词后头的介词结构。

客：表示时量和动量的成分为什么不能算补语呢？

主：因为动词后头带表示时量或者动量词语的格式（洗一次、住一天）跟述补结构之间没有什么共同点。把这个位置上的表示时量或动量的词语归到补语里去，主要是因为不愿意承认它是宾语。其实“洗一次、住一天”之类跟动词后头带表示名量的宾语的格式“买一本、吃一块”都是由动词和数量词组成的，而且在结构上有许多平行的现象（看下面的表）。可见“洗一次、住一天”应该归入述宾结构。把这一类格式放到述补结构里去的唯一的理由是说：后头的表示动量和时量的词语在意义上是补充前边的动词的。如果这个理由能成立，那末我们也可以把宾语归到补语一类里去，因为宾语也可以说是补充前边的动词的。

动词＋名量	买一本	买了一本	买个一两本	买他一两本	买一本书	一本也没买
	吃一块	吃了一块	吃个一两块	吃他一两块	吃一块糖	一块也没吃
动词＋时量/动量	洗一次	洗了一次	洗个一两次	洗他一两次	洗一次头	一次也没洗
	敲一下	敲了一下	敲个一两下	敲他一两下	敲一下门	一下也没敲
	念一遍	念了一遍	念个一两遍	念他一两遍	念一遍书	一遍也没念
	住一天	住了一天	住个一两天	住他一两天	住一天旅馆	一天也没住

客：你在表里把“洗一次头｜敲一下门｜念一遍书｜住一天旅馆”看成跟“买一本书｜吃一块糖”平行的格式。这样的比附恐怕不大妥当。“书”是论“本”的，“糖”也可以论“块”。可是“头”不

能论“次”，“门”也不能论“下”。在“买一本书”里，“一本”是“书”的定语，在“洗一次头”里，总不能说“一次”是“头”的定语吧？其余几个例子的情形也一样。总之，你把“洗一次头”跟“买一本书”两类格式相提并论，完全从表面的形式出发，实在难以令人信服。

主：你怎么能断定“一次”不能是“头”的定语，“一下”不能是“门”的定语呢？

客：因为意思上讲不通。而且我们只说“一本书|一块糖”，从来不说“一次头|一下门|一天旅馆”。

主：这可不见得。我举些例子给你看：

(10) 一次头也没洗
(11) 一下门也没敲
(12) 一天旅馆也没住

如果你不承认“一次”可以修饰“头”，“一下”可以修饰“门”，这几个句子该怎么分析呢？

客：这倒是个问题。不过我怀疑你举的这些例子都是特殊的句式，不适用于正常的分析手续。譬如说这一类句子里的数词只限于“一”。

主：这类句式一点也不特殊，名量词也能在这种句子里头出现。例如：

(13) 一本书也没买
(14) 一块糖也没吃

这两句里的“一本”“一块”显然是定语，因此更可以证明(10)—(12)里的“一次”等等也是定语。你说这类句子里的数词限于“一”，这也不见得，比方说：

(15) 两次头一洗，就感冒了。

(16) 三天旅馆住下来，胃口就没有了。

这个现象说明结构上相关的两个成分，意义上不一定有多少联系；反过来说，意义上相关的成分结构上也不一定有直接关系。副词"都"和"也"从结构上看是修饰后头的谓词性成分的，可是从意义上看却是说明前头的主语的范围的。再像：

(17) 圆圆的排成一个圈儿

(18) 酽酽的沏一杯茶

从结构上说，"圆圆的""酽酽的"是状语，是修饰后头的动词的，可是意义上却是跟动词的宾语(圈儿、茶)相联系的。

客：我不能不承认你讲的有点道理，这个问题先谈到这里。现在请你再说说介词结构做补语的情形。

主：通常所谓介词结构做补语指的是以下一类格式：

(19) 坐在椅子上

(20) 爬到山顶上

(21) 送给他①

我们先不谈结构关系，光从层次构造说，就有两种可能的分析方法：

(19 a) 坐/在椅子上

(19 b) 坐在/椅子上

(20 a) 爬/到山顶上

(20 b) 爬到/山顶上

(21 a) 送/给他

① 这个格式里的"给"也可以看成动词。看朱德熙《语法讲义》179页。这里按照一般的说法把它看成介词。

(21 b) 送给/他

把这类格式解释为介词结构做补语，就必须采取第一种分析法(a 式)。可是我们无法证明第一种分析法是唯一可取的。实际情况正好相反，就(19)(20)两例说，第二种(b 式)分析法可能更合理些。“坐在椅子上”在口语里实际上是“坐·de 椅子上”。“坐·de 椅子上”只能分析为“坐 ·de/椅子上”，不能分析为“坐/ ·de 椅子上”，如果我们承认“·de”是“在”的弱化形式，那末“坐在椅子上”也应该分析为：“坐在/椅子上”才是。(20)的情形更明显，“爬到”不但可以单说(爬到了|没爬到)，而且当中还可以插入“得”或“不”转化成表示可能性的述补结构(爬得到|爬不到)。所以最合理的办法是把“到”看成“爬”的补语，把“山顶上”看成述补结构“爬到”的宾语。(21)“送给他”无论按照 a 式或 b 式分析，似乎都能讲通。退一步说，即使我们能找到充分的理由证明(19)—(21)都只能按 a 式分析，这也不能证明其中的介词结构是补语，因为这类格式跟典型的述补结构之间没有什么共同点。

客：现在还剩下一点时间，我们再谈谈连动式和兼语式的问题吧。有人认为连动和兼语的说法不合理，主张把它取消。

主：能够取消的是这两个名称，不是这两个名称所指的语法结构。把这两个名称取消以后，还得替这两类结构找个归宿之处。兼语式的情形比较复杂，等一会儿再谈，现在先说连动式。连动式前后两部分之间的关系不是主谓关系，也不是述宾、述补、偏正等等关系，归不到已有的任何一种句法结构类型里去。

客：不少人认为连动式的前一部分是状语。

主：那就是把它看成偏正结构，这完全是从意义上看的。要是考虑到结构，就知道这种解释是站不住的。因为连动式跟偏正结构之间有对立。譬如：

(22) 有条件承担任务

(23) 有条件地承担任务

(22) 是通常说的连动式，意思是具备承担任务的条件。(23) 的“有条件”后边有副词后缀“的”（书面上一般写作“地”），是偏正结构，意思是说只有在某种条件下才承担任务。我们不能把(22)和(23)都解释为偏正结构。

客：你的意思是连动式不能取消。

主：我是说连动式是一种独立的句法结构，不能归并到已有的任何一种句法结构里去。至于是不是叫连动式，那不是重要的问题。

客：那末兼语式呢？

主：兼语式的形式是：

$$V_1+N+V_2$$

通常认为 N 是 V_1 的宾语，同时又是 V_2 的主语。连动式也可以有这样的形式，只是其中的 N 和 V_2 之间不存在主谓关系。所以这两种结构的区别取决于 N 和 V_2 的关系。仔细分析起来，N 和 V_2 的关系相当复杂，过去在这一点上的考虑是很不充分的。例如：

(24) N 是施事：请客人吃饭|选他当主席

(25) N 是受事：买一份报看|找点事儿做

(26) N 是与事：帮他洗碗|找人聊天儿

(27) N 是工具：借辆车运货|炒个菜下酒

(28) N 是处所：上广州开会|进屋里暖和暖和

(29) N 是时间：花两小时买菜|等一会儿告诉你

(30) N 和 V_2 没有明显的关系：开着窗户睡觉|穿上大衣出去

按照一般的说法，只有(24)是兼语式，其余都是连动式。其实除了(30)之外，其他例子里的 N 和 V_2 之间也都有关系。为什么只承认 N 是 V_2 的施事那一类是兼语式，不承认 N 是 V_2 的受事、与事、工具等等的那些也是兼语式呢？如果说(24)里的 N 是 V_2 的主语，那末(25)里的 N 能不能说是 V_2 的宾语呢？

客：照上边的分析来看，N 和 V_2 的关系都是语义关系，说 N 是 V_2 的主语、宾语都不妥当。

主：对了。从结构上说，以上例子里的 N 都是 V_1 的宾语。N 和 V_2 之间只有语义上的关系，没有结构上的关系，因为 V_1+N+V_2 的层次构造是：$(V_1+N)+V_2$，N 和 V_2 根本不是互相对应的直接成分。

客：那末你是不是主张取消兼语式？

主：把兼语式看成是跟连动式对立的结构是不妥当的。连动式可以按照其中的 N 和 V_2 之间的不同的关系分成若干小类，兼语式只是其中的一类，即 N 是 V_2 的施事的那一类。

客：(30)里头的 N 跟 V_2 之间意义上没有关系，那该怎么办呢？

主：没有关系也是一种关系，所以也应该看成是连动式的一类。

伍　中心词分析和层次分析

客：近来关于层次分析和中心词分析两种方法的长短和得失，有很多议论。我很想听听你对这个问题的意见。

主：在我看来，把层次分析作为一种方法看待，并且讨论它的长处和短处，恐怕不一定妥当。

客：我不懂你为什么反对把层次分析作为一种方法看待，它不明明是一种分析句子的方法吗？

主：所有的人类语言的语法构造都是有层次的，层次性是语言的本质属性之一。既然如此，进行语法分析就离不开层次分析。层次分析是语法分析不可缺少的手续之一，不是一种可以采用也可以不采用的方法。我们可以举一个平行的例子来说明这一点。语法分析必须在词类区分的基础上进行。区分词类也是进行语法分析不可缺少的步骤之一。我们从来不说什么“词类分析法”，因为说词类分析法，就暗示还有非词类分析法存在。事实上完全不讲词类的语法分析方法是没有的。同样，完全无视结构层次的语法分析也是没有的，因为这种分析必然导致荒谬的结果，不可能被人接受。

客：你说没有完全不讲层次的语法分析，传统语法采用的中心词分析方法不就是不讲层次的吗？

主：中心词分析法也并不是完全不管层次。举例来说，中心词分析法一上来就把句子分析成主语(S)、谓语(V)和宾语(O)三个基本成分。看上去好像不管层次,可是由于宾语是作为谓语的连带成分看待的,所以事实上仍然是把 SVO 分析为 S(VO),并没有打乱层次把它分析成(SV)O。当 S 和 O 前头有修饰语(A)的时候,ASVAO 也仍然分析为:(AS)[V(AO)],不分析成(AS)[(VA)O]或(ASV)(AO)等等,层次也并没有打乱。不过中心词分析法里蕴含的层次观念是不自觉的,因而是模糊的、不彻底的,有时候甚至把层次关系完全弄错了。

客:请你举个例子。

主:最明显的是在分析偏正结构的时候。采用中心词分析的语法著作大都把复杂的偏正结构里的定语分成三类:(a) 联合附加,(b) 递相附加,(c) 分别附加。这三类定语可以分别拿下边三个例子作为代表:

(1) 北京和上海的高等学校

(2) 我哥哥的老师的书

(3) 一件新的白色短袖衬衫

联合附加指的是由并列成分组成的定语,如(1)里的"北京和上海"。所谓递相附加是说几个定语里头只有最后一个是直接附加于中心词的,其余的都是附加在紧跟着自己后头的那个定语上的,譬如在(2)里,"老师"修饰中心词"书","哥哥"修饰"老师","我"修饰"哥哥"。所谓分别附加是说几个定语彼此间没有关系,它们是各自单独地附加在中心词上的。例如在(3)里,"一件""新的""白色"和"短袖"四个定语各自分别修饰中心词“衬衫”。递相附加和分别附加的说法显然把层次关系弄错了。其实(b)(c)两类偏正结构的区别在于(b)类除了最后一层以外每一层定语本身都是偏正结构,(c)类除了最后一层以外每层的中心语都是偏正结构。这种区别可以从下边的图式里看出来:

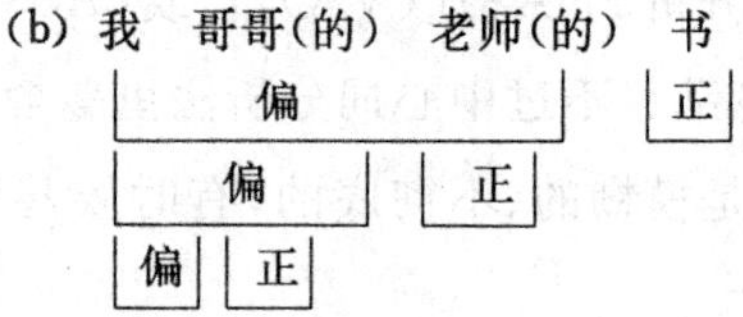

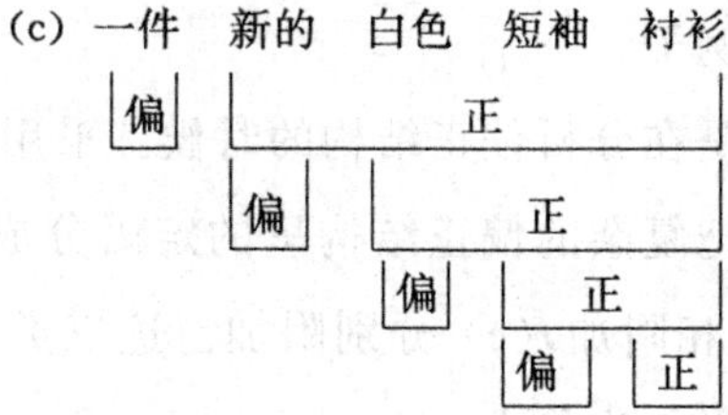

从图上看,我们还可以说这两类偏正结构的区别在于它们的层次构造的“走向”不同,(b)类是“左向”的,(c)类是“右向”的。

客:这样分析确实很合理。相形之下,递相附加和分别附加的说法就显得很不自然。

主:不自然是因为把层次关系弄错了。所以会弄错是因为要坚持中心词分析法的一项基本原则:词组不能做句子成分。为了维护这项原则,就不肯承认递相附加是偏正词组做定语,分别附加是偏正词组做中心语。

客:中心词分析法的原则是一开始就在句子里提取中心词,把词组化归为单词。层次分析是从全体到部分逐层分析,找出每一层的直接组成成分。这两种方法的精神完全不同。(对不起,我又管它叫方法了。)有人主张把两者结合起来,各扬其所长而避其所短,我看这是做不到的。

主:中心词分析和层次分析的对立不在提取中心词这一点上,而在中心词分析法不承认词组可以做句子成分这一点上。其实层次分析并不排斥提取中心词,而中心词分析法却不能容忍包含在层次分析里的词组可以做句法成分的原理。

客:你越说我越胡涂了。我不懂为什么说中心词分析和层次分析在提取中心词这一点上不对立。

主:为了说明这一点,我们先得研究一下中心词分析法提取中心词这件事的实质是什么。布龙姆菲尔德(L. Bloomfield)把句法结构分成两类:至少有一个直接成分跟整体的语法功能相同的结构叫"向心结构"(endocentric construction)。向心结构里跟整体的功能相同的直接成分是这个向心结构的核心(head)。所有的直接成分都跟整体的语法功能不同的结构叫离心结构(exocentric construction)[①]。例如偏正结构(包括定语加中心语的名词性偏正结构和状语加中心语的谓词性偏正结构)的语法功能跟它的后一个直接成分(中心语)相同,述宾结构和述补结构的语法功能都跟它的前一个直接成分(述语)相同,所以都是向心结构。主谓结构的语法功能跟它的两个直接成分(主语和谓语)都不一样,所以是离心结构。所有由虚词组成的句法结构如介词结构、"的"字结构等等也都是离

① L. Bloomfield, *Language*, 194—195 页。

心结构。联合结构的语法功能跟它的每一项组成成分都相同，是一种多核心的向心结构，布龙姆菲尔德管它叫并列式向心结构（co-ordinative endocentric construction）。

客：这种理论跟提取中心语有什么关系？

主：中心词分析法要找的中心词正是布龙姆菲尔德所说的向心结构的核心。中心词分析法对于偏正、述宾、述补三类结构一律采取找中心词的做法，单单把主谓结构和联合结构剔开，作为另案处理，不找中心词。这是因为偏正、述宾、述补都是向心结构，都有可供提取的核心。主谓结构是离心结构，没有核心；联合结构是多核心结构，也是找不出中心词来的。布龙姆菲尔德关于向心结构和离心结构的说法实际上为中心词分析提供了理论根据。不过采取中心词分析法的某些语法著作并没有意识到这一点。我们先前说，中心词分析法里蕴含的层次观念是不自觉的，模糊的。现在我们又看到，中心词分析法甚至对于中心词的理解也是模糊的，不深刻的。

客：层次分析只找直接成分，从来不找中心词。你怎么能说层次分析跟中心词分析在提取中心词这一点上不对立呢？

主：层次分析本身不要求找中心词，可是它也不排斥找中心词。所谓不排斥，是说层次分析跟提取中心词这两件事之间没有矛盾。其实这个话说得还不够。事实是不但没有矛盾，而且从理论上说，提取中心词还只能在层次分析的基础上进行。我们举一个具体的例子来说明这一点。“咬死了猎人的狗”有两个意思，分别代表两种不同的层次构造：

(4) 咬死了/猎人的狗

（5）咬死了猎人的/狗

（4）和（5）层次构造不同，提取出来的中心词也就不一样。（4）是述宾结构，提取出来的中心词是动词“咬”，（5）是偏正结构，提取出来的中心词是名词“狗”。很明显，在层次构造没有确定之前，提取中心词是不可能的。有一件事值得特别提出来说一下，就是层次分析中直接组成成分的概念（immediate constituents）和向心结构、离心结构的理论是同一个人（布龙姆菲尔德）在同一部书（*Language*）里提出来的。这件事本身就足以说明层次分析和提取中心词并不是互相矛盾的。

客：关于中心词分析法的缺点已经谈得不少了。我记得你一开始就说讨论层次分析的长处和短处不妥当。这是为什么？

主：我已经说过层次分析不是一种方法，而是语法分析不可缺少的一步。既然如此，就说不上有什么优点缺点。我们从来不说划分词类有什么优点缺点，就是因为划分词类也是进行语法分析必不可少的一步，不是可以用也可以不用的一种方法。

客：可是在讨论词类问题的时候，你不是也批评过有些处理方式不合式吗？

主：划分词类这件事本身没有优缺点可言。可是在具体划分词类的时候，怎么处理合适，怎么处理不合适，当然还是有区别的。同样，层次分析作为语法分析的一种手续，本身也是没有优缺点可言的。不同的人对于层次分析所作的理论上的解释以及不同的语法著作进行层次分析时的具体做法，当然还是有是非、曲直、高下、优劣的分别的。

客：层次分析只能说明语法结构的层次，不能说明直接成分之间的结构关系。这不能不说是一个缺点。

主：层次分析只不过是语法分析的一部分，不是全部。我们不能把层次分析看成是自足的、完备的语法分析手续。进行层次分析一点也不排斥同时进行结构关系的分析。有人以为层次分析可以解释一切语法现象，这是误解。所以产生这种误解，可能是因为过去美国描写语言学派的人大都只讲层次，不谈结构关系。这有两方面的原因。第一，描写语言学派不愿意正面接触语义问题。不谈结构关系，正是为了避免谈意义。第二，就印欧语而论，抓住了词类和层次，就可以在一定的程度上讨论句法。因为在印欧语里词类和层次在一定程度上可以控制结构关系。我们可以用转换语法里的两条转写规则(rewriting rule)来说明这一点：

(6) S→NP＋VP

(7) VP→V＋NP

这两条规则表面上只说到词类和层次，完全没有涉及结构关系，可是(6)的 NP＋VP 实际上就是"主语＋谓语"，(7) 的 V＋NP 实际上就是"述语＋宾语"。这是因为在英语里，NP＋VP 只能是主谓关系，V＋NP 只能是述宾关系。这种办法在汉语里是行不通的。因为汉语光凭词类和层次不能控制结构关系。NP＋VP 不一定是主谓关系，例如"经济困难"可以是主谓关系，也可以是偏正关系。V＋NP 也不一定是述宾关系。例如"出租汽车"可以是述宾关系，也可以是偏正关系。因此讲汉语语法不能不讲结构关系。总之，层次分析不能包括或代替结构关系的分析并不是层次分析的缺点，正如词类分析不能包括或代替结构关系的分析也不能说是词类分析的缺点一样。

客：有些语法格式是层次分析对付不了的。例如动词前头带状语后头带宾语的时候，找不到一个统一的切分办法。可是对于中心词分析法来说，这些都不成问题。如果这算不了中心词分析法的优点的话，也该承认是层次分析的缺点。

主：如果你一定要谈优缺点的话，那末我的意见恐怕正好跟你相反。动词同时带状语和宾语的格式到底应该分析成 A(VO) 还是(AV)O 的问题(A 代表状语)，实质上就是研究在 AVO 里头，到底是 AV 的联系紧密还是 VO 的联系紧密的问题。这是一个事实问题。所有的语法学家，不管他对层次分析持什么态度，都应该关心这个问题。严格的层次分析要求对所有这一类问题作出明确的回答。中心词分析法正相反，对这种问题根本不关心(也可以说是避而不谈)。可见你举的这一类例子适足以说明层次分析的严密和中心词分析法的粗疏。至于说 AVO 切分起来有困难，这是事实。不过这是因为我们对于分析对象的认识不够深入，不能说是层次分析本身的缺点。还是拿划分词类打比方。给汉语的词分类，我们碰到过许许多多困难。可是我们从来不说这是划分词类的缺点。你刚才说对于 AVO 找不到一个统一的切分办法。照我看恐怕有的是 A(VO)，有的是(AV)O。很可能还有一部分是两可的。总之，恐怕根本不存在一种统一的切分方法。

客：还有一种意见认为层次分析虽然有优点，但是步骤烦琐，碰到长一点的句子，层次会多到十层八层以上，使人看上去眼花缭乱。对比之下，中心词分析法一上来就抓住中心词，能够把句子的格局清楚地显示出来。所以最好能把二者结合起来。你对这种意见有什么看法？

主：第一，层次分析所以显得烦琐是因为它传达的信息量大，就是说，它告诉我们的东西多。当我们对一个句子作层次分析的时候，事实上是把包含在这个句子里的所有由两个以上的词组成的段落的层次关系都做了交代。例如层次分析告诉我们，“他穿一件新式白色短袖衬衫”这个句子除了它本身之外，还包含“穿一件新式白色短袖衬衫”，“一件新式白色短袖衬衫”，“新式白色短袖衬衫”，“白色短袖衬衫”，“短袖衬衫”等五个段落，如下图所示：

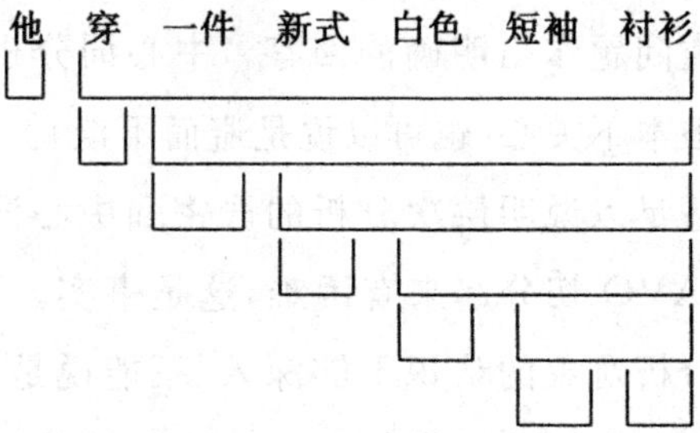

可见所谓“烦琐”，其实是“详尽”。一贬一褒，相去亦远矣。第二，提取中心词跟中心词分析法是两回事，不能相混。提取中心词指的是提取向心结构的核心，这件事跟层次分析没有矛盾，可以并行不悖。中心词分析法虽然也包含提取中心词的内容，可是它不承认词组可以做句子成分，这跟层次分析的根本原则相冲突。所以这两种东西是没有办法结合的。

陆　汉语语法体系

主：这一回我想由我来出讨论的题目。前几次谈的都是局部的问题，今天我们来讨论一个大的牵涉全盘的问题，就是语法体系的问题。你看怎么样？

客：非常同意。常常听人提到语法体系，可是语法体系到底指的什么，我可说不清楚。所谓体系是不是指的理论系统？

主：通常说的语法体系在很大程度上是指的语法事实和语法规律的表述系统。说得通俗一点，就是讲语法的间架。语法体系不能说跟语法理论无关，可是它并不是企图揭示语法构造的本质和规律的理论。

客：这么大的问题，我们从哪儿谈起呢。这样吧，你选择这个问题总是有目的的。你先说说你打算在今天的讨论里跟我说些什么吧！

主：我想对旧的汉语语法体系提出一些批评，然后对一种比起旧语法体系来更合理也更简单的语法体系作一点介绍。

客：好，那末我们先从旧语法体系谈起。你认为旧的汉语语法体系里最主要的东西是什么？

主：旧语法体系有三个组成部分，一是它的词类观，就是根据句子成分定词类的观点；二是中心词分析；三是以句子为基点进行句法分析的观点。

客：词类和中心词分析法我们已经讨论过了。请你把第三点解释一下。

主：好。所谓以句子为基点进行句法分析，就是把一切句法分析都附丽在句子的模型上进行。具体地说，就是把各种句法成分都纳入到“主语—谓语”这个模型里头去，例如把宾语、补语、状语看成是附属在谓语上的东西，把定语看成是附属在主语和宾语上的东西。我觉得用黎锦熙先生《新著国语文法》的“句本位”这个术语来表示这种观点是很合适的。

客：那末旧的汉语语法体系就可以叫作句本位语法体系了。

主：是的。由于句子里最活跃、变化最多的部分是谓语，所以在采用句本位语法体系的语法著作里，句法部分的主要内容就是讨论谓语。例如王力先生《中国现代语法》提出的能愿式、使成式、处置式、被动式、递系式、紧缩式等等实际上都是谓语的分类。《暂拟汉语教学语法系统》把连动式、兼语式称为复杂谓语。名称本身就直接点明是把这些结构作为句子的谓语看待的。

客：名称无关大局，重要的是实质。

主：名不正则言不顺，名称有时也会影响实质。管连动式、兼语式叫复杂谓语显然不妥当，因为这些结构并不是只在谓语位置上出现。例如：

(1) 他们去北极探险。

(2) 去北极探险一定挺有意思。

(3) 他们打算去北极探险。

(4) 去北极探险的人是很勇敢的。

因此有的语法书上把这种不在谓语位置上的复杂谓语改名叫复谓结构。

客：明明是一种东西，为什么要两样对待呢？这个矛盾分明是自己找来的。要是一开始不把连动式、兼语式钉死在谓语上头，就是说，不把谓语位置上和其他位置上的连动式、兼语式看成是不同的东西，不是什么问题也没有吗？

主：你说得很对。不过你只知其一，不知其二，因为当你这样说的时候，你已经离开了句本位语法体系的立场了。要知道，把谓语位置上的动词性结构跟其他位置上（主语、宾语、定语）的动词性结构区别开，看成不同的东西，是句本位语法体系一项带根本性的主张。

客：这种主张显然不合理。

主：确实不合理。许多汉语语法著作所以会在如此明显的事情上采取这样一种不合理的解释，是因为受了印欧语语法的影响。以句子为基点描写句法是印欧语语法书一贯的做法。不但传统的印欧语语法如此，就连现代新兴的语法理论如转换生成语法、格语法（case grammar）等等也是如此。这是因为印欧语的语法构造允许——或者说是宜于——采取这种描写方法。你刚才说，把谓语位置上跟其他位置上的动词性结构看成不同的东西不合理，你这个批评只适用于汉语，不适用于印欧语。

客：为什么？

主：我们已经提到过，印欧语里句子的构造原则跟词组的构造原则有明显的区别。拿英语来说，谓语位置上的动词结构是一种形式，搬到主宾语位置上去的时候必须变成另一种形式，不但形式不同，性质也不一样。所以把它们区别开，看成不同的东西是有道理的。

客：汉语的情形完全不同。

主：是的。汉语的动词性结构不管在哪里出现，形式都完全一样。可是有些语法著作偏偏要模仿外国语法，把汉语里本来没有区别的东西硬说成有区别。比如在分析下边两个句子的时候：

(5) 开飞机容易。

(6) 他开飞机。

非要按照英语语法的办法说两句话里的“开飞机”不一样：在(5)里，“开飞机”是名词性词组；在(6)里，“开”和“飞机”都变成了句子成分——“开”是谓语，“飞机”是宾语，不能再结合成为词组。有人还特别为这种说法创造了一个术语，叫作“熔解”。意思是说词组进入句子以后就熔解开了，就不再是词组了。总之，动词性词组在谓语位置上的时候都会“熔解”为谓语和它的连带成分(宾语、补语、状语等等)，只有在主语(开飞机容易)、宾语(他喜欢开飞机)和定语(开飞机的人)位置上的时候，才承认它还是词组。不但动词性词组要熔解，名词性词组也要熔解。名词性偏正结构进入句子以后，中心语变成主语或宾语，修饰语成了主宾语的连带成分(定语)。[1]

---

① 刘世儒《现代汉语语法讲义》121页：

……上面所谈各种类型的词组，是把它们孤立起来看的，即脱离开句子来看的，至于这些词组进入了句子，就有的不再是词组，而被熔解为句子成分了，也就是说，这时候词组的各成分都成为句子的成分，因之被熔解在句子之中而不存在了。例如：

“伟大的祖国”站立起来了。

我们“爱祖国”。

孤立地看，“伟大的祖国”和“爱祖国”都是词组，但是在这两个句子里，就不再是词组了。因为“伟大的祖国”这个名词词组的中心词“祖国”作了句子的主语，词组中的定语“伟大”也成了句子中主语的定语，这个时候，词组的两个实词都各自成为句子的成分，这个词组便熔解在句子之中而不存在了。“爱祖国”这个动宾词组也是如此。它在句子里，动词“爱”成了句子的谓语。宾语“祖国”也成了句中的宾语，因此也熔解在句子之中而不存在了。

客：本来很简单的事，怎么弄得这么复杂呢？

主：从这个地方可以看出句本位语法体系的一个根本矛盾，即词组和句子成分两个概念之间的矛盾。这种语法体系一方面承认有词组这种东西，另一方面又不肯承认词组可以入句做句子成分。当句子里出现词组的时候，总要找一些理由（例如“熔解”之类）证明它不是词组。

客：动词性结构处在主语、宾语、定语位置上的时候，不是还承认是词组吗？

主：那是不得已才承认的，是作为例外承认的。从原则上说，句本位语法体系是不承认词组可以做句子成分的。

客：那末为什么又承认有例外呢？

主：这有两种情形。我们先前曾经说过，主谓结构是离心结构，是找不出中心词来的；联合结构是多核心结构，也是没有办法提取中心词的。因此碰到这两类结构的时候，只好承认是词组。至于承认主语、宾语、定语位置上的动词性结构是词组，那是因为这几种位置上的动词性结构前边没有主语，不能说里头的动词是谓语，“熔解”的说法用不上，不得已才承认是词组做句子成分。总之，在句本位语法体系里，由于词组、句子成分、中心词等基本概念之间互不协调，产生了许多矛盾。为了解决这些矛盾，就想出了词组“熔解”以及词类转化之类的说法。等到这些说法也无能为力的时候，就只好承认在一般规则之外，还有哪些例外。结果是体系越来越复杂。所以句本位语法体系不但由于内部有矛盾，缺乏严谨性，同时也缺乏简明性，实在不能说是一个好的语法体系。

客：你一开始曾经说过，根据句子成分定词类的观点是句本位语法系统的一个组成部分，刚才你又提到了词类的转化。我想知道词类问题跟我们现在讨论的词组、句子成分、中心词分析等等有什么关系。

主：这两方面是有联系的。我们曾经提到过，英语词类跟句子成分之间存在着比较简单的对应关系。大致说来，谓语跟动词对应，主宾语跟名词对应，定语跟形容词对应，状语跟副词对应。动词必须转变成不定式或者分词形式以后才能在主宾语位置上出现，而英语动词的这两种形式都属于名词的范畴。这跟主宾语要求名词性成分这一点是一致的。汉语词类跟句子成分之间不存在这种简单的一一对应的关系。可是传统语法著作在词类问题上也照搬英语的做法，认为主宾语位置上的动词性结构已经转化为名词性成分。因此在句本位语法体系里，谓语位置上的动词性结构跟主宾语位置上的动词性结构有两方面的区别。第一，主宾语位置上的动词性结构是词组，谓语位置上的动词性结构都熔解为句子成分；第二，主宾语位置上的动词性结构都名词化了，只有谓语位置上的动词才是真正的动词。其实这种区别都没有任何形式上的标记，完全是无中生有。结果是：一，承认有词组，但是入句以后，词组都熔解为句子成分，不熔解的是例外。二，承认词有定类，但是入句以后，词类会转化，只能“依句辨品”，实际上就是词无定类。

客：关于句本位语法体系的实质和缺点，你已经讲得很清楚了。现在请你谈谈你要介绍的另外一种语法体系吧。

主：由于汉语的句子的构造原则跟词组的构造原则基本一致，我们就有可能在词组的基础上来描写句法，建立一种以词组为基点的语法体系。这就是说，我们可以把各类词组（主谓结构、述宾结构、述补结构、偏正结构、联合结构、连动结构以及介词结构、"的"字结构等虚词结构）作为抽象的句法格式来描写它们的内部结构以及每一类词组作为一个整体在更大的词组里的分布状况，而不急于把它们跟具体的句子联系起来，特别是不把它们钉死在句子的某个成分上。如果我们把各类词组的结构和功能都足够详细地描写清楚了，那末句子的结构实际上也就描写清楚了，因为句子不过是独立的词组而已。按照这种看法，各种语法单位之间的关系跟它们在传统的印欧语语法体系里的关系大不相同。这可以用下边的图式来表示：

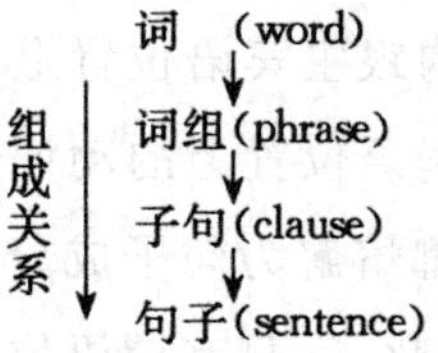

图 一

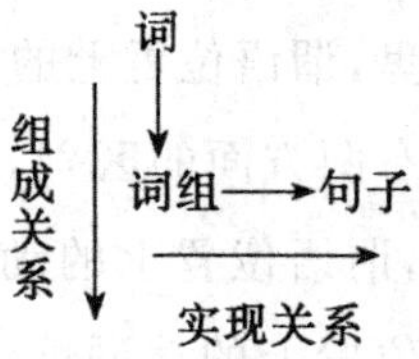

图 二

在印欧语里（图一），词、词组、子句、句子之间的关系是组成关系(composition)，即部分和整体的关系：句子是由子句组成的，子句是由词组组成的，词组是由词组成的。在以词组为基点的语法体系里（图二），只有词和词组之间是组成关系（词组是由词组成的），词组和句子之间则是一种实现的关系(realization)。

客：什么叫实现的关系？

主：这种语法体系把词组看成是抽象的、一般的东西，把句子（包括句子的整体和它的部分）看成是具体的、特殊的东西。在描写词组的内部结构和语法功能的时候，不考虑它是不是句子或句子的组成部分，只把它当作抽象的句法结构看待。可是词组随时都可以独立成句或者成为句子的一个组成部分。这个过程就是从抽象的词组"实现"为具体的句子或句子的组成部分的过程。按照这种看法，词组和句子的关系就不是部分和整体的关系，而是抽象的语法结构和具体的"话"之间的关系。

客：最好请你举具体的例子来说。

主：就拿先前举的"去北极探险"为例吧。作为词组，我们只研究它的结构（譬如说，它是由"去北极"和"探险"两部分组成的连动结构）和它的语法功能（譬如说它是动词性的），根本不考虑它是不是句子或者句子的组成部分。可是这个词组随时可以作为具体的话说出来成为一个独立的句子，例如：

(7) 去北极探险！

或者成为句子的一个组成部分，例如(1)—(4)里头的"去北极探险"。我们说(1)—(4)和(7)里的"去北极探险"是同一个词组在不同的语法环境的"实现"。

客：跟句本位语法体系相对待，这种以词组为基点的语法体系似乎可以叫作词组本位的语法体系。请你说说，这种语法体系是怎么解决词组和句子成分之间的矛盾的。

主：不存在这种矛盾，因为在这种体系里，根本没有句子成分这个概念。

客：既然承认有句子，怎么能不承认有句子成分呢？

主：在这种语法体系里，所有的句子都看成是由词组形成的。（独词句是一种特例，可以解释为是由项数为1的词组形成的。）因此所谓句子成分实际上只不过是词组的成分。举例来说，“开飞机很容易”这个句子包含三个词组：(1) 述宾词组“开飞机”，(2) 偏正词组“很容易”，(3) 主谓词组“开飞机很容易”。述语“开”和宾语“飞机”是词组(1)的成分；状语“很”和中心语“容易”是词组(2)的成分。同样，主语“开飞机”和谓语“很容易”也应该看成是词组(3)的成分。换句话说，在词组本位的语法体系里，主、谓、宾、补、定、状等等都看成是词组的成分。它们跟句子只有间接的关系，没有直接的关系，所以不能叫句子成分。

客：怪不得你一直管它们叫句法成分。原来你是有意避免用句子成分这个称呼的。说了半天，这种语法体系的优点到底在哪里呢？

主：它至少没有句本位语法体系的那些缺点。首先是内部一致，没有矛盾。其次，跟句本位语法体系相比，也简单得多。

客：简单恐怕算不了什么了不起的优点。

主：不然。评价一种理论或系统的时候，简明性跟严谨性一样，都是很重要的标准。

客：它的简明性表现在哪些地方？

主：至少表现在以下三方面。第一，因为是以词组为基点描写句法，词组的结构和功能讲清楚了，句子的结构基本上也就清楚了。用不着分两套来讲。第二,词组不论在什么位置上出现,结构和功能都不变。不像句本位语法体系那样需要用词组的熔解和词类转化之类的说法来弥缝矛盾。第三,分析句子的结构的时候,层次关系和结构关系都明确而且清楚,举一个例子来看:

(8) 我们　班　有　许多　外国　留学生

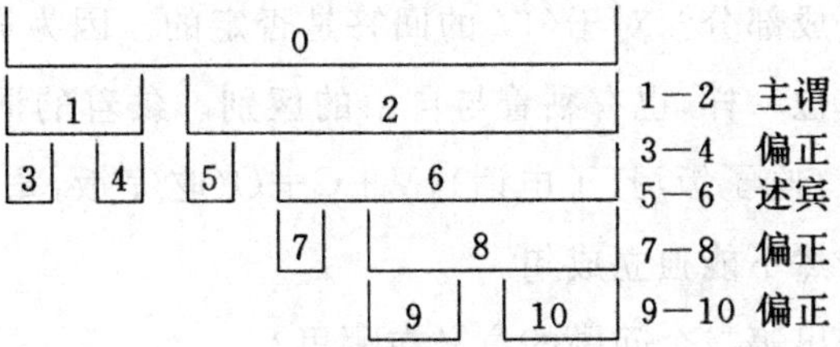

这是按照词组本位体系分析的。在这个图式里,整个句子的层次构造表现得非常清楚,而且每一个组成成分内部的结构关系和组成成分彼此之间的结构关系都一一作了交代,没有任何遗漏。要是按照句本位语法体系来分析,情形就完全不同。《暂拟汉语教学语法系统》把这类句式分析为:

定—主‖谓—定—定—宾

无论是层次关系还是结构关系都交代得不够清楚,也不够充分。对比之下,两种体系孰长孰短,十分明显。原因其实很简单,词组本位语法体系适应汉语实际,所以简洁而自然。句本位语法体系硬要用印欧语语法来规范汉语,圆凿方枘,扞格难通,所以显得既啰嗦,又勉强。

客:照你说的那样,似乎句子在词组本位语法体系里没有什么地位,讲了词组就不必再讲句子了。

主：不能这么说。我只是强调汉语的句子的构造原则跟词组的构造原则是一致的。句子的结构实际上就是词组的结构。不过句子跟词组终究是两回事，不能混为一谈。因此在建立词组本位的语法体系的时候，不能不考虑以下两个问题：(1) 是不是所有的词组都能独立成句？(2) 是不是所有的句子都能还原为被包孕的词组，就是说，能不能作为更大的词组里的一个组成部分？对于(1) 的回答是否定的。因为词组跟别的语法单位一样，也有黏着与自由的区别。黏着的词组如 V＋了＋O (吃了饭|打了电话)，V＋C＋O(吃完饭|拿出一本书)等等当然不能独立成句。

客：提出第二个问题的意义在哪里？

主：要是有的句子不能还原为词组的话，那就是说光描写词组的结构还不能穷尽全部句子，有的句子只能从句子的平面上去描写。要回答第二个问题是困难的。因为我们对于这个问题的研究很不够。不过肯定有一部分句子是无法还原为词组的。最明显的是所谓“易位句”，例如：

(9) 他走了，就。

(10) 放假了吗，你们？

(11) 他骑走了，把车。

此外带语气词“吧、呢、吗”的句子也是难以还原为词组的。不过即使是这类句子，它的组成部分仍然是符合词组的构造原则的。

柒　形式和意义

客：在这几次讨论里，你给我的印象是特别强调形式的作用，例如你说划分词类只能根据词的分布，不能根据词义；确定词组的结构类型也只能根据形式，不能根据施受关系。我觉得你是不是有点过分强调形式，对意义的重视不够。

主：语言包括形式和意义两方面。语法研究的最终目的就是弄清楚语法形式和语法意义之间的对应关系。所以从原则上说，进行语法研究应当把形式和意义结合起来。不过这个话说起来容易做起来难。一会儿讲点意义，一会儿讲点形式，两方面没有内在的联系。这叫糅合，不叫结合。真正的结合是要使形式和意义互相渗透。讲形式的时候能够得到语义方面的验证，讲意义的时候能够得到形式方面的验证。

客：你完全根据词的分布来确定词类，这怎么能得到意义方面的验证呢？

主：根据词的分布确定出来的词类在意义上确实有共同点。这就是验证。拿以前举过的一个例子来说，“金、银、铜、铁、锡”五个词分布不同，应该是两类。“铜、铁、锡”是名词，“金”和“银”是区别词。这两类词不但分布不同，意义上也正好是对立的。

客：“金、银”和“铜、铁、锡”都是金属的名称，怎么能说是对立的呢？

主："铜、铁、锡"是金属的名称。"金、银"跟"金子、银子"不同，不是金属的名称，而是一种分类标准。所以我们不能说"*这是金""*那是银"，只能说"金镯子""银镯子"（给镯子分类），"金葫芦""银葫芦"（给葫芦分类）。因为区别词在语义上表示分类标准，所以往往是成对或者成组的。例如：金～银，男～女，雌～雄，棉～夹～单，西式～中式，慢性～急性，国营～私营，民用～军用，长期～短期，大型～小型～微型。我们根据分布把"金、银"跟"铜、铁、锡"分成两类，这种划分正好在语义上得到了验证。要是我们一开始从浮面的认识出发，认为这五个词都指金属，在语义上有共同点，把它们归为一类。由于这种语义分析是错误的，因此不可能在形式上得到验证（"金、银"和"铜、铁、锡"分布不一样）。事实上，凡是得不到形式上验证的语义分析对语法研究来说都是没有价值的。

客：语法书上常常根据意义在词类内部划分小类，譬如说指人的名词、表示动作的动词、表示心理活动的动词等等。这种小类是不是也应该在形式上得到验证呢？

主：不管是大类还是小类，只有在形式上得到验证的才是有价值的。举例来说，有的动词包含给予的意思，如：卖、送、还、赏、嫁、递、归还、转交、遗传，有的动词不包含给予的意思，例如：唱、睡、看、抢、骗、买、沏、商量、琢磨。这种按照语义划分出来的小类正好有形式上的根据：凡是包含给予意义的动词都能在"给$+N_1+N_2$"前边出现，例如：

卖给他一斤鱼

送给我一本书
还给他五十块钱
嫁给他一个女儿
遗传给他一种病

凡是不包含给予意义的动词都不能在这个格式里出现。例如不能说：* 唱给我一个歌，* 买给我一件毛衣，* 沏给我一杯茶。这种形式上的区别有时还可以反过来帮助我们对一些光凭意义不容易确定的疑难情况作出判断。例如动词“写”似乎不包含给予的意义。所以不能说：

他写给我一副春联。

但是可以说：

他写给我好几封信。

这种形式上的对立告诉我们“写春联”里的“写”不包含给予意义，而“写信”的“写”包含给予意义。这个现象其实也不难理解。当“写”跟“信”组合的时候，蕴含着有收信人一方存在，所以这个时候“写”就取得了给予的意义。

客：这样看起来，把“卖、送、还、赏、嫁”跟“唱、睡、看、抢、买”等动词区别开，与其说是根据意义，还不如说是根据形式。

主：是的。不过当形式跟意义真正结合起来的时候，两方面互相渗透，互相验证，实际上也很难分出主次来。

客：你说在形式上得不到验证的语义分析都是没有价值的。我觉得如果意义上真是有区别，总会在形式上有所表现。你说是不是？

主：也许是这样。不过当你还没有找到形式上的表现的时候，我们没有办法判断这种语义分析是不是真有价值。

客：上边讨论的是词类的语法意义问题。能不能请你再谈谈语法结构的意义和形式之间的关系。

主：情形也一样。当我们对语法结构的意义做出某种论断的时候，应该能够找到形式上的验证。举例来说，“跟”和“一样”连用的格式有两大类：

A	B
这种苹果跟那种一样	脸色跟纸一样
里头跟外头一样	这儿的耗子跟猫一样

这两类格式表示的意思不同。A组是实际的比较，说明两事相同；B组是修辞的比喻，说明两事类似。例如“这种苹果跟那种一样”是说两种苹果相同，“脸色跟纸一样”是用纸来比喻脸色白，是一种夸张的说法。A组和B组语义上的区别可以在形式上找到验证：第一，A组的重音在“一样”上，B组的重音在“跟”字后头的名词上。第二，B组的“跟”可以换成“像”，“一样”可以换成“似（shì）的”。换言之，这类格式可以有以下四种不同的组合：

这儿的耗子跟猫一样
这儿的耗子跟猫似的
这儿的耗子像猫一样
这儿的耗子像猫似的

不管是哪一种，重音都在“跟”或“像”后头的名词上。跟B组不同，A组里的“跟”不能换成“像”，“一样”也不能换成“似的”。

客：“他跟孩子一样”应该归在哪一类里？

主：重音在“一样”上头的时候，表示比较。意思是说，他跟孩子在某一方面相同。此时是A类。重音在“孩子”上的时候，表示比喻。意思是说，他像个孩子。此时是B类。这个句子是A、B两类格式重合在一起的结果，所以有歧义。对于歧义现象的分析在语法研究里有重要意义，因为它往往能引导我们发现结构上的区别。语法形式和语法意义之间的关系是语法研究中的根本问题。虽然这些年来语言学进步很快，可是我们关于这方面的知识还是很肤浅的。至于我在这几次讨论里说的一些看法，只是一孔之见，谬误之处一定不少。希望你批评指正。

客：我刚才批评你对意义重视不够。现在看来，我的批评是落空了。这几次讨论使我获益匪浅，真是感谢得很。以后有机会还要向你请教。

（《语法答问》1985年由商务印书馆出版。）

定语和状语

目　录

一　引言

（一）定语和状语的区分

定语和状语都是修饰成分。它们跟中心词结合以后造成的都是偏正结构。定语和状语的区别可以从被修饰的中心词来看，也可以从定语和状语本身来看。从中心词来看，我们要问：受定语修饰的是哪些东西？受状语修饰的是哪些东西？从定语和状语本身来看，我们要问：定语由哪些东西充任？状语由哪些东西充任？

1956 年初中课本《汉语》说："定语是加在名词前边的连带成分"，"名词前边回答'谁的？什么样的？多少？'这类问题的名词、代词、形容词、数量词叫作定语"。这两段话告诉我们：(1)受定语修饰的中心词是名词，(2)可以充任定语的有名词、代词、形容词、数量词等等。同书又说："状语是句子里加在动词或者形容词前边的连带成分"，"动词、形容词前边的形容词、副词或者表示时间处所的词，能回答'怎么、多么'这类问题的，叫作状语"。这就是说：(1)受状语修饰的是动词或形容词，(2)可以充任状语的有形容词、副词或表示时间处所的词。

在某些偏正结构里，我们可以根据中心词的词类推断它前边的修饰成分是定语还是状语。例如"真事"的中心词"事"是名词，"真好"的中心词"好"是形容词；因此前一个"真"是定语，后一个是状语。有的时候光看中心词不能确定修饰成分的性质。例如"我的笑便渐渐少了”(朱15),“笑”虽然是动词,却不能说“我的”是状语。当然我们可以说动词“笑”在这里已经名物化了,取得了名词的性质,因此前面的修饰成分不是状语,而是定语。实际上这种解释是倒因为果。我们所以能确定“笑”取得了名词的性质,正是因为它前边的修饰成分是定语而非状语的缘故。由此看来,在某些偏正结构里,根据修饰成分本身的性质就可以确定它是定语还是状语。譬如说由名词或代词充任的表领属的修饰成分一定是定语,由副词充任的修饰成分一定是状语。

课本关于定语和状语的说明比较简略,没有概括所有的情形。实际上受定语修饰的不限于名词,受状语修饰的不限于动词和形容词,能够充任定语和状语的也不止课本上提到的那些。

在偏正结构里,修饰成分有时直接放在中心词之前,有时要靠助词“的”和“地”的帮助。“的”和“地”都读作“de”,语音形式是一样的。在文字上我们把它分成两个:定语后面的写作“的”,状语后面的写作“地”。但一般人写作,不一定都采用这办法。定语之后大家都写“的”,状语之后有人写“地”,有人写“的”。本书把这两个字严格分开,但在引例里仍用原来的写法。

(二)定语和状语的名称

黎锦熙《新著国语文法》把修饰成分叫作“附加语”。附加语分为“形容的附加语”和“副词的附加语”两类①。前者相当于定语,

① 1956年第24版,目录中称“形容的附加语”和“副词的附加语”,第三章正文中称“形容性附加语”和“副词性附加语”。

后者相当于状语。此外,黎锦熙先生又给句子里的名词和代词(《新著国语文法》总称为“实体词”)另立了“位”的名称。凡名词或代词充任形容的附加语时叫作“在领位”,充任副词的附加语时,叫作“在副位”。换句话说,由名词和代词充任的修饰成分有两套平行的名称,既可以叫作附加语(形容的或副词的),也可以说是“在某位”(领位或副位)。

吕叔湘《中国文法要略》采用了丹麦语言学家叶斯丕孙的“三品说”,把句子里的词按照所占据的位置分为甲、乙、丙三级。凡在我们所谓定语位置上的词都是乙级,凡在我们所谓状语位置上的词都是丙级①。书里把定语叫作“加词”,把状语叫作“丙级加词”②。

王力《中国现代语法》也采用了三品说。所谓“首品”、“次品”、“末品”各相当于《中国文法要略》的“甲级”、“乙级”、“丙级”。王力把定语叫作“加语”,但没有给状语另立专门的名称。

丁声树等《现代汉语语法讲话》把修饰成分总称为“修饰语”,下面分:(1)名词的修饰语,(2)动词的修饰语,(3)形容词的修饰语。(1)相当于定语,(2)和(3)合在一起相当于状语。

《汉语》课本把修饰成分分为定语和状语,跟《新著国语文法》、《现代汉语语法讲话》比较接近。但这两部书所用的名称都有缺点。《新著国语文法》的“副词的附加语”从字面上看好像是“修饰副词的附加语”,但实际指的是“副词性的附加语”。在原书里,“形

① 乙级词能占据的位置不限于定语,丙级词能占据的位置也不限于状语。

② 1956 年修订本放弃三品说,取消了“级”的名称。“加词”改称“加语”,泛指修饰成分。没有给定语、状语另立专名。

容的附加语”是跟“副词的附加语”相对待的,“形容”可能是指“形容词”。但从字面上看,“形容性附加语”好像是跟“领属性附加语”、“同一性附加语”相对待的,容易让人误为定语内部的小类。《现代汉语语法讲话》的名称,首先是含义不太明确,譬如“名词的修饰语”可以解释为“名词前边的修饰语”,也可以解释为“由名词充任的修饰语”(比较:《新著国语文法》“副词的附加语”)。更重要的是“名词的修饰语”、“动词的修饰语”、“形容词的修饰语”根据中心词所属的词类定名,而中心词不止名、动、形三类,因此不能概括所有的修饰成分。此外,从名称上看不出定语(名词的修饰语)和状语(动词的修饰语、形容词的修饰语)的对立,而这种对立在语法上是非常重要的。

定语和状语两个名称除了没有以上指出的这些缺点之外,还有一个很大的好处,就是简短。而且跟主语、谓语、宾语、补语等相配,也显得匀称。

二 定语

(一) 定语修饰什么?

修饰名词的定语是最典型的,例如"白马、漂亮衣服、木头房子、今天的报、我哥哥、一首诗、吃的东西、美丽的北京"。

数词和数量词也可以有定语,例如"两个十(是二十)、那两本、最大的一个"。

动词和形容词之前的修饰成分是状语,但是动词和形容词名物化之后,它们就取得了名词的性质。这时前面的修饰成分就是定语,而不是状语了(参看"引言(一)定语和状语的区分"),例如[①]:

> 我的笑便渐渐少了。(朱 15)
>
> 我的心随潭水的绿而摇荡。(朱 140)
>
> 街上的冷静使她的声音显得特别的清亮。(骆 76)
>
> 梦见春的到来,梦见秋的到来。(鲁 270)

代词是一种特殊的词类。按语法功能来说,可以分为两大类。一类的功能接近于名词,例如人称代词"我、你、他、我们、你们、他们、自己、人家、大家",疑问代词"谁、什么"等等。另外一类的功能接近于动词和形容词,例如"这么(样),那么(样),怎么(样)"。后

---

① 在本节的例句里,定语下加点,中心词下加圈儿。

一类只能有状语，不能有定语[①]。前一类一般说来不受修饰，但在书面语里，偶尔也可以有定语，例如：

摆脱掉纠缠，还原了一个平平常常的我。（朱 30）

所有的自己全被忘却了。（朱 30）

这一类定语之后一般都要带助词“的”。

“什么”情形比较特殊，它常常带定语（主要是数量词）[②]，而且不需要用“的”字，例如：

他说了些什么？

你乐个什么！

他把我什么都拿走了[③]。

除了单词之外，以下几种类型的结构也可以有定语：

1.“的”字结构相当于一个名词，可以有定语，例如：

一个拉车的吞的是粗粮，冒出来的是血。（骆 107）

你大概是个唱花旦的。（曹 233）

我叫几个岁数相仿的您瞧瞧。（曹 277）

〔他必定是个〕很奇怪的拉骆驼的。（骆 25）

2. 由名词组成的联合结构相当于一个名词，可以有定语，例如：

以后每天早上，中上，晚上，我常常看见阿河挈着水壶来往。（朱 164）

吃的菜、肉、油，穿的棉衣、毛衣、鞋袜，住的窑洞、房屋，……差不

① “这样、那样”兼有两类的功能，可以有定语（“新买的那样”），也可以有状语（“就这样吧”）。

② 如果“什么”在宾语的位置上，数词“一”往往省去不说。

③ “我什么”一类格式不能单说，只在句子里头出现。参看“（二）名词作定语”和“（五）代词作定语”两节。

多一切都可以自己造。（毛 952）

由名物化了的动词、形容词组成的联合结构跟由名词组成的联合结构一样，可以有定语，例如：

他的聪明和努力都足以使他的志愿成为事实。（骆 4）

个人的委屈与困难是公众的话料。（骆 5）

这里写赵姑母的唠叨和龙钟，惟妙惟肖。（朱 367）

（二）名词作定语

名词作定语，可以用助词"的"，也可以不用，例如：

棉大衣	棉的大衣
木头房子	木头的房子
桌子腿儿	桌子的腿儿
中国历史	中国的历史
亚洲人民	亚洲的人民
教育部部长	教育部的部长

一般说来，不用"的"的时候，定语跟中心词结合得比较紧，是一个稳定的整体，有点像一个单词；用"的"的时候，定语跟中心词是一种临时的组合，两部分在意义上保持着比较大的独立性。

以上是就一般的情形说的，实际上有些格式里的"的"不能取消，例如"水的密度、书的内容、车的速度、人的寿命"。

有些格式里用不用"的"意思不一样。比较：

甲	乙
日本是中国的朋友。	他有好些中国朋友。
孩子的脾气不好。	他这个人有点孩子脾气。
狐狸的尾巴很大。	敌人的狐狸尾巴露出来了。
咖啡的味儿没有茶好。	这茶里有股子咖啡味儿。

在甲类格式里，定语表示领属关系；回答问题"谁的～？"或"什么东

西的～?”[①]。在乙类格式里，定语表示某种性质；回答问题“什么～?”或“什么样的～?”。

必须注意，乙类格式单说的时候跟包含在句子里作为句子的一部分的时候情形不太一样。例如“孩子脾气”单说时只表示属性，不能表示领属关系；但包含在句子里头也可以表示领属关系，例如“把孩子脾气惯坏了”(孩子脾气＝孩子的脾气)。

(三)形容词作定语

一般的单音节形容词可以直接修饰名词，例如“新书、蓝绸子、短头发、假古董、酸苹果”。如果要强调定语所表示的属性，也可以用助词“的”，例如“新的书、蓝的绸子”等等。

双单节形容词修饰名词时，一般要用“的”，例如：

玻璃上有精致的花纹。(朱 128)

那时处处都是歌声和凄厉的胡琴声，圆润的喉咙确乎是少有的。(朱 132)

好像有个坚硬的东西在他脑中划了一下。(骆 22)

乌黑的眼眶，猩红的嘴唇。(鲁 366)

只有口语里常见的一些双音节形容词可以直接修饰名词，例如“干净手绢儿、老实人、要紧事、漂亮衣服”等等。

形容词的重叠式以及带辅助成分的形容词做定语时，必须带“的”，例如：

你容我说吧，这本小小的书确已使我充实了。(朱 319)

弯弯的眉毛大大的眼，红红的嘴唇赛樱桃。(民歌)

---

① “～”代表中心词。

内中又有袭人，也还是个妥妥当当的孩子。（红 254）

那汉奸的脑瓜打烂了，白花花的脑浆漂在水面上。（袁 47）

李六子小小子先占了一间暖呼呼的房。（袁 31）

如果中心词之前有数量词的话，就可以不用“的”，例如：

小小一所房屋。（红 29）

一面脱下衣裳扔开，露出黑不溜一身疙瘩肉。（袁 111）

（四）动词作定语

单音节动词作定语时，必须用“的”字。例如“吃的东西、买的书、说的话、看的人”。如果把“的”字去掉，整个格式就由偏正结构转成了动宾结构了[①]。

但是双音节动词有时可以直接作定语，不需要助词“的”，例如：

建筑材料　执行情况　学习计划　编辑人员

广播节目　研究方法　参考材料　扩大会议

这个现象不能用动词的音节数目来解释。因为上文说过，双音节形容词作定语时一般要用“的”字（参看“（三）形容词作定语”）。我们认为这类格式里的动词已经名物化了，它是以名词的资格充任定语的。因此凡是不大能名物化的双音动词也就不能直接作定语，例如“喜欢的东西、盼望的事情、打听的消息”。

无论是单音节的或双音节的动词作名词“法儿”的定语时，都不带“的”字，例如“（怎么个）写法儿、（怎么个）打听法儿”。

---

① “一盘炒鸡子儿”的“炒鸡子儿”不是偏正结构，而是事物化了的动宾结构，因为可以说“一盘西红柿炒鸡子儿”。

(五) 代词作定语

人称代词“我、你、他、我们、咱们、你们、他们、人家”等等作定语时，如果中心词是亲属称谓，或者指一种集体或机构，就可以不用“的”，例如“我哥哥、你叔叔、你们小弟、咱们家、我们学校、你们二年级”。

“我书、你帽子”不能单说，除非加上“的”字，但是被包含在句子里的时候，这些格式也能成立（参看“（二）名词作定语”），例如：

他把**我书**拿走了。
你帽子呢？
这是**我们财政政策**的基本方针。

如果中心词之前有指示代词，那么不用“的”的格式比用“的”的更普通，例如“我这衣服、他那几本书”[1]。

指示代词“这、那”和疑问代词“什么”作定语时都不带“的”。

(六) 数量词作定语

数量词作定语时，不用“的”字。但在表示度量衡的量词和借用名词担任的量词之后，也可以用“的”，例如“二十斤的大米、两箱子的书、一手的泥”。

代词“这、那、哪”和量词的组合可以直接作定语，但如果表示的是领属关系，则必须带“的”，比较：

---

① 在这类格式里，如果名词是指人的，可能有两种不同的意义。例如“你这个先生”，有时“先生”和“你”指不同的两个人（＝你的这个先生），有时指同一个人（“你”就是“先生”）。在前一种意义上，“你”修饰“这个先生”，整个结构是表领属关系的偏正结构；在后一种意义上，“这个先生”和“你”是复指成分。

这本书破了。　　这本的皮儿破了。

哪个孩子？　　哪个的孩子？

“一样”和“一般”是两个比较特殊的数量词。这两个词都可以作定语。“一样”作定语时，带“的”跟不带“的”意思不一样。例如：

这和祖国是一样的天，一样的地。（杨 39）

吃饭的素菜，要一样凉凉的酸酸的东西。（红 60）

带“的”的时候，是“同样”的意思，数词限于“一”；不带“的”的时候，是“一种”或“一件”的意思，数词不限于“一”[①]。

“一般”作定语是“普通的”或“通常的”的意思，可以带“的”，也可以不带，例如：

……文学家、艺术家以及一般文艺工作者，……（毛 876）

政治并不等于艺术，一般的宇宙观也并不等于艺术创作和艺术批评的方法。（毛 891）

有的时候，在定语位置上的“一样、一般”本身带一个由名词充任的状语。例如：

这是铁一般的事实，谁也否认不了的。（毛 670）

那一边，却是一个生铁一般的冷而且白的月亮。（鲁 211）

满脚底都是栗子一般的老茧。（鲁 239）

有时在名词之前加上“像、跟、和、同”等等，例如“像清水一样的酒、跟我一样的人”。

（七）有连带成分的定语

以上几节所说的定语都是单词，实际上作定语的词的前后往

---

① 但不能说“二样”，只能说“两样”。“两样”作定语，也有两个意义。带“的”时是“不一样”的意思，不带“的”时是“两种”或“两件”的意思。

往有各种连带成分。如果充任定语的是名词，前面可以有定语；如果是动词，前面可以有状语，后面可以有宾语，补语；如果是形容词，前面可以有状语，后面可以有补语。

下面的例子里，充任定语的名词本身带有定语：（定语下加浪线，定语的连带成分下加点。）

我看见他戴着黑布小帽……（朱 161）

M 太太是我的同事的女儿。（冰 127）

我这时心中只憧憬着梁山泊好汉的生活。（冰 189）

一般说来，如果定语不是表示领属关系的，则可以带“的”，也可以不带，例如“黑布小帽”，也可以说“黑布的小帽”。表示领属关系的定语之后往往带“的”，例如：“我的同事的女儿”。

在下面的例子里，充任定语的名词之前有数量词：

遇见了一位同学的弟弟。

那时 S 已是三个孩子的母亲。（冰 119）

第一句表示领属关系，以用“的”字为常[①]。第二句表示的不是领属关系，而是中心词所指的事物的某种性质或特征[②]，这种格式必须用“的”字。

上文说过，单音节形容词以及某些双音节形容词可以直接作定语（参看“（三）形容词作定语”）。但如果形容词本身带有状语，一般要用“的”字，例如：

他必能自己打上一辆车，顶漂亮的车。（骆 4）

---

① “一个旅馆的经理”也可以说“一个旅馆经理”，但意义不完全一样，前者表示领属关系，后者说明性质。

② “三个孩子的母亲”一类格式有时也能表示领属关系，例如“三个孩子的母亲都来了”。

春余夏始，是北京最好的日子。（朱 193）

那么宽的肩膀。（骆 11）

动词不能直接作定语（参看“（四）动词作定语”），带状语之后，也仍旧要用“的”字。例如：

新选的妇会主任秀女儿又能干，又积极。（袁 45）

我们这两个民族是一条藤上结的瓜，苦都苦，甜都甜。（杨 61）

动词或形容词作定语而本身带补语时，也必须用“的”字。例如：

到处都有烧塌了的房。（袁 107）

想不到碗里是赶（擀）得细溜溜的白面条。（袁 115）

这样，他们就带出跑得很用力的样子。（骆 7）

就把两个红得很好看的圆筒儿，放在她枕头边。（袁 87）

充任定语的动词带宾语时，除了少数习惯的说法，如“下雨天、洗脸水、退烧药”之外，一般也要用“的”字，例如：

你得学做人，懂得做人的道理。（朱 15）

叶子和花仿佛在牛乳中洗过一样；又像笼着轻纱的梦。（朱 183）

在“蓝布包袱”里，我们说充任定语的是名词“布”，而“蓝”是“布”的连带成分（定语）；但是在“黄头发的孩子”里，充任定语的是整个词组（偏正结构）“黄头发”，不是名词“头发”，因为不能说“头发的孩子”。下面都是词组作定语的例子：

两三个星期的工夫，他把腿溜出来了。（骆 6）〔偏正结构〕

只有五块钱的本钱。（骆 102）〔偏正结构〕

杀人的刀。〔动宾结构〕

改不掉的毛病。〔动补结构〕

（八）“……似的”作定语

助词“似的”读音是“shì · de”，所以也有人写作“是的”。“似的"粘附在名词之后造成的助词结构可以作定语，例如：

那是一个黑瘦的，乞丐似的男子。(鲁 253)

祥子又是那么死砖头似的一块东西。(骆 159)

鱼鳞似的屋，螺髻似的山，白练似的江，明镜似的湖。(朱 31)

（九）联合结构、主谓结构作定语

联合结构作定语时，必须用"的"字。"的"字有时放在整个联合结构之后，例如：

他不能离开这个热闹可爱的地方。(骆 134)

忽然听到老者这番诚恳而带有感情的话，他不好意思再争论了。(骆 28)

将中国拖回到痛苦重重的不独立、不自由、不民主、不统一、不富强的老状态里去，…… (毛 1075)

有时放在联合结构的每一项之后，例如：

我于是曾好几次爬到北固山的顶上，去领略那飕飕的高风，看那低低的，小小的，绿绿的田亩。(朱 187)

白须发的、花须发的、小白脸的、胖而流着油汗的，胖而不流油汗的官员们……(鲁 241)

主谓结构作定语时，也要用"的"字，例如：

圣陶谈到他作小说的态度，常喜欢说：我只是如实地写。(朱 349)

现在晓得他讲道理的时候，不但唇边还抹着人油，而且心里还满装着吃人的意思。(鲁 10)

（十）递加的定语

有些偏正结构里，定语部分包含两个或两个以上的词。这几个词彼此之间既不是中心词和连带成分的关系，合在一起也不是一个联合结构，而是一个一个递加在中心词之前去修饰它的。例如在"小红花儿"里，中心词"花儿"之前先加上"红"，说明花的颜色，再加上"小"，说明它的大小。"小红"既不是偏正关系，也不是联合关系。这样的定语叫作递加的定语。

在"小红花儿"里，定语"小"和"红"是两个单词。有时充任定语的词本身也有连带成分。例如在"学校门口新修的马路"里头，第一个定语"门口"本身带一个定语"学校"，第二个定语"修"本身带一个状语"新"。下面举的都是有递加的定语的例子：

掏出(一盒)(大英牌)烟卷。(袁 4)

(一张)(小小的)(圆)脸。(朱 165)

欠过身去搁在(洗脸台上)(最高的)(一层)格子上。(鲁 137)

他喋喋不休地问他(不知多少)(难以回答的)(有趣的)(傻)话。(曹 367)

穿(一身)(农村的孩子过年过节才穿的)(新)衣裳。(曹 356)

(十一) 定语的次序

联合结构做定语时，联合结构内部各项的次序一般说来是自由的，例如：

正中立着烟儿，围着它横着竖着摆着方的，圆的，立体的，圆锥的小凳和沙发。(曹 170)

"方的、圆的、立体的、圆锥的"也可以改换为"圆锥的、立体的、方的、圆的"或是其他任何排列法。次序的挪动只有修辞上的意义，并不影响整个格式的基本意义和语法结构[①]。递加的定语往往不能任意挪动次序。譬如"小红花儿"不能说"红小花儿"，"一本新

① 但也有不能挪动的。譬如在"中国，日本，印度及其他亚洲国家"里，前三项的次序是自由的，但"其他亚洲国家"一项只能放在最后。

书"不能说"新一本书"。因此在由递加的定语组成的偏正结构里，必须注意定语的次序。

能够作定语的有各种不同类型的成分，同时一个中心词之前能够递加上去的定语的数目，在理论上说，并没有什么限制。因此定语的次序就变成一个错综复杂的问题。以下分三方面来说。

第一，如果几个定语都不带"的"，一般的次序是：(1)表领属的名词或代词，(2)数量词，(3)形容词，(4)表性质的名词。我们先举一些只包括(2)(3)(4)三项的格式：

一把(2)小(3)瓷(4)茶壶。
两个(2)破(3)墨水(4)瓶儿。
一件(2)新(3)狐皮(4)大衣。

(2)的位置是固定的，即必须在(3)(4)之前。(4)如果是一个单音节的名词，它的位置也是固定的，即只能在(3)之后；如果不止一个音节(多音节名词或单音节名词带定语)，有时也能提在(3)之前。例如"小瓷茶壶"不能说成"瓷小茶壶"，但是"小洋瓷茶壶"却能说成"洋瓷小茶壶"。

表领属的名词和代词一般放在(2)的前头，例如"我那把小瓷茶壶"。名词有时也可以放在(2)之后，例如：

一个(2)日本(1)老太太送给他的纪念品。

不过次序挪动以后，名词就不再是表示领属关系的，而是表示性质的了(比较："日本一个老太太")。

第二，在带"的"的定语里头，表领属的名词或代词仍然在最前面。其他各类定语的次序大致是：(1)主谓结构，(2)动词，(3)形容词。例如：

《骆驼祥子》是老舍写的(1)〔一部〕叙述一个洋车夫的一生的(2)

小说。

这些都是古代人民留给我们的(1)珍贵的(3)遗产。

(3)有时可以放在(2)之前,例如:

这是一种最狠毒的(3)杀人的(2)方法。

第三,带"的"的定语一定在不带"的"的定语之前,例如(*号表示不能成立的格式):

瓷的小茶壶。 *小瓷的茶壶。(比较:小瓷茶壶,小的瓷茶壶。)

绣花的绸衬衫。 *绸绣花的衬衫。(比较:绸的绣花衬衫。)

"自行车上的小螺丝钉儿"可以改成"小自行车上的螺丝钉儿"。但改动之后,意义和结构都变了。在前一句里,"螺丝钉儿"之前有"小"和"自行车上的"两个递加的定语;在后一句里,"小"是"自行车"的定语,不是"螺丝钉儿"的定语。

例外有两类。一,数量词以及指示代词和量词的组合可以前置,也可以后置,例如:

最大的一间屋子。

一间最大的屋子。

穿红衣服的那个孩子。

那个穿红衣服的孩子。

二,表领属的代词只能前置,不能后置,例如:

他最大的孩子已经十岁了。

名词有时可以后置,例如"日本最有名望的作家"也可以说"最有名望的日本作家"。不过位置移动以后,"日本"就不表示领属,而表示性质了。

(十二) 定语的意义

根据定语和中心词之间意义上的关系,可以把定语分为限制性定语和描写性定语两大类[①]。

限制性定语的作用是举出一种性质和特征作为分类的根据来给中心词所代表的事物分类。譬如在“白纸”里头，我们用“白”这种性质来给纸分类。说“白纸”的时候，确定所说的是“白纸”这个类，而不是别的类，如“黄纸、红纸”等等。同样，在“我的书”里头，“我”是限制“书”的。说“我的书”的时候，确定所说的是“我的书”，而不是别人的书。实际上也给书分了类。

由名词、代词、形容词、动词充任的定语都是限制性的，例如：

名词：上海人，木头房子，今天的报。

代词：我哥哥，他的眼镜，大家的意见。

形容词：白纸，老朋友，假古董，干净手绢。

动词：游的鱼，吃的东西，上演的剧本，调查的对象。

由数量词充任的定语是一种特殊的限制性定语。这种定语并没有给中心词所指的事物分类，只是从数量上来限制它，例如“五本书、三块钱”[②]。

描写性定语跟限制性定语不同，它不是分类的根据，而是用来描写中心词所指的事物的状况或情况的。例如在“红红的脸”里，“红红的”并没有给脸分类，只是描写脸的状态。充任描写性定语的主要有：(1)形容词重叠式和(2)带辅助成分的形容词。例如：

红红的脸　　　　香喷喷的菜

---

① 有些偏正结构里，定语和中心词所指的是同一样事物。这主要包括两类格式：(1)“赤壁之战的故事”；(2)“红楼梦的作者曹雪芹”。我们把(1)归到限制性定语里；根据《汉语》课本的体系，(2)是复说格式，不算偏正结构，因此这里不列“同一性定语”一类。

② “任何、一切、所有、其他、别的”作定语时，说明中心词所指事物的范围，跟数量词作定语的情形近似，也是限制性定语。

胖胖的孩子　　黑乎乎的手

平平常常的事　　灰不溜秋的天

和和气气的样子　　可怜巴巴的样子

描写性定语往往带着一定的感情色彩。例如由单音节形容词重叠式充任的定语带有亲热、爱抚的意味：

他是个小胖子，短短的腿，走起路来，蹒跚可笑。（朱 201）

弯弯的眉毛大大的眼，红红的嘴唇赛樱桃。（民歌）

由嵌音的形容词充任的定语带有憎恶、轻视的意味：

古里古怪的脾气。

傻里傻气的样儿。

啰里啰嗦的废话。

三　状语

(一) 状语修饰什么?

受状语修饰的单词有:动词、形容词、数词、数量词以及一部分代词。修饰动词的例子是[①]:

在未庄再看见阿Q出现的时候,是刚过了这年的中秋。(鲁73)

你以后没事可以常到这儿来玩玩。(曹314)

口角边渐渐的有了笑影,脸上也白胖了。(鲁110)

眼不看,嘴不说,耳朵可直楞楞的听着哩。(袁3)

咱们斯斯文文的躺着说话儿。(红195)

修饰形容词的例子是:

你真傻!(曹21)

街上非常的清静。(骆76)

这些房子都破旧了。(朱130)

他听见敌人左翼有挺机枪,叫得怪讨厌的。(杨80)

修饰数词、数量词的例子是:

因为前年据她自己说她才三十,而今年忽然地二十八了。(曹215)

不多不少,刚好五块。

已经十个年头了。

---

① 在本节的例句里,状语下加点,中心词下加圈儿。

具有替代动词或形容词的功能的代词，可以受状语修饰，例如：

四爷，你怎么说来着？市面一不怎么样，经济一怎么样，就应该怎么样？（曹 218）

这本书写得不怎么样。

由动词或形容词组成的联合结构可以受状语修饰，例如：

他时常照镜子，理头发。（曹 230）

在曾霆入了中学的前二年，一般孩子还在幸福地抛篮球，打雪仗，闹得头破血流的时候，便挑选了一个黄道吉日要为他们了却终身大事。（曹 367）

二十来的岁，他已经很大很高。（骆 4）

那漾漾的柔波是这样的恬静，委婉。（朱 129）

有的时候，状语可以离开受它修饰的中心词，提到主语的前面，例如：

忽然一个老妈妈托着个盘儿进来。（袁 95）

大概的他觉出是顺着大路走呢；方向，地点，都有些茫然。（骆 20）

明天克大夫还来。（曹 130）

以后我们永远在一块儿了。（曹 149）

极快的他想出个道理来：炮声是由南边来的。（骆 17）

可是在过去的这些日子，无缘无故的他受尽了委屈与困苦。（骆 25）

这一类格式里的状语也可以解释成修饰它后面的整个主谓结构的。

（二）副词作状语

单音节副词作状语时都不带“地”，例如：

说孩子不乖巧，又说我太宠他了。（朱 23）

我在床上哭了半夜，只恨自己命苦。（朱 21）

去年我就劝你多少次了。（曹 384）

双音节副词作状语，可以带“地”也可以不带。下面例句里的“地”（有人写“的”）去掉以后，句子的意义和结构并没有什么变化：

头上略略的有些钗环。（儿 7.9）

连忙的插住两脚，挺起腰来往前一挣。（儿 6.22）

口角边渐渐的有了笑影。（鲁 110）

霰粒非常的小，可是沉重有分量。（骆 93）

“已经、也许、马上、几乎、难道”等双音节副词之后不能带“地”。

双音节副词跟单音节副词还有一点区别：单音节副词只能紧连着中心词；有些双音节副词可以离开中心词放到主语的前边，例如：

也许他从饭厅的门出去了。（曹 149）

忽然，一切东西都非常的清楚了。（骆 24）

（三）形容词作状语

能够作状语的单音节形容词有两类：

(1) 高喊，臭骂，横写，红烧。

(2) 多休息，全走了，早回来了。

(1)类形容词作状语是很不自由的。这就是说它们只能修饰极有限的几个词，例如“高”只能修饰“喊”或是“举”，“粗”只能修饰“看”，“怪”[①]只能修饰“叫”。这些格式里有的是文言的说法，例如“高举、静养、苦劝”；有的结合得很紧，好像是一个单词，例如“红烧、清唱、小看、大考”。(2)类的确能够自由地作状语。但是这一类词不很多，常用的只有“多、少、早、晚、全、真、假”等等。

---

① “怪好的”的“怪”是副词，见下。

"白、光、老、硬、怪"等词作状语的时候，意义发生了显著的变化。比较：

白跑一趟	白头发
光说不练	光脚
老请假	老朋友
硬不答应	硬板凳
怪好的	怪脾气

我们认为这是两组不同的词：在定语位置上的是形容词，在状语位置上的是副词。

能够作状语的双音节形容词大都是一些新产生的书面词汇，例如"经常、特别、一般、正式、一致、普遍、积极、公开、直接、完全"等等。口语里能够作状语的双音节形容词很少，常用的有"干脆、仔细、细心、勉强"等。

大部分形容词都不能作状语，但是形容词重叠以后就取得了充任状语的功能。譬如我们不能说"轻写、慢看、胡涂念了一遍"，但是可以说"轻轻地写、慢慢地看、胡胡涂涂地念了一遍"。下面是同样的例子：

又嘱托茶房好好照应我。（朱 161）

蹒跚地走到铁道边，慢慢探身下去。（朱 161）

花也不很多，圆圆的排成一个圈。（鲁 26）

那你为甚么不正正当当地讲出来？（曹 143）

路上有人说话，可以清清楚楚地听见。（朱 299）

带辅助成分的形容词跟重叠式一样，经常作状语，例如：

一拥进去，黑压压的挤了半屋子。（袁 11）

灯光红映映的照着。（袁 209）

有几个人可怜巴巴的爬在地上啜那泥浆。（袁 120）

以上是就口语说的。在书面语里，双音节形容词加上"地"之后可以充任状语，例如：

他惊异地笑着说。(鲁 275)

几个老百姓热烈的喊着。(袁 192)

一片淡淡的夕阳透过窗子微弱地晒在桌子上的菊花瓣上。(曹 461)

形容词重叠式以及程度副词和形容词组成的偏正结构，有时可以放在主语之前，例如：

迷迷糊糊的他拉了几个买卖。(骆 52)

极快的他想出个道理来：炮声是由南边来的。(骆 17)

(四) 名词作状语

表示时间或处所的名词以及方位结构可以做状语，例如：

我们现在就走。(曹 143)

我今天走了，过了一两个月，我就来接她。(曹 145)

枝上歇着一对黑色的八哥。(朱 138)

门前有一条小石桥。(朱 163)

因为思想上有许多问题，我们有许多同志也就不大能真正区别革命根据地和国民党统治区，……(毛 897)

这一类状语都不能带“地”。

有些名词如“机械、科学”既能作谓语，又能受副词修饰(“你太机械了”，“这种说法不科学”)，可见同时又是形容词。这一类词往往可以以形容词的资格充任状语，例如：

商品这个东西，千百万人，天天看它，用它，但是熟视无睹。只有马克思科学地研究了它，……(毛 839)

我们明知那些歌声，只是些因袭的言词，从生涩的歌喉里机械的发出来的。(朱 130)

这种形式主义地看问题的方法，就影响了后来这个运动的发展。(毛 853)

这类状语一般都带“地”。

由表示时间或处所的名词或者方位结构充任的状语，有时可以放在主语之前，例如：

明天我不出去。

事实上谁也不相信。

（五）代词作状语

能够作状语的代词有以下几类：

（1）表示处所的：这儿，那儿，哪儿。

（2）表示时间的：这会儿，那会儿，多会儿，几时。

（3）表示性质、状态或方式的：这么，那么，怎么，这样，那样，怎样，这么样，那么样，怎么样。

（4）表示程度的：这么，那么，这样，那样，这么样，那么样，多，多么。

（1）（2）两类的功能相当于表示处所或时间的名词和方位结构，可以直接充任状语，例如：

哪儿来的？（骆 25）

虽然那里没有父母亲戚，没有任何财产，可是那到底是他的家。（骆 24）

那会儿你打我，这会儿我可不打你。（袁 232）

不知他是几时养的？（红 42.447）

（3）（4）两类作状语时相当于副词或形容词，可以修饰动词、形容词和数量词，例如：

卖力气挣钱既是那么不容易，人人盼望发点邪财。（骆 37）

轱辘那么大，赶上我高了。（杨 69）

祥子！说说，说说你怎么发的财？（骆 38）

姚志兰嘴里这样讲，心里这样想……（杨 66）

人在世，不是为人吗？怎么不能做点事？（杨 9）

我的朋友永远是那么几个。（朱 272）

忽然有这么一天，天才过午，远远地就看见那边有一座庙。（评书《劳山道士》3）

其中"多"和"多么"①只能修饰形容词以及某些表示心理活动的动词，跟程度副词的功能相当，例如：

先学个歌多好。（杨 75）

你看霜多美，多好看！（曹 172）

你瞧他多么喜欢你啊！

（六）数量词作状语

表示动量的数量词可以作状语，例如：

白露一口灌下，看也不看，就把酒杯交给张乔治。（曹 295）

大乱一把抱住他说……（杨 102）

一下子把汽船都拆开了。（袁 81）

抽抽噎噎的哭了一阵，就一头栽下井去。（袁 74）

三天看完一本书。

表示物量的数量词，重叠以后可以作状语，例如：

我四十多的人，成天鞠着躬跟这帮王八蛋，甚至于像胡四这个贱东西混，我一个一个地都要奉承，拉拢。（曹 240）

怎么走？我告诉你，你一层一层地爬上去。（曹 250）

五个五个地数。

数量词"一样、一般"单独作状语，是"同样"的意思。例如：

黑漆的黄漆的都一样的油汪汪发光。（骆 47）

---

① 代词"多"跟形容词"多"是两个词。前者读"duó"，后者读"duō"。"多么"的"多"跟代词"多"的读法一样。

学校不同，年纪不同，长相不同，可是都一样的讨厌。（骆 42）

他们俩一般（样）高。

在这类格式里，"一般"着重表示数量上相同，所以它只能修饰意义上具有数量的区别的形容词。例如可以说"一般多、一般高、一般长"，但是不大说"一般酸、一般发光、一般讨厌"。"一样"不受这个限制。此外，"一样"作状语，可以带"地"，也可以不带；"一般"往往不带"地"①。

有时，在状语位置上的"一样、一般"本身带有状语。这种状语往往是：一，名词、动词，主谓结构，例如：

我像一个疯子，周身火一般热着。（朱 82）

窗外的慰冰湖，银海一般的闪烁。（冰 205）

只在街上有时看见他坐在三名轿夫的快轿里飞一般抬过。（鲁 329）

杀猪一样地叫了起来。

针扎一样地难受。

二，由"跟、和、同、像"跟名词、动词或主谓结构构成的词组，例如：

台州一般的人真是和自然一样朴实。（朱 188）

牛肉干也冻了，跟老牛皮一般硬。（杨 108）

十根指头却像绣花针一样灵巧。（杨 15）

要是有料子，她妈会把被缝的像天一般大呢。（杨 128）

李琳却感到了，像针扎一样感到了。（杨 24）

在以上两类格式里，"一样、一般"之后用不用"地"是自由的。

（七）介词结构作状语

介词结构作状语，常常修饰动词，例如：

---

① 在书面语里，"一般"有时是"普通、大体"的意思，例如"一般地说、一般看来"。在这种场合，可以带"地"，也可以不带。

两手提着两把白铁壶，正望厨房里走。（朱 164）

韦家的李妈在她前面领着，不知在和她说什么话。（朱 164）

凡属正确的领导，必须是从群众中来，到群众中去。（毛 921）

其次，应该在民主一点上团结起来。（毛 889）

这孩子从眼泪里爬出来，在战斗里站起来，一天一天长大了。（杨 44）

这家里要没有你，老太爷不知道要对我这做儿媳妇的发多少次脾气啦。（曹 381）

那些笑我们会要"塌台"的人们的嘴巴也就可以被我们封住了。（毛 918）

目前我们须得变一变，把我们的身体变得小些，……（毛 904）

有的可以修饰形容词，例如：

只有比从前亲，不会比从前远。（曹 497）

你和他好，他偏不和你好。（红 91.1043）

有些介词结构可以放在主语之前，例如：

对于车座儿，他绝对不客气。（骆 194）

当两位大员回到京都的时候，别的考察员也大抵陆续回来了。（鲁 237）

为了抗日和建国的需要，人民是应该负担的，……（毛 915）

按照孙先生的原则和中国革命的经验，在现阶段上，中国的经济，必须是由国家经营、私人经营和合作社经营三者组成的。（毛 1081）

（八）有连带成分的状语

作状语的词本身可以有连带成分：

1. 表示时间或处所的名词前边带定语，例如（状语下加浪线，状语本身的连带成分下加点）：

你今天晚上上哪儿去了？（曹 133）

俘虏里边有个美国军官。（杨 90）

可巧军官背后坐着个土耳其兵。（杨 91）

我带着一家大小从城里逃到乡下的第二天，战事就爆发了。

2. 形容词之前有状语，这类状语一般是程度副词，例如：

他很长的嘘一口气。（鲁 133）

我的泪很快地流下来了。（朱）

看见的还是黑暗，可是很清楚的听见一声鸡鸣。（骆 22）

3. 数量词"一样、一般"之前带状语。这一类格式在"（六）数量词作状语"里已经讲过了，这里不再举例。

一般的名词和动词不能作状语[①]，如果名词之前有数量词，动词之前有状语，或者后面有宾语、补语，这样构成的词组有时候能作状语，例如：

一口气吃了五个。

两个月进一次城。

低着头不停的走。

赵玉林挎着枪，领着头，大踏步的走出学校门。（暴 84）

又见湘云穿得整整齐齐的走来。（红 36.383）

洗得干干净净地收着。

这些格式里的状语部分都是词组。譬如在"一口气吃了五个"里，充任状语的是偏正结构"一口气"，不是名词"气"。因为去掉数量词"一口"之后，"气"也就失去了作状语的资格了。

（九）"……似地"作状语

助词"似地"粘附在名词或动词（包括以名词或动词为中心词

① 书面上有时可以找到例外。例如：

金质的假牙时常在呵呵大笑的时刻夸耀地闪烁着。（曹 196）

这些连成一气，宛然是流动而深邃的海，闪烁地汪洋地正冲着他的眼光。（鲁 161）

的词组)之后造成的助词结构可以作状语,例如:

他就不肯积蓄一点,水似的化钱。(鲁 182)

傻子似的他自己笑了。(骆 5)

但他却只是兀坐着号眺,铁塔似的动也不动。(鲁 167)

我便赶紧买得,复仇似的说完。(朱 251)

第六个妃子忽然发狂似的哭嚷起来。(鲁 258)

"像……似地"常常用作状语,例如:

微微轻响的皮轮像阵利飕的小风似的催着他跑。(骆 11)

他一出门就放开脚步,像木匠牵着的钻子似的,肩膀一扇一扇地直走。(鲁 159)

(十)主谓结构作状语

能够作状语的主谓结构大致有两类。一类是成语或文言格式,例如"喜气洋洋、人事不知、心神不定、声色俱厉、魂不守舍"等等。一类是主语和宾语同形的格式,例如:

虎姑娘站住了,面对面的对他说……(骆 77)

两个人手牵着手出去了。

脊背对脊背的围着银鞘,坐成个大圆圈。(评书《王者》5)

唐抓子天天装穷,一声接一声的叹气。(暴 26)

(十一)联合结构作状语

联合结构有两类。一类是一般的联合结构。一类是比况性的联合结构,指的是下面这种格式:

酱呀醋的。	说说笑笑。
说呀笑的。	你一句,我一句。
拼死拼活。	东张张,西望望。
能写会算。	搁不下,放不下。

拉拉扯扯。 一把眼泪，一把鼻涕。

比况性联合结构和一般联合结构的区别主要有以下几方面：

(1)从意义上说，一般的联合结构的每一项都是实指的，而且各有其独立的意义，整个联合结构的意义等于各项的意义的总和。譬如“我、你、他”就是“我和你和他”；“干净、整齐”就是“又干净又整齐”。比况性的联合结构的每一项的意义不是实指的，而是比况性的，整个结构的意义也并不是各项的意义的机械的总和。譬如“你一句，我一句”只是说“这个说一句，那个说一句”，并非实指“你”和“我”；“东张张，西望望”只是说“到处看”，并不是实指“东边”和“西边”。

(2) 一般联合结构可以只包括两项，也可以多于两项，比况性的联合结构只能包括两项。

(3) 一般联合结构都是自由的结构。比况性联合结构有些是自由的，例如：

跑啊跳的。

老张老王(地乱嚷)。

你一句，我一句。

有些是固定词组(成语)，例如：

天南地北。 非驴非马。

三长两短。 东一鳞，西一爪。

狼吞虎咽。 前不着村，后不着店。

(4) 一般的联合结构的语法功能跟它的组成部分的语法功能基本上一致。比况性联合结构的语法功能跟它的组成部分的语法功能不一定一致。譬如“你呀我的”虽然是由代词“你”和“我”构成的，但它的语法功能跟“你、我”大不相同。“你、我”不能作谓语，也不能作状语；“你呀我的”既能作谓语，又能作状语，例如：

你再别你呀我的了。

跟我你呀我的说话也可以。（曹 314）

一般的联合结构和比况性的联合结构都能作状语，但情形很不相同。上文说，一般的联合结构的语法功能跟它的组成部分是一致的。因此只有由形容词和表示时间或处所的名词、介词结构等等能够作状语的词或词组所组成的联合结构才能作状语。例如：

颤巍巍，瘦兢兢，挺挺地，高高地耸着的，想是灵隐的殿宇了。（朱 85）

这些新组织不能说是广大群众性的，还不是思想上、政治上、组织上都巩固的。（毛 570）

为要在党政机关，在农村，在工厂，在八路军新四军里面，了解各种人，熟悉各种人，了解各种事情，熟悉各种事情，就需要做很多的工作。（毛 872）

比况性的联合结构就不是如此。譬如说，动词、名词、人称代词、主谓结构一般是不能作状语的；但是由这几类组成的比况性联合结构往往可以作状语，例如：

李石清鞠躬点头地正要走出，顾八奶奶推着胡四由中门上。（曹 230）

在我眼前就敢信啊诗啊地给你递起来。（曹 448）

先是孩子们你来他去地在厨房与饭间里查看。（朱 198）

人不知，鬼不觉的跑出去了。

宝玉有一搭没一搭的说些鬼话，黛玉总不理。（红 19.196）

一般的联合结构作状语，“地”有时放在整个联合结构之后，有时每一项之后都带“地”。比况性联合结构作状语，如果带“地”，只能放在整个结构之后。

（十二）递加的状语

如果充任状语的几个词既没有中心词和连带成分的关系，合在一起也不是联合结构，而是一个一个依次递加在中心词之前去修饰它的，这样的状语叫递加的状语，例如：

鲁贵（偷偷地）（由中门）走进来。（曹 55）

她那雪白细长的手，（时常）（在她轻轻咳嗽的时候）按着自己瘦弱的胸。（曹 21）

而月儿（偶然）（也）（从它们的交叉处）（偷偷）窥看我们。（朱 132）

（十三）状语的次序

状语的次序比定语自由些。大致的顺序是：（1）表示时间的名词或介词结构，（2）表示处所的名词或介词结构，（3）副词，（4）形容词或动词。例如：

我昨天（1）在图书馆里（2）又（3）细（4）对了一遍。

早上我起来的时候（1），小屋里（2）射进两三方斜斜的太阳。（朱 99）

前年（1）在温州师范学校图书馆中（2）翻看小方壶斋舆地丛钞的目录。（朱 251）

在我们谈话中间（1），又（3）来了两只歌舫。（朱 136）

天天晚上（1）在学堂（2）开会。（袁 9）

看的人们也（3）都（3）无聊地（4）走散。（鲁 250）

然而依然有一种不满的感情在他心里（2）隐约地（4）流荡着。（曹 33）

以上所说的次序并不是固定的，譬如副词有时可以放在（2），甚至（1）之前，例如：

下面的裤子也硕大无比，裤管总（3）在地上（2）磨擦着。（曹 187）

女人们也(3)时时(3)从门里(2)探出头来。(鲁 249)

你也(3)明天(1)走吧。

程度副词情形比较特殊,它只能紧黏着中心词,例如"(今天)心里(很)高兴"。如果句子里还有别类副词,也一定要放在程度副词的前边,如"(今天)心里(也)(很)高兴"。有时候程度副词在形容词或其他副词之前出现,但这时它已经不是递加的状语的一项,而是形容词本身的连带成分(状语)了,例如:

最好看。

很容易办。

很晚回来。

形容词(4)也可以前置,但只限于双音节形容词、形容词重叠式以及带辅助成分的形容词,例如:

汗痛快的(4)往外(2)流。(骆 199)

一面慢慢的(4)也(3)睡着了。(冰 83)

小东西狠狠地(4)向福升身上(2)投上一眼,又低下头,一语不发。(曹 270)

两只眼睛亮闪闪地(4)对他们(2)打量着。(袁 179)

单音节形容词只有"多、少、早、全"等少数几个可以前置,例如:

多(4)在文字上(2)用功夫。

早(4)就(3)回来了。

(十四)状语的意义

状语所表示的意义是多种多样的,主要有以下几方面:

(1)时间、处所——表示这类意义,常用表时间或处所的名词、时间副词、介词结构等,例如:

我曾经有过一个小兄弟,是三岁上死掉的。(鲁 123)〔名词〕

右角立一架阅读灯,灯旁有一张圆形小几。(曹 170)〔名词〕

我就回来，你听见没有？（曹 13）〔副词〕

他的母亲已经醒来了。（鲁 245）〔副词〕

祥子始终一语不发。（骆 85）〔副词〕

母亲在牌桌上遇见一位太太，她有个女儿。（朱 302）〔介词结构〕

（2）情态、方式——表示这类意义，常用形容词、代词、数量词、助词结构"……似地"以及比况性的联合结构，例如：

顶可怜的是那长而无毛的脖子，那么长，那么秃，弯弯的，愚笨的，伸出老远。（骆 23）〔形容词〕

他有一点醉意，可是规规矩矩的把酒放在老车夫面前。（骆 87）〔形容词〕

道翁，道翁，你不要这么嚷。（鲁 144）〔代词〕

赵五更一枪打去，枪子儿飕的从张金龙头皮上擦过。（袁 156）〔数量词〕

一步一步往上提他，眼时提成工务段长了。（杨 7）〔数量词〕

她失了魂一般走到两个门的前面。（曹 292）〔数量词〕

人生最宝贵的爱情，就会像鸟儿似地飞了么？（曹 182）〔助词结构〕

你将诗的世界东一鳞西一爪地揭露出来。（朱 330）〔比况性联合结构〕

（3）程度、范围——用副词或代词表示，例如：

是太聪明？是太傻？我想不用我说。（朱 365）〔副词〕

陈大姐病得很厉害。（袁 113）〔副词〕

垫子是那么白，喇叭是那么响。（骆 11）〔代词〕

大家几乎都怒目的往外看，看谁这么不得人心。（骆 86）〔代词〕

几天里吃饭，睡觉，做文章，都在这轿子里。（朱 307）〔副词〕

除了孩子，你心里只有我。（朱 277）〔副词〕

（4）肯定、否定——用副词表示，例如：

跑去一问，他果然知道。（鲁 328）

从此他每一进城，必定来访我。（鲁 345）

叫她一定看一看，听见了没有？（曹 41）

因为她病了,没来成。(朱 279)

因为我不想带你去。(曹 46)

(5)语气——用副词表示,例如:

但是你最对不起的人,你反而轻轻地忘了。(曹 53)

放着福不享,偏要跑。(曹 193)

你们让我歇歇吧,可累死我了。(曹 215)

我重翻这诗稿,温寻着旧梦,心上倒像有几分秋意似的。(朱 193)

他们都说老毛病居然改掉了。(朱 17)

引书目录

书　名	版　本	简称
《红楼梦》(曹雪芹)	作家出版社	红
《儿女英雄传》(文康)	亚东图书馆	儿
《毛泽东选集》	人民出版社	毛
《鲁迅选集》	中国青年出版社	鲁
《朱自清文集》	开明书店	朱
《冰心小说散文选集》	人民文学出版社	冰
《曹禺剧本选》	人民文学出版社	曹
《骆驼祥子》(老舍)	人民文学出版社	骆
《暴风骤雨》(周立波)	人民文学出版社	暴
《三千里江山》(杨朔)	人民文学出版社	杨
《新儿女英雄传》(袁静等)	新文艺出版社	袁
《王者》(陈士和讲述,吴同宾整理)	天津人民出版社	—
《劳山道士》(陈士和讲述,江虹整理)	天津人民出版社	—

(《定语和状语》原是《汉语知识讲话》丛书的一种,1957 年由上海新知识出版社出版,1984 年由上海教育出版社(原上海新知识出版社)修订出版。此次收入文集以 1984 年修订本为底本。)